该书是国家社会科学基金项目“我国与‘一带一路’沿线国家农产品贸易障碍因素诊断与发展潜力研究”（18BJY151）的阶段性成果

大宗农产品贸易的若干问题研究

刘春香　蒋天颖　著

Dazong Nongchanpin Maoyi De
Ruogan Wenti Yanjiu

中国社会科学出版社

图书在版编目（CIP）数据

大宗农产品贸易的若干问题研究/刘春香，蒋天颖著 . —北京：中国社会科学出版社，2020. 5

ISBN 978 – 7 – 5203 – 6261 – 0

Ⅰ. ①大…　Ⅱ. ①刘… ②蒋…　Ⅲ. ①农产品贸易—研究—中国
Ⅳ. ①F724. 72

中国版本图书馆 CIP 数据核字(2020)第 059443 号

出 版 人　赵剑英
责任编辑　卢小生
责任校对　周晓东
责任印制　王　超

出　　版　中国社会科学出版社
社　　址　北京鼓楼西大街甲 158 号
邮　　编　100720
网　　址　http：//www. csspw. cn
发 行 部　010 – 84083685
门 市 部　010 – 84029450
经　　销　新华书店及其他书店

印　　刷　北京明恒达印务有限公司
装　　订　廊坊市广阳区广增装订厂
版　　次　2020 年 5 月第 1 版
印　　次　2020 年 5 月第 1 次印刷

开　　本　710 × 1000　1/16
印　　张　19. 5
插　　页　2
字　　数　300 千字
定　　价　98. 00 元

凡购买中国社会科学出版社图书，如有质量问题请与本社营销中心联系调换
电话：010 – 84083683

前　言

大宗农产品是指事关国计民生并且贸易量、运输量、生产量、消费量等在农业经济结构中权重占比较大的农产品，例如谷物、小麦、玉米、棉花、大豆等。

我国具有较为悠久的大宗农产品种植历史，早在明清时期就已经存在棉花生产活动。鉴于大宗农产品贸易在我国农产品贸易中的重要地位，又鉴于我国许多大宗农产品作为土地密集型农产品的比较优势和国际竞争力正在下降，本书分析了大宗农产品贸易的若干问题。

本书立足于中国加入世界贸易组织已经十八年的现实，将国际竞争力等理论引入大宗农产品贸易领域，在借鉴相关模型的基础上，较为系统地分析了我国大宗农产品的贸易。本书一共分为三篇，分别为大宗农产品贸易的理论问题、大宗农产品贸易的实证分析和大宗农产品贸易的政策建议。第一篇包括四章，分别为比较优势理论与大宗农产品贸易、国际竞争力理论与大宗农产品贸易、大宗农产品价格波动机制的理论分析和大宗农产品国际定价权理论。第二篇包括五章，分别为我国大宗农产品贸易现状分析、我国大宗农产品贸易的障碍因素与发展潜力分析、我国主要大宗农产品国际竞争力研究、大宗农产品价格波动的实证分析和我国大宗农产品的国际定价权现状分析。第三篇包括三章，分别为提高我国大宗农产品国际竞争力的对策、稳定我国大宗农产品价格的方法及策略和增强我国大宗农产品国际定价权的对策。

综合来看，目前理论界出版的系统研究我国大宗农产品贸易问题的著作尚不多见，希望本书可以为学者进行相关研究提供有益的借鉴和参考。

目　录

第一篇　大宗农产品贸易的理论问题

第三篇　大宗农产品贸易的政策建议

第一篇

大宗农产品贸易的理论问题

第一章　比较优势理论与大宗农产品贸易

第一节　大宗农产品的含义和特点

一　大宗农产品的基本含义

大宗农产品是指事关国计民生并且贸易量、运输量、生产量、消费量等在农业经济结构中权重占比较大的农产品。在我国，具有这些特性的农产品主要有小麦、稻谷、油籽、大豆、玉米、花生、棕榈油、棉花、天然橡胶、羊毛、可可、咖啡、糖等。其中，小麦、玉米、大豆和稻谷常被归为粮食类。

为了研究方便，结合中国实际情况，本书将待研究的大宗农产品界定为谷物、小麦、玉米、棉花、大豆、食用植物油、食糖、天然橡胶、原木。

根据联合国国际贸易标准分类（Standard International Trade Classification，SITC），主要大宗农产品的编码分别为棉花（263）、大豆（2222）、水产品（03）、玉米（044）、稻米/谷物（042）、小麦（041）、白糖/食糖（061）、天然橡胶（231）、菜籽油（4211）、原木（24）。

二　大宗农产品的主要特点

（一）对大宗农产品分级和标准化衡量较为困难

大宗农产品是有机物品且品种较多，容易在外力作用下发生变化（如生理生化变化、自然条件改变、物理机械变化、土壤中化学变化等），这些变化会使大宗农产品产量、质量发生改变，不利于对大宗农产品的分级与标准化度量。

（二）大宗农产品仓储成本、运输成本较高

大宗农产品在产出后，由于其有机物品的特性，使农产品在库存、运输时较易发生变质，耗费较大，影响产品质量，因此，其包装、储存、运输费用较高。

（三）大宗农产品具有的正负外部性导致不同地区农业政策的差异

农业由于对整个经济和社会具有“收益外部性”，以及不同地区农产品特性的地区差异也可能形成生态产品、文化遗产、特色产品等非经济特性，也可能由于农业发展，导致土壤变异、生态变化等负外部性，因而不同国家、地区为了维护自身利益，农业政策各有不同，包括国内农产品生产、营销、消费及入境政策的不同，从而对大宗农产品国际贸易实践产生重要影响。

大宗农产品的上述特性决定了其在国际贸易中贸易模式、交易模式及运输模式均有特殊性。

第二节 比较优势理论的主要内容

对外贸易是经济增长的引擎，比较优势理论是国际贸易理论的基础和核心。比较优势理论有外生与内生之分。外生比较优势理论以国家间先天赋予的生产条件差别为贸易基础，在 20 世纪 70 年代末以前，一直是贸易理论的主流，为大多数经济学家所信奉。

一 比较优势理论的产生背景

比较优势理论是在绝对优势理论的基础上发展而来的。16—18 世纪，重商主义作为一种经济思想统治欧洲长达两个多世纪，其生存背景是以极度垄断和特许经营为特征的商业资本主义发展时期。随着手工业的发展，重商主义已不再适应日益发展壮大的产业资本的利益和要求。英国古典经济学代表亚当·斯密在《国富论》一书中批判了重商主义，提出以“经济自由主义”为中心的绝对优势理论，他认为，一个国家应专业生产自身所具有绝对优势的产品以交换其他国家生产上具有绝对优势的产品，并最终达到使所有参与国际分工和国际贸易的国家增加物质财富的目的。亚当·斯密的绝对优势理论在 18 世纪的英国是具有进步意义的，但其理论并不能解释一个国家在两种产品的生产方面具有绝对优势，另一国家在两种产品的生产方面具有绝对劣势，这两个国家是否仍有参与国际分工的必要。针对该理论的局限性，大卫·李嘉图于 1817 年提出了比较优势理论。

李嘉图的比较优势理论认为，国际贸易的基础并不限于生产技术上的绝对差别，只要各国之间存在生产技术上的相对差别，就会出现生产成本和产品价格的相对差别，从而使各国在不同的产品上具有比较优势，使国际分工和国际贸易成为可能。每个国家都集中生产并出口其具有比较优势的产品，进口其具有比较劣势的产品，从而获得比较利益，因此，这一学说也被称为比较利益理论。

二　比较优势理论的假设条件

比较优势理论的假设条件概括为以下 11 个方面。

（1）假定贸易中只有两个国家和两种商品（X 商品与 Y 商品），这一个假设的目的是用一个二维的平面图来说明这一理论。

（2）两个国家在生产中使用不同的技术。技术的不同导致劳动生产率的不同，进而导致成本的不同。

（3）模型只假定在物物交换条件下进行，没有考虑复杂的商品流通，而且假定一个单位的 X 产品和一个单位的 Y 产品等价（不过它们的生产成本不等）。

（4）在两个国家中，商品与要素市场都是完全竞争的。

（5）在一个国家内要素可以自由流动，但是在国家间不能流动。

（6）分工前后生产成本不变。

（7）不考虑交易费用和运输费用，没有关税或影响国际贸易自由进行的其他壁垒。但是，在贸易存在的条件下，当两个国家的相对商品价格完全相等时，两个国家的生产分工才会停止。如果存在运输成本和关税，当两个国家的相对价格差小于每单位贸易商品的关税和运输成本时，两个国家的生产分工才会停止。

（8）价值规律在市场上得到完全贯彻，自由竞争，自由贸易。

（9）假定国际经济处于静态之中，不发生其他影响分工和经济的变化。

（10）两个国家资源都得到了充分利用，均不存在未被利用的资源和要素。

（11）两个国家的贸易是平衡的，即总的进口额等于总的出口额。

三 比较优势理论的主要内容

比较优势理论是在绝对成本理论基础上发展起来的。根据比较优势原理，一个国家在两种商品生产上较之另一个国家均处于绝对劣势，但只要处于劣势的国家在两种商品生产上劣势的程度不同，处于优势的国家在两种商品生产上优势的程度不同，而处于劣势的国家在劣势较轻的商品生产方面具有比较优势，处于优势的国家在优势较大的商品生产方面具有比较优势。两个国家分工专业化生产和出口其具有比较优势的商品，进口其处于比较劣势的商品，则两个国家都能从贸易中得到利益，这就是比较优势原理。

因此，比较优势理论的内容可以简单地表述为：在两个国家之间，劳动生产率的差距并不是在任何产品上都是相等的。每个国家都应集中生产并出口具有比较优势的产品，进口具有比较劣势的产品（“两优相权取其重，两劣相衡取其轻”），双方均可节省劳动力，获得专业化分工提高劳动生产率的好处。

四 比较优势理论的新发展

第二次世界大战以后，经济学家从动态的角度对古典比较优势理论进行了发展和完善，比较优势理论的新发展主要体现在动态比较成本理论、技术差距论和内生比较优势理论三个方面。

动态比较优势理论由日本经济学家筱原三代平于 1995 年提出，该理论强调将传统的比较优势理论动态化，将生产要素的供求关系、政府政策、各种可利用资源的引进、开放等因素综合到贸易理论中，而一个国家经济的发展除取决于资源的丰裕程度外，还取决于政府的支持，通过对幼稚产业的扶持，将比较劣势转化为比较优势。

技术差距论由美国经济学家波斯纳于 1959 年提出。这种理论认为，技术作为一个独立的生产要素，改变了土地、劳动和资本三者在生产中的相互比例关系，提高了这三者之间的劳动生产率，因此，技术扩展也决定着一个国家生产要素禀赋状况及其在国际贸易中的比较利益，该理论总的来说是对俄林—赫克歇尔学说的补充和扩展，不过，强调的重点在于技术扩展对国际贸易比较优势的作用，实际上，也是强调研发要素的作用。

内生比较优势理论是由以澳大利亚华人杨小凯为代表的经济学家于20世纪90年代提出的，该理论强调的是比较优势的内生性和动态性，就是通过后天的专业化学习或通过技术创新和积累人为地创造比较优势，这种理论强调技术进步对比较优势的转换作用。

第三节 比较优势理论对大宗农产品贸易的指导意义

比较优势论进一步分析和揭示了国际贸易所具有的互利性和国际分工的必要性。它证明各国通过出口相对成本较低的产品，进口相对成本较高的产品就可能实现贸易的互利。自比较优势论创立一百多年来，它一直以国际贸易理论为核心，是国际贸易理论政策的基础。比较优势理论对于我国的大宗农产品贸易更是具有现实的指导意义。

一 为我国大宗农产品贸易指明了方向

比较优势理论是国际贸易理论的基石，它解释了国际贸易理论发展的原因，也是一个国家制定对外贸易战略的基础理论，指明了一个国家的贸易发展方向。尤其对于发展中国家来说，比较优势理论具有更强的适用性。中国自改革开放以来就一直遵循比较优势原则，利用劳动力优势，实现了对外贸易的快速发展。从中国大宗农产品贸易角度来看，其当前的贸易产品结构也显示出了与中国要素禀赋结构相一致的比较优势。因此，中国未来的大宗农产品对外贸易战略仍建立在遵循比较优势基础之上，动态分析中国具备的比较优势，实现大宗农产品对外贸易的可持续发展。

二　我国大宗农产品贸易需要构筑新的比较优势

我国当前的农产品大致可以分为两大类：一是劳动密集型产品，即以劳动力资源为基础的农产品，这类农产品主要有畜牧产品、水产品、园艺产品、加工食品等；二是土地密集型农产品，即以土地为基础的大宗农产品，主要是指粮食、棉花、油料、糖类等。我国人口众多的资源禀赋决定着劳动密集型的农产品具有比较优势，而土地密集型的大宗农产品如粮、棉等由于成本的上升，比较优势已经逐渐降低。虽然劳动力人均土地的拥有量美国、欧洲分别是中国的 14 倍和 5 倍，但是，发达国家的果树生产和畜牧生产已经广泛地采用了资本密集型技术，这种资本替代劳动不仅在一定程度上消除了由于发达国家劳动力成本过高而造成的竞争劣势，而且便于质量监控，能够向消费者提供卫生、安全的食物产品。相比之下，在不便于采用机械的蔬菜生产和油料作物生产上，发达国家的产品则缺乏竞争力。中国耕地资源相对匮乏，并且随着经济继续增长和城市化的发展，耕地面积将会进一步下降。资源禀赋的这种变化将导致土地密集型的大宗农产品的比较优势呈现下降的趋势，在开放贸易的条件下，这将表现为国际竞争力的降低。因此，未来我国大宗农产品的进出口问题上，必须扬长避短，分清我们的优势和劣势，有所为，有所不为。

三　比较优势理论对大宗农产品贸易的若干启示

（1）比较优势是大宗农产品国际贸易的基本原则和基础，但不是唯一原则和基础。

（2）比较优势是动态的概念，不是一成不变的，适当的技术、组织和制度变革，会根本改变大宗农产品的比较成本。

（3）提高大宗农产品的竞争力不仅要靠产品结构的调整，还要靠科技进步。

（4）大宗农产品的生产应当注重节约资源型技术进步，目前主要是机械工程技术进步。

第四节　大宗农产品贸易比较优势的研究现状

一　国外研究现状

鉴于农业发展的重要性，20 世纪后半叶以来，国外的经济学家、农业经济学家及企业管理学界的研究者和大型农业企业管理者开始对农产品的比较优势问题表现出持续和强烈的兴趣，并从多个角度对农产品的比较优势进行研究。

（一）运用国内资源成本系数分析农产品的比较优势

由于成本的高低是决定农产品比较优势的最重要的因素，又由于国内资源成本（Domestic Resource Cost，DRC）系数是应用比较优势模型中争议最少的一种方法，因此其使用的频率较高。

早在 1961 年钱纳里（Chenery）就讨论了比较优势在资源配置中的含义。他认为，如果一个国家生产一单位某种农产品的社会机会成本，即最优生产配置中全部生产要素的成本价值小于这种农产品的边际价格，则农业资源配置是有效率的，该农产品生产和出口具有比较优势。尽管钱纳里运用的概念还是比较优势，但是，这个思想为后来国内资源成本分析方法的建立奠定了基础。

布鲁诺（Bruno，1972）在其论文中讨论了国内生产成本的评价方法。他认为，如果一个国家生产某种农产品所消耗的国内要素机会成本与这种农产品所获得净收入的比率小于汇率，那么这种农产品的生产和贸易具有比较优势，其观点为皮尔逊（Pearson）在建立比较优势 DRC 评价方法时所采用。

巴拉萨（B. Balassa，1972）讨论了国内资源成本法与有效保护率使用的有关问题。他第一次创造性地提出了国内资源成本的含义，“是在经济活动中，每增加一单位贸易额所投入的贸易性要素的影子价格”①。

皮尔逊和迈耶（Pearson and Meyer，1974）运用 DRC 分析方法考察了“非洲四国”（埃塞俄比亚、象牙海岸、坦桑尼亚和乌干达）咖啡生产和出口的比较优势，认为乌干达、埃塞俄比亚和坦桑尼亚咖啡生产具有较强的比较优势，象牙海岸具有微弱的比较优势。

皮尔逊、阿克拉萨尼克和纳尔逊（Pearson，Akrasanec and Nelson，1976）从成本角度分析了粮食生产的比较优势。他们得到的结论是：在很多国家，粮食生产的比较优势在很大程度上来自国内保护②。

墨菲（Murphy，1987）运用 DRC 方法对欧共体八国（爱尔兰、丹麦、荷兰、德国、法国、比利时、英国、意大利）的乳品业的国际竞争力进行了分析。其结论是：欧克体八国中，比利时、荷兰以及爱尔兰乳品业的比较利益最高。值得一提的是，在分析过程中，墨菲指出了 DRC 方法有三个方面的局限性：第一，DRC 法分析是静态的，它没有考察时间的变化对一个国家比较优势的影响。因此，在分析中应测定不同时期的 DRC，考虑时间变化的因素。第二，典型的比较利益指的是贸易前的比较成本。在缺乏这种资料的情况下，应该尽可能地用非自由贸易条件下最近期的资料替代。第三，当市场不完善时，市场价格并不总是与 DRC 法中的影子价格相接近。因此，生产要素的机会成本估计是一项艰巨的任务。

澳大利亚安德森（1992）在《中国经济比较优势的变化》中运用国内资源成本系数分析得出结论，由于收入的增加，农村市场的开放，出口纺织品的迅速增长，使粮食、饲料和纤维的消费也急剧增长，中国的比较优势已经由农业转向轻工业制造。中国农业比较优势的下降，可能导致进口水平的增长，宏观经济干预政策将成为中国经

---

① 参见 Balassa，B.，“Domestic Resource Costs and Effective Protection Once Again”，*J. P. E.*，Vol. 80，1972，pp. 63－69。

② 为了研究的方便，皮尔逊、阿克拉萨尼克和纳尔逊假设价格等于成本，所以，他们认为，“价格”可以表示在生产某一产品时，每追加一单位的资源投入可以赚取的或节省的外汇，用来表示该产品生产上的国内比较优势或受到的保护。参见 Pearson，Akrasanec and Nelson，“Comparative Advantage in Rise Production：A Methodological Introduction”，*Food Research Institution Studies*，1976，No. 2。

济全面增长中确保农业占有适当地位所必需的政策。

同样是对中国农业的分析，Wencong Lu（2001）却认为，中国应该减少政策干预，以维持农业发展。Wencong Lu 对中国、美国和德国部分地区的六种大宗农作物的生产成本进行了对比，并同时对中国这六种农作物的生产、消费和贸易状况，以及加入世界贸易组织后可能出现的变化作了分析。其结论是：中国农业生产从总体上说并不具有国际竞争力，中国农业生产的劣势主要来自政策干预所引起的系统性劣势和资源结构造成的生产率水平低下。加入世界贸易组织对中国农业的影响是多层次的，但肯定会加快其市场自由化进程和降低目前的关税保护水平。他认为，中国政府必须减少负面的政策干预，实现农业政策改革，实行农业结构调整，充分利用世界贸易组织条款从整体上提高农业生产效率，降低农业生产成本。

马斯特和纳尔逊（Master and Nelson，1995）在《计算农业生产的比较优势：国内资源成本和社会成本利润率》的论文中讨论了国内资源成本方法，并提出，用社会成本利润率指标考察农业比较优势。他们以 1990 年肯尼亚的农业收成作为分析和检验对象，认为社会成本利润率的方法在考察可替代生产活动时较为准确。

费恩（Fane，1995）认为，DRC 概念是建立在平均的投入产出系数基础之上的，所以，DRC 一般成为平均国内资源成本（Average Domestic Resource Cost，ADRC）。但是，ADRC 在不完全竞争机制下估计行业资源分配的有效程度与实际情况可能不一致。因此，他提出了边际国内资源成本（Marginal Domestic Resource Cost，MDRC）的概念。

Schimidhuber（2001）与 Lohmar 等（2002）分析了加入世界贸易组织对中国农业国际竞争力可能产生的影响。其研究表明，中国对大多数农产品实行关税减让，对粮棉油等大宗农产品实行关税配额制，放宽农产品贸易和流通的市场准入条件，在农产品进口的动植物检疫方面减少技术壁垒的承诺会影响粮棉油等大宗农产品的生产，特别是玉米、小麦、大豆、油菜和棉花的生产。如果进口配额完全使用，到 2004 年，中国进口玉米和小麦的总和将接近 1700 万吨，相当于中国年产量或消费量的3.5%；到2005年，小麦和玉米的进口总量可能达到2500万吨，相当于年产量或消费量的5%，而食用油和油料的进口数量将分别为1300万吨和900万吨。他们认为，油料和棉花的进口将对中国国内生产造成严重冲击。减少国家对粮食流通的干预可能产生更深远的影响，进口数量也可能超出关税配额的数量限制。

Cheng Fang（2002）对中国几个地区和美国中部地区的玉米、大豆、生猪的生产成本和要素生产率进行了比较。得到的结论是：美国在玉米、大豆的生产成本上相对具有优势，而在生猪生产上则处于相对劣势。美国在土地和劳动生产率上均远远高于中国，但由于美国地租日趋提高，中美两国在土地成本上会有接近的趋势。由于劳动生产率低，中国劳动力价格低的优势还没有体现到劳动成本中来，降低劳动成本的前提是中国的非农部门能够提供足够多的就业机会。

C. A. Kannapiran和E. M. Fleming（1999）采用国内资源成本系数和效益成本分析，对巴布新几内亚小农场林产品在货币贬值前和贬值后的比较优势及竞争力作了评价。他们在该研究中假定以影子价格和影子汇率计算的结果代表比较优势，而以市场价格和市场汇率的资料计算的结果反映国际竞争力。检验结果显示，贬值提高了该国林产品的竞争力。四种被检验的林产品中有三种的比较优势和国际竞争力情况一致，只有一种不一致，而这主要是因为货币贬值对四种产品的影响程度不同。

戈顿（Gorton，2000）在对保加利亚和捷克的农业国际竞争力进行研究时，以国内资源成本系数DRC作为比较优势的反映指标，以显性比较优势系数（Revealed Comparative Advantage，RCA）作为竞争力的替代指标，计算了两国农产品的比较优势和竞争力。研究结果显示，DRC和RCA的计算结果并不一致，说明比较优势并不一定能反映产品的实际贸易竞争情况。生产中存在的降低成本的干预政策以及欧盟国家严格的贸易限制，是造成扭曲的主要原因。

Matthew Gorton、Alina Danilowska、Jarka、Stawomir、Slawomir（2001）运用国内资源成本系数分析了波兰八类农产品的国际竞争力，认为1996—1998年，波兰的谷物生产比畜牧业更具有竞争力，其中油菜籽和马铃薯最具有竞争力。此外，Matthew Gorton（2001）还运用国内资源成本系数法分析了中东欧国家农业的国际竞争力，认为这些国家的状况基本上与波兰相同。

Aye Aye Mon、Thanda Kyi 和 Dolly Kyaw（2002）运用 DRC 分析方法计算了缅甸国内四个地区的绿豆和黑豆的国际竞争力，以及政策变动对其竞争力的影响。文章还利用敏感性分析，计算了几个主要因素变化（如边界价格）对以上两种产品国际竞争力的影响。

Cvetković Milica 和 Petrović – Ranđelović Marija（2017）运用 RCA 指数分析了塞尔维亚共和国农产品的出口竞争力。Junning Cai、Ping-Sun Leung 和 Dolly Kyaw（2007）分析了夏威夷州 11 种主要农产品的显性比较优势指数。以上学者得到的比较一致的结论是：控制产品生产成本在一定程度上可以增强农业的国际竞争力，而且要做到这一点应该是比较容易的。但是，林恩·肯尼迪和韦斯·哈里森（P. Lynn Kennedy and R. Wess Harisson）却不这么认为。林恩·肯尼迪和韦斯·哈里森（1999）在对法国、德国、意大利、英国、美国五国的糖业竞争力分析中，以总成本和成本要素的历史数据为基础，构造了总成本和成本要素变动趋势的联立方程模型。模型假定总成本变化为国际竞争力变化的指示器，据此他们分析了各成本要素在总成本年际变化中的贡献，以及不同因素通过成本要素对总成本和国际竞争力造成的影响。其研究得到的结论是：依据报告期内各国总成本变化的结构性因素，由于各成本要素存在此消彼长的关系，以及由于成本要素背后的不确定因素的影响，要通过控制某个成本要素来取得国际竞争力并不是一个容易达到的目标。

（二）运用比较优势指数等测定农产品的贸易竞争力

迪尔多夫（Deardorff，1979）认为，在一定的条件下，比较优势法在充满了各种商品的现实世界里，对于所有商品（而不是两种商品）仍然是有效的。因此，他引入了著名的比较优势链概念。他按照生产要素密集度大小，将商品进行排列，列出一个国家所有出口大于进口的商品，并运用等成本线分析手段，证明了比较优势法则不仅仅限于两个国家和两种商品范围，它对所有最终产品都是适用的。应该说，迪尔多夫的理论进一步促进了理论界对农产品比较优势的分析。

卡尔·艾金格（Karl Aiginger，1997）以国际贸易标准分类（Standard International Trade Classification，SITC）三位数为基础，分别计算了德国与日本、美国、欧盟、瑞士的双边贸易的进出口数量和金额，得到进出口单位价值。并以进出口单位价值差和净贸易流为依据，形成质量价格分析矩阵，对德国农业产业对不同出口市场的竞争力和竞争类型作出判断。马克·戈尔哈和丹尼尔·皮克（Mark J. Gehlhar and Daniel H. Pick，2000）也采用相同的方法对德国进行过类似的研究。

戴维·科什曼（David Leishman，1999）运用显性比较优势指数对阿根廷、澳大利亚、新西兰、南非、英国和乌拉圭六个主要羊毛出口国的牧羊业的国际竞争力进行评价，认为澳大利亚与新西兰牧羊业的国际竞争力相对较强。他的研究中，还选择了资源条件上近似的牛奶业产量和适宜干旱半干旱地区种植的小麦的产量作为绵羊养殖的机会成本，用工业增加值代表工业化水平，对六国羊毛的贸易绩效指标进行回归分析。其得到的结论是：机会成本影响生产决策，并由此产生国际竞争力。

安德森·基姆（Anderson Kym，1990）运用比较优势指数研究了中国在食品及纺织品市场上的竞争力①。Colin A. Carter 和 Xianghong Li（1999）运用比较优势指数等测定了中国 1980—1996 年的农产品贸易及其变化。他们把中国所有产品分成三类②，认为农产品贸易相对于其他两类产品有比较稳健的增长，其贸易结构的变化与中国的经济改革是分不开的。

Kevin Z. Chen（2000）用中国农产品进出口量值的时间序列来反映贸易模式的变化，对改革开放以来中国农产品国际贸易与要素禀赋

① 参见 Anderson Kym，"Changing Comparative Advantages in China Effects on Food"，*Feed and Fibre Markets*，OECD，Paris，France，1990。

② 即把产品分成农业产品、其他主要产品与工业产品，参见 Colin A. Carter，Xianghong Li，"Economic Reform and the Changing Pattern of China's Agricultural Trade"，Department of Agricultural & Resource Economics，UCD ARE Working Paper，1999，Paper 99 - 003。

特征之间的联系进行了研究。他的研究表明：虽然政策干预对自由贸易的扭曲一直存在，但是，随着中国改革开放以来市场日趋开放与自由，中国农产品国际贸易模式的变化越来越符合中国的要素禀赋特征。即中国主要出口劳动密集型农产品，主要进口土地密集型农产品，且这种趋势越来越明显[①]。

Wang Dewen（2002）研究了中国三个省份，即浙江、江苏和广东的粮食市场改革，认为以上三个省份是中国粮食改革最好的省份，其粮食的竞争力最强[②]。Scott D. Rozelle 和 Daniel A. Sumner（2003）较为系统地研究了中国的农产品贸易与政策，认为中国加入世界贸易组织会进一步促进其农产品贸易的发展[③]。

Dan Rosen、Scott Rozelle 和 Jikun Huang（2004）以及 James Fection（2017）分析了中国农业的竞争力及其来源。他们的分析表明，中国农业并不像许多人认为的那样是中国经济增长的负担，因为中国正在使其农业成为具有竞争力的部门。中国的农民也正在向新型农民发展，将提供最好的农产品。

Kevin Chen（2000）利用 CMS 模型分析了 1980—1996 年这个时期中国农产品的出口绩效，认为该时期中国农产品出口的竞争力有下降趋势。后期数据显示，中国对外贸易政策改革的确加剧了竞争力下降的趋势。

Heinz W. Strubenhoff（2017）分析了俄罗斯 2016 年农业和农产品的竞争力及未来的发展前景，认为俄罗斯需要进行纵向的农业结构调整，而且国内政策不应扭曲农产品贸易，俄罗斯应该发展农产品期货市场及增强农村金融机构对农业的支持力度。

---

① 参见 Kevin Z. Chen，"The Changing Pattern of China's Agricultural Trade"，*Current Agriculture，Food & Resources Issues*，2000，pp. 36 – 45；Kevin Z. Chen，Lian Xu，Yufeng Duan，"Ex – post Competitiveness of China's Export in Agri – food Products：1980 – 1996"，*Agribusiness*，Vol. 16，No. 3，2000，pp. 281 – 294。

② 参见 Wang Dewen，*China's Grain Marketing Reforms：A Case Study of Zhejiang，Jiangsu and Guangdong Provinces*，2002，http：//apseg. anu. edu. au/pdf/china/CEP02 – 1. pdf。

③ 参见 Scott D. Rozelle and Daniel A. Sumner，*Agricultural Trade and Policy in China*，*in Hardback*，published in 10/2003。

（三）对生产率、技术进步与农产品比较优势关系的研究

Nicholas G. Kalaitzandonakes（1994）在对美国佛罗里达州蔬菜产品的比较优势的研究中发现，行业的全要素生产增长率与行业面临的竞争压力水平呈明显的正相关关系，并认为，竞争压力通过刺激技术效率、规模经济和技术进步，推动了蔬菜产业生产率的增长。竞争压力对生产率增长的推动作用是结构性的，而非仅仅是加快了增长速度。

Ehsan U. Choudhri 和 Lawrence L. Schembri（2002）研究了生产率与农业国际竞争力之间的关系，发现一般情况下生产率与农业国际竞争力成正比，因此，各国尤其是发展中国家应该通过加快农业技术创新提高农业生产率，从而提高农业国际竞争力。

Aldona Zawojska（2002）研究了 10 个中东欧国家（Central and Eastern European Countries，CEECs）加入欧盟前农业的生产效率和竞争力。其结论是：尽管自 1990 年开始，这些国家开始了农业转型，但不是非常成功。而且，这些国家还没有充分发挥其农业的潜力——丰富的自然资源没有得到最好的利用。因此，尽管付出了艰辛的努力，但这些国家农业的国际竞争力仍不强。

Pierre van der Eng（2004）从粮食生产领域中的劳动生产率入手，分析了东南亚国家能长期占据国际粮食贸易市场绝大部分份额的原因。在他看来，某些东南亚国家低成本的劳动力加上低产出的生产技术的组合比另外一些人口密集程度更高的国家的劳动产出率更高。因此，他的结论是：较高的劳动生产率水平是缅甸、泰国和越南粮食生产的比较优势所在①。

诺齐克（L. Nozik，2016）认为，农业技术进步对提高农产品比较优势与农业国际竞争力同样重要，由于技术进步是资本推动型而非劳动或产出推动型的，因此，资本丰裕国家的农业国际竞争力的提高更多地依赖于技术进步。但是，他承认，由于计算方法上的问题，其

① 参见 Pierre van der Eng，*Productivity and Comparative Advantage in Rice Agriculture in Southeast Asia since* 1870，2004，http：//ecocomm. anu. edu. au/people/pierre. vandereng。

对技术进步贡献的估计可能包含一些来自投入要素质量提高的因素。

（四）对政府支持与农产品比较优势关系的研究

在利用DRC评价一个国家农业资源配置效率和比较优势水平的基础上，皮尔逊（1981）与同事合作建立了一个更为综合的分析框架——政策分析矩阵[①]，用于分解各项农业干预政策效应。

近年来，PAM模型在各国农业政策的分析中得到了广泛应用，也成为许多国际研究机构如联合国粮农组织（FAO）、世界银行等分析农业政策干预和市场失灵对农业部门影响的重要方法之一。PAM模型的开发者皮尔逊还专门建立网页和培训等形式，推广该方法。蒙克和皮尔逊（Monke and Pearson，1989）运用该矩阵分析了政府政策对农业国际竞争力的影响，认为政府的农业价格支持政策和公共投资政策会在一定程度上提升农业的国际竞争力。

C. A. Kannapiran和E. M. Fleming（1999）也运用PAM模型对巴西小农场林产品的竞争力进行了分析，主要是对该国农产品价格支持政策和预算支持政策的效果进行了评价。分析显示，这类政策或者意图良好，或者是迫于某些利益团体的压力所作出的，但它们保护了低效率的经营者，使农业产业无须面对国际竞争带来的挑战而赢得竞争优势。他们认为，尽管这些政策会给国内农业带来好处，但对农产品贸易自由化却可能带来不利影响。

Cheng Fang和John Beghin（1999）运用PAM模型评价了中国农业的竞争力及政府保护农业的影响。根据他们的分析，中国农业有一定的竞争力，而且政府在其中起到了重要作用。他们认为，目前中国的粮食自给政策是昂贵的，加入世界贸易组织将会惠及中国，中国将更多地依靠世界市场的粮食和含油种子以生产可供出口的农产品[②]。

---

① 所谓政策分析矩阵，又被称为PAM模型。它是一个用来测定政府政策对企业经济活动的盈利能力的影响的政策分析矩阵，模型的基础是用影子价格和市场价格之差来反映政策的影响。在很多分析里面，政策被当作一个市场外生因素，但是，PAM模型假定政府政策是内生因素，这种模型也被逐步应用到农业国际竞争力的分析中来。

② 参见Cheng Fang and John Beghin，*Food Self - Sufficiency*，*Comparative Advantage*，*and Agricultural Trade*：*A Policy Analysis Matrix for Chinese Agriculture*，August 1999，CARD Working Paper 99 - WP 223。

Samarendu Mohanty、Cheng Fang 和 Jagadanand Chaudhary（2002）利用 PAM 模型评价了印度棉花生产的竞争力。他们利用 PAM 模型评价了印度五大棉区的棉花以及与棉花争地的其他作物如谷物、甘蔗与花生的生产效率，并对棉花比较优势进行了敏感性分析。

韦斯顿科特和普赖斯（P. C. Westcott and J. M. Price，2001）对美国政府支农与农民收入及农产品竞争力的关系进行了研究。根据他们的研究，1995—1998 年，美国政府对农业的支持平均每年高达 789 亿美元，其中市场价格支持每年超过 163 亿美元，而根据产出、面积或牲畜数量以及投入等向农民支付的补贴数额每年也超过 166 亿美元①。这些直接支持可以在提高农民实际收入、刺激生产的同时，降低美国农产品的市场价格，因此可以间接地提高美国农产品的比较优势。

Olga Melyukhina（2002）研究了 7 个非经济合作与发展组织成员国家，即保加利亚、爱沙尼亚、拉脱维亚、立陶宛、罗马尼亚、俄罗斯和斯洛文尼亚的农业支持水平与其农业国际竞争力的关系。根据他的研究，这几个国家在计划体制下，农业支持的水平很高，多数国家超过了 70%；在 1991—1994 年转型初期，支持水平大幅度下降。1995—2000 年，生产者支持等值水平较为适中，并适度上下波动。而且，农业支持与农业国际竞争力总体上呈同方向变动。

Diakosavvas（2002）对经济合作与发展组织和世界贸易组织估算政府农业补贴的不同方法进行了比较研究，在此基础上研究了美国和欧盟农业支持对提高其农业竞争力的重要性。其研究得到的主要结论是：政府对农业的支持能够提高农业的国际竞争力。Janno Reiljan 和 Liina Kulu（2005）研究了爱沙尼亚加入欧盟前农业的发展与竞争力。他们的研究表明，自 1991 年开始，爱沙尼亚农业生产开始持续减少，是因为政府有忽视农业重要的因素，因而没有对其农业进行保护。

---

① Westcott, P. C. and Price, J. M., "Analysis of the U. S. Commodity Loan Program with MSarketing Loan Provisions", D. C.: USDA, Economic Research Service, Agricultural Economic Report Number 801, 2001.

克罗斯和德雷塞克尔（A. Klose and A. Drexel，2016）认为，美国与欧盟都通过财政支持提高了其农产品的国际竞争力。美国土地资源非常丰富，家庭农场面积平均达数百公顷，而且农业现代化的水平已经达到相当的高度，但政府每年仍然拨款数百亿美元支持农业生产，从而提高了美国农产品和农业的国际竞争力。与美国相比，欧盟的土地资源不算丰富，但是，凭借政府长期的巨额财政支持，原欧共体成员国很快从净进口国转变为净出口国，即使到今天依然在国际市场上占有重要地位。

（五）农产品比较优势研究的其他视角

布雷迈耶（Breimyer，1960）提出了所谓的“三种农业经济”[①]，这一理论框架逐渐被应用到后来的农产品国际竞争力分析中。而且，他的这种对农业经济活动的划分为后人对农产品和农业国际竞争力的研究提供了便利。

皮尔西（Piercy，1982）曾将影响农产品竞争力的非价格因素分为两大类：一类是与产品自身相关的品质因素，包括产品的设计、质量、外观、包装以及其他物理特征；另一类是各种显性和隐性的服务，包括帮助消费者进行产品选择并提供建议、培训和售后服务等。其观点较为先进，为农产品提升竞争力提供了新的思路。

Thomas S. Jayne 和 Nicholas Minot（1989）研究了食品安全与农业国际竞争力的关系，认为食品安全政策的实施会提高农产品的质量，因此，最终会提高农业的国际竞争力。

Bredahl Abbott（1990）根据农业—食品产业各环节及其产品与最终消费品之间的关系，提出了四种类型的农业经济活动划分方法。这四种农业经济活动可以大致描述为：（1）无差异初级产品生产。该类产品的生产活动的过程与最终消费品的使用特征之间几乎没有联系或者联系很少。（2）差异性初级产品生产。该类产品生产、加工过程与最终消费者的使用特征之间可能存在一定的联系。（3）由初级产品向

① 所谓“三种农业经济”，是指初级农产品生产、将饲料转化为动物产品、食品产品的市场营销。

半加工产品转化。（4）由初级产品和半加工品向消费品转化[①]。而且，他们在对农业竞争力进行实证研究的过程当中，从农业和农产品的实际特征出发，对农业竞争力的决定因素进行了较为具体的分类描述。他们认为，影响农业竞争力的因素包括要素禀赋和自然资源、技术、投资、人力资本、管理技能、产品特征、企业策略和市场结构、原材料供应、营销和运输渠道、基础设施和外部性、制度环境、贸易政策。根据他们的分析，以上因素在四种农业经济活动中的重要程度是不一样的。

为了研究出口市场特征对贸易模式和农产品比较优势，迈克尔·里德（Michael R. Reed，1994）采用一系列指标来代表美国食品产业的重要出口市场的需求特征，并以此为解释变量。他采用回归分析方法，对不同加工程度的美国农产品的出口市场结构进行了研究。其研究结果显示，模型对高价值农产品（包括加工的和未加工的）解释程度比低价值农产品（包括散装未加工产品和中间产品）要好得多；非经济变量对美国农产品的出口结构有非常重要的影响，美国农产品在更接近其本土市场特征的外国市场上更容易取得竞争力。

斯卡莱特·拉姆齐（Scarlett Ramey，2002）研究了美国、加拿大、英国、澳大利亚的牛肉对食品安全的意义及其各自的比较优势，认为这些国家应该进一步改革，包括进行制度创新来增强食品安全与提高比较优势。

Heng - Chi Lee 和 Bruce A. McCarl（2004）研究了控制温室效应气体排放对美国农业的影响。他认为，从短期来看，控制二氧化碳等其他的排放会增加农业部门尤其是林业部门的生产成本，但从长期来看，这种政策对美国农业是有利的。

Allen Tyrchniewicz（2016）研究了控制温室效应气体排放对加拿大农业国际优势的影响。根据他的研究结果，加拿大农产品出口受到

---

① 需要注意的是，作者的这种划分是建立在以下基础之上的：贸易性和非贸易性原材料的潜在可替代程度；初级产品与消费食品的最终使用特征之间的联系；加工技术对于产品的相对重要性；经济活动的最终增加值。

该制度的影响较小，2005 年，其农产品出口份额可能达到全球农产品出口的4%。而且，加拿大农业可以通过降低生产投入成本和及时公布废气排放量来保持其国际竞争力。当然，农民和农产品加工者需要更多地了解生产的投入和成本结构以保持其竞争力。

吉尔·霍布斯（Jill E. Hobbs，2017）在其论文中分析了丹麦猪肉产业在不具备资源禀赋优势的情况下，如何通过产业组织和产业内部创新取得了国际优势。可以说，这是波特产业国际竞争力评价方法的较好运用。他的研究认为，丹麦猪肉产业通过在生猪屠宰环节上的大规模、高度集中的合作，实现了生猪产业在纵向产业链上的多种创新，包括确保产品安全性和提供产品信息的产品追踪体系、专门市场条款等，这些措施大大提高了丹麦猪肉产业的国际优势。

二　国内研究现状

面对经济全球化的现实，许多国内学者对中国农产品比较优势进行了研究，且以定性分析和规范分析为主，定量分析与实证分析相对较少。

（一）比较优势指标衡量中国农产品的比较优势

许多学者认为，比较优势指标是衡量中国农业国际竞争力的重要指标。在实践中，显性比较优势指数（RCA）和贸易竞争指数（Trade Competition，TC）被较多地采用。

吕为为（1993）用出口实绩比率测算法，评价了 1981—1992 年中国主要农业制成品的比较优势情况。他认为，在农业制成品中，中国的茶叶、蔬菜、水果制品、大米、饲料、羊毛等农产品具有比较优势和竞争力；而动物油脂、咖啡及代用品、小麦粉、乳制品等产品具有比较劣势。

牛宝俊、姚长春、刘克刚（1996）运用显性比较优势指标方法分析了 1980—1991 年中国主要农产品的比较优势，认为中国农产品比较优势总体上呈下降趋势。

周孝味（1996）在《农产品国际竞争力研究》中，采用灰色层次分析法，对农产品国际竞争力进行了分析与评价，在国内首次将农产品国际竞争力分解为价格、质量、品牌、销售、包装设计竞争力及其评价指标几个层次，并将技术竞争力作为总体竞争力函数的变量导入分析，这样的分析在理论上是可行的，但评价指标数据的较难获取可能不利于该方法的推广。

北京大学中国经济研究中心卢锋教授（1997，2001，2003，2010）在对中国农产品的贸易结构进行分析时，认为过去二十多年里，虽然没有人为与刻意安排，但是，中国农产品进出口贸易结构的变动符合中国资源禀赋的特点。在对我国 SITC 两位数的农产品的市场份额、贸易结构、生产成本进行分析后，认为我国部分农产品，如肉类、水产品、水果等的国际竞争力在高工业化时期得到加强。而且，他们研究认为，我国农产品贸易模式的变化及其经济合理性，为我国的食物政策提供了所谓的“第三种选择”①。

“世界贸易组织框架下我国农业发展对策研究”课题组（1997）从价格优势分析角度对我国农业比较优势格局做出了结论：“在 WTO 框架下，我国粮食、棉花、羊毛、奶类已不具备竞争优势，油料、糖料、水果、水产品、肉类具有贸易竞争优势。”②

陈武（1997）在《比较优势与中国农业经济国际化》一书中，用显性比较优势指数对中国经济比较优势进行了分析，发现中国经济结构中，农业（资源密集型产业）比较优势在下降，并由净出口国变成净进口国。个别农产品，如豆类、食糖、菜籽油、蓖麻油、鱼和鱼类产品的比较优势上升，天然蜂蜜、肉及肉制品、脱脂羊毛、鲜肉冷冻肉等畜牧产品也具有比较优势。《中国国际竞争力发展报告》显示，我国农业产业国际竞争力中等偏下，主张提高具有比较优势的畜牧业的比重以提高农业国际竞争力。

中国台湾学者陈希煌（1989）采用 DRC 方法对中国台湾 10 种农

---

① “第三种选择”即重新检讨传统谷物自给自足的方针，逐步放松对谷物贸易的行政干预和控制，并以市场化改革和相关政策手段促进我国具有优势的农产品的出口，发展以食物换食物的粮食生产和贸易模式，参见卢锋《比较优势与食物贸易结构——我国粮食贸易调整的第三种选择》，《经济研究》1997 年第 2 期。

② 参见“世界贸易组织框架下我国农业发展对策研究”课题组《世界贸易组织框架下我国农业发展对策研究》，1997 年。

产品，即大豆、玉米、稻米、蔗糖、香蕉、唐菖蒲、菊花、柑、柳橙和猪肉的国际竞争力进行了分析。他认为，20 世纪 70 年代初，中国台湾的香蕉、唐菖蒲、菊花、柑、柳橙和猪肉具有比较优势，而大豆、玉米、稻米、蔗糖则不具有比较优势。

王福军（1999）利用贸易竞争指数对包括食品在内的 8 大类贸易农产品的国际竞争力进行了分析，认为中国大部分农产品正在丧失比较优势与价格竞争力。

厉为民（1999）在《我国农业的国际竞争力》一文中，通过显性比较优势指数进行国际比较也表明，我国农业的国际竞争力呈下降趋势，然而畜牧业有一定的比较优势。同时指出，人口密集的欧洲之所以成为农产品的净出口国，很大程度上是由于高比重的畜牧业的支撑。

李建平等（2000）运用显性比较优势指数对中国猪肉生产的比较优势进行了测算。顾国达、张磊（2001）利用显性比较优势对我国 6 大类共 10 种出口畜产品进行研究后发现，我国畜产品的比较优势处于下降趋势。除活猪和蜂蜜具有较明显的出口优势外，其他几种畜产品并没有优势或者处于优势逐步丧失的境地。

中国农科院农产品国际贸易中心程国强（1999，2001，2011）较好地研究了中国农产品的国际竞争力。他是从进出口表现和国内资源成本两条曲线来分析中国农产品的竞争力。其研究表明，在贸易表现方面，我国农产品外汇收入的 90% 以上来自非粮食产品，其中包括经济作物产品、园艺产品和畜牧产品。中国农产品的主要出口市场是亚洲和欧洲，占总出口值的 80% 以上；主要进口市场是北美和亚洲，占总进口值的 50% 以上，出口市场的集中程度比进口高。

钟甫宁等（2000）在《中国粮食比较优势的地区差异与生产结构调整对策》中，用 NSPj、DRC、ERP 三种比较优势测定方法进行农业生产比较优势的测定和分析显示，稻谷比较优势虽然下降，但依然具有比较优势；小麦、玉米失去比较优势，因此主张部分进口；同时，他进行了区域比较优势分析，提出了主产区粮食生产区划建议①。

陈永福（2001）通过对我国蔬菜出口的贸易绩效、贸易结构以及世界蔬菜市场的价格波动特征进行分析认为，我国对日本蔬菜出口无论是保鲜品种还是冷冻品种的竞争力均不及美国，后者的差异更大。我国对日本蔬菜出口的优势主要还是来自与日本生产品种接近、距离近等因素产生的低成本优势，但国内企业间的恶性竞争不仅使企业本身在盈利上处于不利地位，还导致了进口国的“反倾销抵制”。

孙琛、谭向勇（2001）对中国水产品的研究表明，中国水、海产品的国际竞争力明显，加入世界贸易组织后，名义关税率的降低不会对水产业形成较大冲击。

余鸣（2002）在《WTO框架下我国畜牧业的比较优势与国际竞争力》一文中，采用显性比较优势法与净出口指数法对中国活畜、畜产品、畜牧相关产品等各种畜产品的比较优势进行了全面测定，并在此基础上用综合指标法对中国畜牧业国际竞争力的七种影响因素进行了定性分析，从政策、标准法规、产业组织（要素）、产业联系（市场）、产业结构（调整与升级）等方面提出了发挥中国畜牧业比较优势、提高中国国际竞争力的对策。

孙立新、秦富、白人朴（2002，2003，2011）研究了中国主要农产品的比较优势，认为中国的大豆生产相对具有比较优势，而其他许多土地密集型农产品如粮食等则正在丧失比较优势；相对来说，中国的劳动密集型农产品依然具有比较优势，是中国较有竞争力的农产品。

张淑荣等（2007）分析了美国、巴西、阿根廷产业的产量及进出口量，并运用国际市场占有率、贸易竞争指数和显性比较优势指数对各国大豆产业的国际竞争力进行比较分析。

林大燕等（2014）在传统的H—O模型中引入季节要素，并通过

① 参见钟甫宁等《中国粮食比较优势的地区差异与生产结构调整对策》，农业部软科学委员会资助课题“中国主要粮食产品的国内资源成本与比较优势及地区差异研究”的部分成果。

扩展的 AIDS 模型进行理论检验，实证结果表明，季节要素是影响我国大豆进口市场结构的重要因素。

官梅（2004，2015）研究了中国油菜产业的国际竞争力并提出了相应的对策。在其论文中，作者认为，“白菜型油菜和芥菜型油菜起源我国，经历史演变，油菜种植资源十分丰富，我国各省区均有油菜栽培”，“我国在杂交油菜的研究与应用方面处于国际先进水平”①。同时，作者认为，我国的油菜产业还存在诸如劳动生产率低、品种缺乏竞争力、加工规模小、没有形成、出口量小的问题，并就此提出了相应的对策。

谭涛等（2012）经研究得出结论，一个国家转基因商业化程度对其大豆出口具有显著影响，一个国家生物技术创新能力越强，则该国大豆出口能力越强。栾立明和郭庆海（2010）在分析中国大豆生产与贸易现状的基础上，运用国际市场占有率（IMS）、贸易竞争力指数（TC）和显性比较优势指数（RCA）三项指标对中国和美国、巴西、阿根廷的大豆产业国际竞争力进行比较，进而在利用非转基因优势、发展大豆深加工技术、建立大豆自主品牌和加大政府支持等方面提出提升我国大豆产业国际竞争力的对策建议。

刘馨阳、韩昕儒、王晶晶（2014）采用了比较优势度②、国内资源成本系数（DRCC）③、社会净效益（Net Social Profit，NSPj）④、有

---

① 参见官梅《怎样提高中国油菜产业的国际竞争力》，《农业与技术》2004 年第 5 期，第 53 页。

② 比较优势度是国内资源成本系数的变形，等于 1 与国内资源成本系数（DRCC）的差额，以此来衡量农产品生产的有利或不利程度。

③ DRCC 反映的是在生产要素、劳务和产品能在各国间自由流动时，一个国家生产农产品为获取一单位影子收入需投入多少单位的成本。如果 DRCC < 1，则表明该农产品生产产出大于投入，该农产品具有国际竞争力；如果 DRCC > 1，则表明该农产品生产产出小于投入，缺乏国际竞争力；如果 DRCC = 1，则表明该农产品产出等于投入，处于国际竞争力的平衡点。

④ 社会净效益表示一个国家充分利用国际国内资源从事 j 类农产品生产活动所获取的收益。如果 NSPj > 0，表明该国 j 产品生产有利可图，资源配置具有一定效率，从国际分工的角度看该国适合发展 j 产品生产；如果 NSPj < 0，表明该国 j 产品生产无利可图，资源配置缺乏效率，应尽量减少或放弃 j 产品生产；如果 NSPj = 0，表明该国 j 产品生产处于利益平衡点，资源配置效率为 0，可视情况发展 j 产品生产。

效保护率（Effective Rate of Protection，ERPj）① 等指数对中国主要农产品的比较优势和地区优势进行了分析，认为中国在糖料、园艺产品、畜产品、烤烟、大米等产品上具有比较优势，而油菜籽、棉花、小麦、玉米则不具备国际竞争力。

袁祥州、程国强、朱满德（2015）运用集中率（CR）、格鲁贝尔—劳埃德指数（G—L）、竞争优势指数（TC）、贸易互补性系数（TCI）等指标，在描述中国与加拿大农产品贸易增长和结构特征的基础上，进一步分析中加农产品的竞争优势及其贸易互补性变化。结果表明：中加农产品贸易以中国从加拿大进口为主；中国主要从加拿大进口谷物和油脂油料等土地密集型产品，主要向加拿大出口动物产品和园艺产品等劳动密集型产品，贸易集中度高，且主要为产业间贸易，基本反映了中加双方的农业资源禀赋特征；由于农产品竞争优势变化及贸易互补性上升，今后中加农产品贸易有广泛的发展潜力。

郑松伟（2015）利用标准显示性比较优势指数（NRCA）和拉菲指数（LFI），从产业间贸易视角和产业内贸易视角两个角度测度中国对日本和韩国分类农产品贸易比较优势，发现园艺类农产品和水产品贸易比较优势呈现出强化趋势，而大宗类农产品贸易比较优势呈现出弱化趋势。

佟光霁、石磊（2016）利用显性比较优势指数（RCA）、标准显性比较优势指数（NRCA）、贸易互补性指数（TCI）和产品互补指数（CI）分析了中俄农产品贸易比较优势和贸易互补性的变化特征。结果显示，中国农产品整体比较优势在下降，俄罗斯农产品整体比较优势在上升，并已超出中国；中国的水产品、园艺产品、烟草及饮料，俄罗斯的水产品在对方市场具有比较优势；中国对俄罗斯农产品贸易互补性在增加，水产品、园艺产品、动物产品互补性明显；俄罗斯对

① 由于农业保护的普遍存在，部分农产品的比较优势可能会因生产与贸易扭曲而失真，可利用有效保护率（ERPj）来分析农产品生产的潜在比较优势。如果 ERPj > 0，表明 j 产品受到正保护，其现有国际竞争力高于潜在国际竞争力；如果 ERPj < 0，表明 j 产品受到负保护，其现有国际竞争力低于潜在国际竞争力；如果 ERPj = 0，表明政策措施对 j 产品没有正面或负面效果，其比较优势得到真实反映。

中国农产品贸易互补性高于中国对俄罗斯，大宗农产品、水产品互补性明显。

付明辉、祁春节（2016）采用 GL 指数和 RCA 指数，研究了 2000—2014 年中国与“一带一路”沿线国家和地区农产品贸易的产品结构、区域结构、产业内贸易和比较优势等问题。研究结果表明，中国与“一带一路”沿线国家和地区农产品贸易迅速增长，但不稳定；农产品出口结构优化速度较为滞缓，进口结构高度集中；中国对蒙俄和东盟依赖程度较大；中国与沿线国家和地区农产品产业内贸易水平不高；双边农产品贸易的发展空间和潜力巨大，但这种发展空间是非对称的。

陈叶盛、潘华斌（2015）认为，中国玉米逆差的原因在于国内市场供需情况紧张，市场无法满足大量的消费需求。Hyun J. Jin、Gue-dae Cho 和 Wonw Koo（2003）通过分析中国的贸易模式，预测中国对玉米的需求仍会不断扩大。由此从生产和消费两个方面入手，提出了维持玉米供求的相关建议。刘兴强（2014）对未来玉米的消费和发展趋势进行了分析，提出玉米产业将呈现高科技、高产出、高效益的新趋势。

韩敬敬、魏凤（2017）采用显示性比较优势指数、贸易互补性指数和经常市场份额模型，从贸易比较优势、互补性和增长潜力三个方面对 1995—2015 年中国与哈萨克斯坦农产品贸易发展进行了实证分析。研究表明，中哈两国具有出口比较优势的农产品类别相互交叉，存在很大差异性；中国出口与哈萨克斯坦进口的互补性强且整体呈上升趋势，而哈萨克斯坦出口与中国进口的互补性较低且呈波动状态；中哈农产品贸易增长中既有市场扩大效应，又有竞争力提升效应，双边贸易增长潜力大。值得关注的是，在 2011—2015 年第四时间段内，哈萨克斯坦出口拉动效应最明显的是竞争力提升效应，其国内农业竞争力正逐步提升。

苏钟萍（2018）通过运用显性比较优势指数和竞争力指数，分析中美两国谷物类农产品的贸易互补性和竞争性，并为两国充分发挥农产品贸易优势，调整农产品贸易政策提供建议，以实现互利共赢。

徐艳（2018）分析了中国与“丝绸之路经济带”沿线国家农产品贸易格局、结构及比较优势演化，发现中国与沿线国家的农产品贸易规模不断扩大，总体农产品进口额超过农产品出口额，长期处于贸易逆差的局面；中国出口沿线国家的农产品主要以第0类农产品为主，第2类农产品为其次；中国与沿线国家不同区域的农产品贸易比较优势差异明显，主要比较优势都是集中在亚欧经济带。

（二）从成本与价格角度分析中国农产品的比较优势

王秀清、李德发（1998）从生产成本角度研究了中国生猪生产的国际环境与优势，认为中国生猪生产具有较高的成本优势和较强的国际优势。王秀清（1999）研究了中国粮食生产的国际竞争力，其分析表明，由于中国人均耕地较少，土地的产出率较低，而粮食生产的其他成本如农药、化肥的费用增加，所以，中国粮食生产的国际竞争力不强。

中国科学院农业政策研究中心黄季焜、马恒运（1999，2000，2003）主要从生产成本和价格角度对中国大宗农产品、畜牧产品和水果蔬菜这三类农产品的比较优势情况作出判断。他们以农产品价格作为价格竞争的体现物，并认为，价格是由生产成本和流通费用两部分构成，其中前者是竞争力产生差异的主要原因，后者反映体制对价格竞争力的影响。其研究认为，中国在猪肉、鸡肉、水果、蔬菜等产品上具有价格优势，而在大宗农产品上不具备价格优势。大宗作物的价格劣势主要来自：由于劳动投入量太大造成的活劳动费用太高而难以降低；我国农业特有的成本外开支大约占生产成本的10%，这就不可避免地提高了生产者价格，而发达国家农业生产者不仅没有这项负担，反而能获得一定的生产者补贴；如果考虑到土地机会成本的存在，中国大宗农产品的生产成本可能会更高。

徐志刚（2001）① 在《比较优势与中国农业生产结构调整》一文中，采用资源成本系数对中国农业的比较优势进行了总体分析、部门分析和区域分析，虽未推进到国际竞争力层次，但其多角度分析的方

---

① 参见徐志刚《比较优势与中国农业生产结构调整》，博士学位论文，南京农业大学，2001年。

法很值得借鉴。这种方法的优势在于能从不具有总体比较优势的行业中发掘出具有比较优势的子行业来，从不具有比较优势的国家中发掘出具有比较优势的区域来，为行业、区域产业结构调整提供良好依据。其研究利用计算机软件技术，在建立数据库的基础上，建立比较优势测定体系模型，为产业结构调整等决策咨询参考的快速反应提供了可能。

彭廷军、程国强（2001）在《中国农产品的比较优势》一文中，运用比较优势指数、国内资源成本系数分析了中国农产品的比较优势，得到的结论是：（1）除小麦外，中国粮、棉、油料等农产品的国际竞争力从 1995 年开始下降。1990—1994 年，中国农产品的比较优势和社会净收益基本为正值，但自 1995 年以来，稻谷、玉米、棉花、大豆、油菜籽等农产品的比较优势度和社会净收益出现了一定程度的下降。到 1997 年，稻谷、玉米、棉花、大豆、油菜籽比较优势度和社会净收益已明显下降，其中玉米、棉花、大豆、油菜籽已渐渐缺乏国际竞争力。这客观地反映出 20 世纪 90 年代以来，中国农产品的比较优势已由土地密集型产品转移到劳动密集型产品上来。（2）目前中国大部分农产品的现有国际竞争力高于其潜在的国际竞争力。目前大部分农产品的国际竞争力被拔高，减少农业保护将使农产品生产和贸易在一定程度上受到冲击。（3）国内资源机会成本上升是导致中国农产品比较优势下降的主要原因。中国农业生产资料价格上涨，与农产品国内市场价格接近并超过国际市场价格的事实相符。

国家计委宏观经济研究课题组（2002）从加入世界贸易组织前后价格变化的可能性，对我国主要农产品在市场开放后的竞争力情况作出预测。该研究认为，在加入世界贸易组织之前，国产小麦、玉米、大米、棉花、食糖价格已经大幅度下降，下降的幅度达到了在国内市场上对进口产品有竞争力的水平。国内、国际市场出现了一种国外产品难以进口、国内产品难以出口或难以增加出口的相对均衡的局面。因此，该研究建议中国充分考虑世界贸易组织有关协议。在一定范围内，国家仍可调控国内农产品价格，但调控的难度和代价会增加。加入世界贸易组织增加了国内价格受冲击的可能性，但也保留了控制冲击的手段。

袁伯涛（2003）认为，中国农产品成本过高，削弱了我国农业的国际优势。根据他的分析，与其他国家相比较，中国农业成本中的中间消耗[①]为41.69%，低于其他国家；税金与其他国家相比相差不大；引起中国农业成本高，最为突出的因素：一是期间费用[②]高（为4.1%）；二是成本外费用[③]高（为11.27%）；三是人工费用[④]过高（为32.89%）。以上三种费用过高是造成中国农业缺乏优势的重要原因，因此，他提出了许多主张以降低中国农业成本，增强农业竞争力。第一，改革农村税费及其他制度，降低管理费用和成本外费用；第二，降低农产品交易成本，例如构建高效的农产品市场信息网络，提高农民的收益水平；第三，扩大农产品生产经营规模，提高劳动生产效率。

胡小平、徐文涛（2003）从生产成本、国内市场价格和流通费用三个方面分析了中美两国小麦的市场竞争力。他们认为，“长期以来，我们形成了一种误解，把美国农业生产技术上的优势等同于经济效益上的优势，一说起美国小麦的竞争力不如我国，似乎很难接受”[⑤]。文章的结论是：未来5—10年，中国小麦在本国市场上将对美国小麦保持很强的竞争优势。在世界贸易组织农业规则对出口补贴日益严格的约束下，美国小麦无力大规模冲击我国市场。对此，孟丽、乔娟（2004）的看法有所不同。她们运用国内资源成本系数与回归分析方法研究了中美小麦生产成本和市场价格的差异及形成的原因，认为

---

① 中间消耗是指生产过程中发生的直接费用和折旧及农机修理等间接费用。

② 期间费用是指土地承包及管理和销售环节发生的费用。其中，管理费是指村干部补贴和村务办公费；销售费是指生产单位、农户与销售产品有关的运输费、装卸费、包装费、用工费和广告费。

③ 成本外费用是指村提留、乡统筹、农民义务工和劳动积累工支出和其他成本外支出，均为税后支出。

④ 人工费用是指单位农产品所消耗的人工费用。虽然我国农业劳动者的报酬较低，但是，由于我国每个劳动力所生产的农产品数量较少，因而造成每单位农产品中所含的人工费用较高。

⑤ 参见胡小平、徐文涛《中美两国小麦市场竞争力比较分析》，《管理世界》2003年第9期。

“中国小麦单位面积生产成本高于美国，但单位产品生产成本却低于美国，原因是中国小麦生产力水平相对高于美国”；“中国劳动力投入变化对小麦单产影响显著，但影响程度较小。美国劳动力投入变化对小麦单产影响不显著，这表明中国小麦生产以劳动力密集型为主，但劳动力投入已处于较高水平，再增加劳动力投入对提高小麦单产作用较小；而美国小麦以机械化生产为主，较少的劳动力投入就能满足机械化生产的需要，过多的劳动力投入对小麦单产的提高不起作用”①。

刘志雄（2008）认为，铁路运输能力是影响国产大豆竞争力的一个重要因素，通过对进口大豆和国产大豆价格的对比得出结论认为，运输“瓶颈”对国产大豆竞争力的负面影响较为显著，对进口大豆竞争力的影响十分微小，并进一步分析了铁路运输“瓶颈”对大豆运输方式的影响。

陈叶盛、潘华斌（2015）提出，由于国家加强宏观调控，抑制价格过度上涨，使进口玉米价格优势明显，刺激了玉米的大量进口。国内外玉米价格倒挂在这一贸易格局的改变中起到了至关重要的作用。翁凌云（2011）使用计量模型，研究了现行政策下中国玉米的发展趋势。

颜雨欣、阮氏清华、王晶（2016）通过中国玉米国际竞争力测度分析，说明中国玉米国际竞争力与美国等国家进口依存度具有相关性。杨艳涛、秦富（2015）研究中国玉米进口量与国际市场价格的相关性分析了国际市场价格对于中国玉米进口量的影响。马述忠、王军（2012）以玉米为例，并利用五个主要出口对象国的面板数据，对我国粮食出口的市场实力进行实证检验。从欧美发达国家出口垄断、国内玉米生产成本及我国玉米的价格贸易条件三个方面对我国玉米出口市场实力较弱的原因进行了分析，并提出相应的对策建议。

司伟、王秀清（2004）从生产成本的角度研究了中国糖料生产成本的差异与原因，其分析表明，中国糖料生产的成本在增加，所以，

---

① 参见孟丽、乔娟《中美小麦成本和价格比较及其原因分析》，《农业科技管理》2004 年第 4 期。

糖料生产的优势正在丧失。

侯石安（2014）运用国内资源成本系数分析了我国主要农产品的比较优势与国际竞争力，发现我国许多农产品已不再具有比较优势或者处于比较优势下降阶段，因此，他主张我国加大财政支农力度，并改善我国农业生态环境，以此来增强我国农产品与农业的国际竞争力。

郑松伟（2015）认为，近十年来的统计数据显示，随着中国对日本和韩国农产品出口规模的不断扩大，中国农产品对日韩出口份额占中国农产品出口总额的比重却呈现逐年下降的趋势。究其原因，该比重的下降与中国对日本和韩国农产品贸易比较优势的变动相关。分析中国对日本和韩国农产品贸易现状，发现中国对日本和韩国农产品贸易集中度高，园艺类农产品和水产品占据七大类农产品出口的半壁江山。同时，中国对日本和韩国农产品贸易也存在出口占比下降以及进出口结构匹配性不足等问题。

许为、陆文聪（2016）基于 CEPII—BACI 数据库 1995—2013 年 HS—6 位数贸易数据，采用分布动态法，从比较优势流动性和向高附加值产品转换升级两个方面，实证分析了中国农产品比较优势在“量”和“质”上的动态变化。研究发现，中国农产品比较优势具有较强的流动性，主要表现为大部分优势农产品的比较优势呈现下降趋势，尤其在加入世界贸易组织之后出现了加速下降态势，且下降幅度高于其他主要出口国，2013 年仅 14.5% 的农产品具有比较优势；劣势农产品的比较优势尚未得到改善，形成新的比较优势概率较低；农产品比较优势集中在低技术含量、中低档质量的产品，向高附加值产品升级转换缓慢。

董晓波、常向阳（2016）基于 1312 个企业与水稻种植户交易数据，实证研究了转换成本对农产品成交价格的影响，发现企业转换成本对成交价格有显著正向影响，农户转换成本较低是企业“溢价”收购的前提；成交价格主导方在于企业；规模较大的、经营特色品种的企业转换成本较高，“溢价”收购可能性较大；对农户的增收效应较为明显。这些结论支持了其霍特林（Hotelling）模型关于“价格离散”的理论推断，有利于政府制定有效的农业产业化政策，实现精准扶持，真正促进农民增收。

周振正（2017）以“丝绸之路经济带”倡议为背景，对中国与“丝绸之路经济带”沿线 20 国的经济发展特征、农产品贸易关系进行分析，基于农产品贸易成本的视角，采用诺维（Novy，2013）改进的引力模型，测算 2003—2014 年中国与“丝绸之路经济带”沿线主要 20 国的双边农产品贸易成本，并分析了农产品贸易成本的变化特点。其研究结果表明，中国与各个国家的农产品贸易成本有较大差异。至 2014 年，中国与德国、波兰、法国的贸易成本较小，与克罗地亚、约旦和希腊的较大。其中，中国与孟加拉国、波兰和德国的双边农产品贸易成本下降幅度较大，分别为 76.55%、47.35% 和 44.87%。其全样本实证分析结果显示，贸易伙伴国制度水平、中国与贸易国是否签订区域贸易协定及贸易伙伴的互联网使用情况皆与双边农产品贸易成本有负向关系，贸易双方人均 GDP 差距对中国与贸易伙伴双边农产品贸易成本有正向关系，影响程度从高到低。在分样本回归中，影响中国与较发达国家农产品贸易成本的因素中，双方地理距离的系数符号与预期不符，与全样本分析不符，贸易伙伴制度水平、与贸易伙伴国是否签订区域贸易协议、双方人均 GDP 差额以及贸易伙伴互联网使用情况对农产品贸易成本均具有显著作用，其影响力度从高到低；而对中国与发展中国家进行分析时，发现贸易伙伴制度水平的符号与预期不一致，也与全样本结果相反。只有两国的地理距离、贸易伙伴互联网使用情况及贸易双方人均 GDP 差距对双边农产品贸易成本有显著影响，影响程度依次减小。最终，根据文章的统计结果和实证分析，提出相关政策建议。

贾伟、宫同瑶、秦富（2017）通过构建世界八区域两部门 CGE 模型，并利用 2002 年和 2010 年中国区域投入产出表数据，研究了贸易成本对中国各地区农产品贸易增长的影响。研究发现：（1）中国农产品贸易成本存在显著的地区差异，但差异总体呈下降趋势；（2）贸易成本对中国各地区农产品贸易增长存在显著的负向效应，该效应在中国西北、西南和华中地区的表现较为明显；（3）贸易成本主要影响双边农产品贸易，而对第三方农产品贸易的影响并不大；(4) 在其他条件不变的情况下，贸易成本下降至运输成本对中国区际农产品贸易和农产品对外贸易增长的贡献分别为35.79%和39.87%；(5) 农产品对外贸易成本下降扩大了农产品贸易逆差，区际农产品贸易成本下降则缩小了农产品贸易逆差。

张聪颖、畅倩、霍学喜（2018）利用陕西八个苹果基地县的苹果户调查数据研究发现，随着农户经营规模扩大，苹果单位生产成本呈现下降趋势，规模经济效应凸显，但尚未达到理论上的适度规模经营水平；苹果生产成本较高与农户要素投入不合理有关，尤其是化肥、有机肥两种要素。该文认为，陕西苹果生产需持续推进适度规模经营，以便降低生产成本；依托农村农业信息网络，注重披露要素及其技术特性与使用方法，引导农户优化要素投入；以规模经营助推苹果生产成本下降、提升陕西苹果国际竞争力为契机，关注规模经营对苹果生产成本及其结构的影响，及时调整苹果生产与出口策略。

邵凡宇、曾尚梅、黄荣荣、杨柳青、秦佳文（2018）通过进行多地实地调研分析得出：目前有机农产品和普通农产品的成本效益差异主要在于人工成本、土地成本、物料与服务费和绿色防控成本四个方面，进而提出加大政策扶持、提高附加值、合理布局、革新生产技术等措施来提高有机农产品成本效益。

综上所述，目前国内外理论界对大宗农产品比较优势的研究给本书提供了诸多有益的借鉴。需要指出的是，目前学术界对大宗农产品比较优势的研究多是嵌在对我国农产品比较优势的研究中，而专门针对某种或某几种大宗农产品比较优势的研究则较少。

第二章　国际竞争力理论与大宗农产品贸易

第一节　国际竞争力的内涵

国际竞争力是一个综合而又复杂的概念。随着生产力的发展和科学技术的进步，国际竞争力的内涵和外延都发生了很大变化，遂成为多层次、多角度的概念。

一　国内外关于国际竞争力的定义

国际竞争力的内涵较为复杂，目前学术界尚未形成统一的认识。

美国《关于国际竞争能力的总统委员会报告》指出："国际竞争力是在自由良好的市场条件下，能够在国际市场上提供好的产品、好的服务的同时，同时又能提高本国人民生活水平的能力。"①

世界经济论坛（World Economic Forum，WEF）提出，竞争力是指企业主目前和未来在各自的环境中以比他们在国内和国外的竞争更具吸引力的价格和质量来进行设计、生产并销售货物以及提供服务的能力和机会。

经济合作与发展组织在《科技、技术与竞争能力》报告中指出：国家经济的国际竞争能力是建立在国内从事外贸企业的竞争能力之上

---

① 参见国家体改委经济体制改革研究院、中国人民大学、综合开发研究院联合研究组《中国国际竞争力发展报告》（1996 年、1997 年、1999 年），中国人民大学出版社 1997 年版、1998 年版、1999 年版。

的，但是又远非国内企业竞争能力的简单累加或平均的结果[①]。

原世界经济论坛常务理事长葛瑞里教授认为，国际竞争能力是指企业和企业家设计、生产和销售产品和劳务的能力，其产品和劳务的价格和非价格的质量等特性比竞争对手具有更大的市场吸引力[②]。这种能力既产生于企业自身的管理和效率，又受国内、国外和部门与行业环境的影响。实际上，国际竞争力也就是企业和企业家在适应、协调和驾驭外部环境的过程中成功地从事经营活动的能力。

瑞士洛桑国际管理开发学院（International Institute for Management and Development，IMD）指出，国际竞争力是指一国创造增加值从而积累国民财富的能力，并且通过协调如下四对关系来实现其国际竞争力。这四对关系是资产与过程、引进吸收能力与输出扩张能力、全球经济活动与国内家园式经济活动、经济发展与社会发展。

迈克尔·波特在《竞争战略》中认为，“一个产业的竞争状态取决于五种基本竞争力量……这些力量汇集起来决定着该产业的最终利润潜力”[③]。即产业竞争力与产业的最终利润潜力或产业利润率是相一致的。

中国社会科学院工业经济研究所课题组在《中国工业国际竞争力》中认为，“国际竞争力归根结底就是各国产业或同类企业之间相互比较的生产力。从一国特定产业参与国际市场竞争的角度看，特定产业的国际竞争力就是该产业相对于外国竞争对手的生产力的高低”。据此，他们把产业国际竞争力定义为，“在国际自由贸易条件下（或在排除了贸易壁垒因素的假设条件下），一国特定产业以其相对于他国的更高生产力，向国际市场提供符合消费者（包括生产性消费者）

---

① 参见 OECD，*Globalization of Industrial R&D：Policy Implications*，Working Group on Innovation and Technology Policy，June 1998。

② 参见 Gray，M.，Golob，E. and Markusen，“Big Firms，Long arms，Wide Shoulder：The ‘Hub－and－Spoke’ Industrial District in the Seattle Region”，*Regional Studies*，Vol. 30，1996，pp. 651－666。

③ 参见［美］迈克尔·波特《竞争战略》，华夏出版社2001年版。

或购买者需求的更多产品，并持续地获得盈利的能力”①。

樊纲（1998）指出，“竞争力指的是一国产品在国际市场上所处的地位……最终可以理解为‘成本’概念，即如何能以较低的成本提供同等质量的产品，或者以同样的成本提供质量更高的产品”②。

二　本书对国际竞争力的认识

综合上述分析发现，目前国内外理论界对“国际竞争力”的定义不一。各种定义尽管存在差异，但大多强调的角度有所不同，其基本的含义是一致的，归纳起来，主要有以下几种定义。

第一种定义较为强调生产力的比较，认为国际竞争的实质就是生产力的竞争，国际竞争力的核心就是生产力的高低。因此，产业国际竞争力实质上可以定义为：在国际自由贸易条件下（或在排除了贸易壁垒因素的假设条件下），一国特定产业以其相对于他国的更高生产力，向国际市场提供符合消费者（包括生产性的消费者）或购买者需求的更多的产品，并持续地获得盈利的能力。

第二种定义强调了产业的有效供给能力。指出产业国际竞争力就是某一产业在区域之间的竞争中，在合理、公正的市场条件下，能够提供有效产品和服务的能力。所谓有效产品和服务必须符合如下条件：首先，这些产品和服务必须能被市场所接受；其次，它与市场上其他产品和服务是有区别的；最后，它还必须是区域内部该产业现有的生产能力所能承担的。因而，产业国际竞争力是产业的供给能力、价格能力和投资盈利能力的综合。

第三种定义侧重于国际竞争的市场条件。该定义认为，“自由和公平的市场条件”是各国比较产业国际竞争力的前提条件，因为现在各国之间的贸易壁垒还没有完全拆除，国家对各产业的扶持力度也不尽相同。如果不排除这些条件，在比较产业国际竞争力时是很难做出公正的评判的。因而，产业国际竞争力是指一个国家特定产业在自由

① 参见中国社会科学院工业经济研究所《中国工业发展报告》，经济管理出版社 2002 年版。

② 参见樊纲《论竞争力》，《管理世界》1998 年第 3 期。

和公平的市场条件下，争夺有利的生产条件和销售条件，在竞争中获得最大利益的能力，它是产业国际竞争优势的表现。

综上所述，我们可以把国际竞争力概括为，“一个国家在世界市场上参与经济竞争并不断增加财富的能力”。其含义包括以下四个方面的内容：第一，国际竞争力的主体是一个国家；第二，竞争的范围是经济领域；第三，竞争的空间是世界市场；第四，国际竞争力涉及一个国家的诸多方面，如科技水平、基础设施条件、政府行为、企业家素质和劳动者的工作态度等。

三 国际竞争力的层次

迈克尔·波特（Michael Porter）在其《国家竞争优势》一书中说明了国际竞争力的层次问题。诚然，国际竞争力是一个多层次、多角度的集成概念，可以分解为国家竞争力、产业国际竞争力、企业国际竞争力和产品国际竞争力四个层次（见图2-1）。

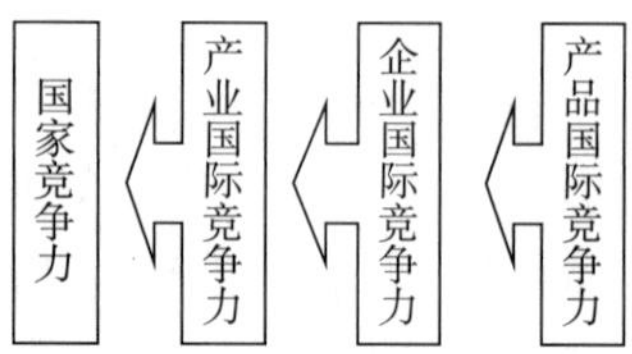

图2-1 国际竞争力的层次

（一）国家竞争力

国家竞争力是指国家通过有效地协调竞争力资产与竞争力过程、引进吸收能力与输出扩张能力、全球化经济活动与本地经济活动、经济发展与社会发展四对关系，来创造增加值从而积累国民财富的能力。简言之，国家竞争力就是一个国家实现国民经济持续高速增长的能力。

（二）产业国际竞争力

产业国际竞争力是指“在开放和公平竞争的国际经济环境中，一个国家特定产业向国际国内市场提供符合需要的货物或服务产品，并取得经济效益的产业整体实力”①，产业国际竞争力研究的中心问题是各国及各产业的竞争优势比较。竞争优势和人们熟悉的比较优势的区别在于前者所涉及的主要是各国同一产业比较关系，后者涉及的主要是各国不同产业间的比较关系。

（三）企业国际竞争力

企业国际竞争力是指企业作为市场经济最基层的行为主体，开拓国际市场、占据国际市场并以此来获得利润的能力。企业参与国际竞争的根本目的是通过占领并扩大市场来获取更多的利润，因此，企业国际竞争力集中体现在企业的产品在国际市场上所占有的份额的高低，而且这个份额是以盈利为目的的。

（四）产品国际竞争力

产品是国际竞争力研究的终端层次，这是由于不论是国家、产业或企业，其国际竞争最终都要通过产品在市场上来完成其价值实现，产品是市场主体之间相互竞争的物质载体。产品和企业、产业之间联系非常密切。一个特定的产业就是生产某类产品的生产活动、组织机构和政策制度的组合；而企业的价值链更是围绕特定产品进行开发、设计、生产、营销和相关辅助活动的整个过程。

（五）不同层次国际竞争力概念之间的联系

国家竞争力、产业国际竞争力、企业国际竞争力和产品国际竞争力四个层次各有侧重但又相互联系。国家竞争力着重强调一个国家在国际贸易、国际金融、国际投资中的地位，强调一个国家所能提供的基础设施，所能达到的整体科技水平、社会发展水平、当前经济发展状况以及政府行为、政府干预等因素为国际资本流动创造的客观条件；产业国际竞争力和企业国际竞争力则更强调产业或企业的经营行为、管理行为、劳动成本、企业家素质、劳动者的工作态度等因素的国际比较。产品国际竞争力则更强调产品本身的优势，是企业国际竞争力和产业国际竞争力的基础。企业国际竞争力可以奠定整个产业和

① 参见中国人民大学竞争力与评价中心研究组《中国国际竞争力发展报告》，中国人民大学出版社 1999 年版，第 93 页。

国家的竞争力，因为一个产业或国家的经济实力的持续增长必须以企业在国际市场上的竞争力的提升为前提。但是，企业国际竞争力的提升又离不开国家竞争力和产业国际竞争力的增强。

产业国际竞争力、企业国际竞争力和产品国际竞争力之间的关系则更为密切。企业是产业国际竞争的实体，产品是产业国际竞争的最终比较物。产业、企业、产品在国际竞争中的相互关系表现为：第一，产业国际竞争的实体是产业内的企业。企业在追逐利润的过程中，通过利用国家资源，采取竞争战略，不断成功地提升生产率来造就所在产业的国际竞争力。第二，产业和企业的国际竞争必须依托产品为载体，以降低生产成本、提高产品质量、增加产品特性、改善产品技术、提高生产效率等方式来赢得竞争优势。第三，产品国际竞争力是产业国际竞争力和企业国际竞争力在市场上的最终体现，产业和企业的竞争直接表现为产品的国际竞争。这样，产品在国际市场上的竞争力反映了企业的竞争实力，有竞争力的企业群体又组成了具有国际竞争力的产业，而高生产率的优势产业群将最终带动国家生产力的增长，形成所谓的国家竞争优势；反过来，国家竞争优势有助于形成产业和企业发展的良好环境，从而促进产业国际竞争力和企业国际竞争力的进一步提升，这又将表现为特定产品的国际竞争力。

第二节 国际竞争力主要理论模型

关于国际竞争力的理论模型有很多，本节重点介绍波特钻石模型、亚拉威竞争力理论模型、Dong - Sung Cho 等九因素模型与中国工业经济研究所工业竞争力模型，因为这些模型对农业国际竞争力研究模型的建立具有较强的借鉴意义。

一 波特钻石模型

（一）基本内容

迈克尔·波特将产业经济学和企业战略管理两大研究领域结合起来，把产业组织理论引入战略管理研究，发表了著名的“竞争三部曲”——《竞争战略》《竞争优势》和《国际竞争优势》，并以此为标志，系统地提出了竞争优势理论。波特力图揭示竞争优势与比较优势之间的关键区别，“比较优势理论是长期以来在国际竞争分析中处于主流和控制地位的一种理论，而我则力主竞争优势才应该是一国财富的源泉。比较优势理论一般认为，一个国家的竞争力主要来源于劳动力、自然资源、金融资本等物质禀赋的投入；而我认为，这些投入要素在全球快速发展的今天其作用日趋减少。……取而代之的是，国家应该创造一个良好的经营环境和支持性制度，以确保投入要素能够高效地使用和升级换代”①。

波特在《竞争战略》和《竞争优势》两本书中指出，一个产业内部的竞争状态取决于五种基本作用力（见图 2－2），这五种作用力综合起来决定着该产业的最终盈利能力。对不同的产业而言，这些作用力的强度不同，因此导致产业的盈利能力也不相同。同时，波特还提出了三种企业发展战略，即总成本领先战略、标新立异战略和目标集聚战略，并论述了企业如何在实践中创造和保持在产业中的竞争优势的问题。

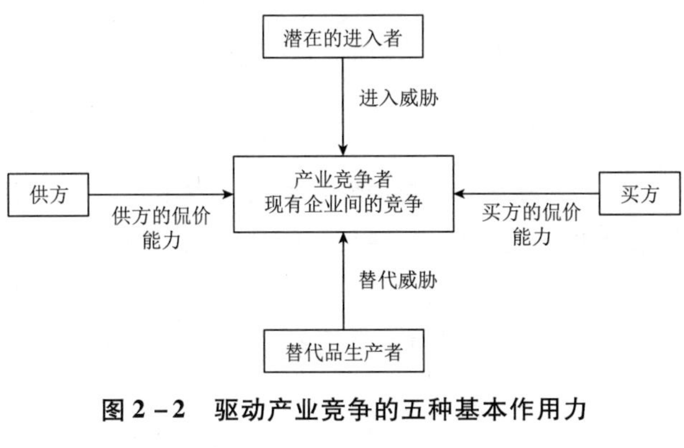

图 2－2　驱动产业竞争的五种基本作用力

1990 年，波特在其《国家竞争优势》一书中，通过研究考察许多国家特定产业发展和参与国际竞争的历史，认为一个国家的特定产

① 参见［美］迈克尔·波特《国家竞争优势》，华夏出版社 2002 年版。

业是否具有国际竞争力取决于生产要素，需求状况，相关与支持产业状况，企业策略、企业结构与同业竞争者四个关键因素和机会、政府行为两个辅助因素，这六个因素构成了产业国际竞争力的钻石模型（见图2－3）。波特还认为，由以上六个因素所构成的竞争环境决定了一个国家的某个产业是否具有国际竞争力或是否处于优势地位。其中，除了机会因素可以被视为外生变量，其他因素之间都是互动的，即每一个因素都能够强化或者削弱其他因素的表现。

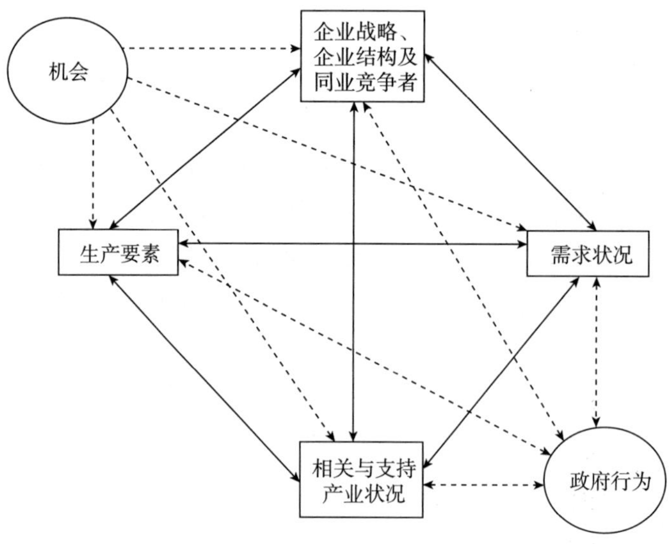

图2－3　迈克尔·波特钻石模型

资料来源：［美］迈克尔·波特：《国家竞争优势》，华夏出版社2002年版，第119页。

以下将对“钻石”模型中各个因素的含义及其在产业国际竞争力中的作用进行分析。

1. 生产要素

生产要素是指产业的生产活动所需要的基本的物质条件和投入要素，一般包括天然资源、人力资源、知识资源、资本资源、基础设施等。竞争力的创造不仅与生产要素的数量有关，而且还与生产要素的质量有关。也就是说，取决于各种生产要素被应用时所发挥的效率与效能。

波特根据生产要素的性质与作用，对其进行了两种形式的划分。第一种划分方式是将其分为初级生产要素和高级生产要素，其中初级生产要素包括天然资源、气候、地理位置、非技术与半技术劳动力、融资等。一般情况下，这类生产要素只需要被动地继承或者通过简单的投资就能拥有；高级生产要素的取得则需要在人力和资本上进行大量而持续的投资，主要包括现代化通信基础设施、受过高等教育的人力资源以及一些研究机构。初级生产要素在产业国际竞争力的创造过程中的重要性在不断降低，而高级生产要素则变得越来越重要。产业或企业若要以独特的产品或生产技术创造高层次的竞争力，则必须要借助高级生产要素。但是，因为创造高级生产要素必须要以初级生产要素为基础，所以，初级生产要素的数量与质量依然是竞争力塑造的基础。

生产要素的第二种分类方式，是根据它们的专业化程度划分为一般性要素（又称为通用要素）和专业性要素。一般性生产要素包扩公路系统、融资、受过大学教育的员工等，它们可以被用于任何一种产业；而专业性要素则是指特殊技术人才、专业知识领域以及其他专门针对特定产业的投资而形成的资产等。建立在专业性要素上的产业竞争力比建立在一般性要素上的产业竞争力更为持久，但是，专业性要素的投资风险也更高。波特认为，在建立国家竞争优势的过程中，高级要素和专业性要素的重要性要比初级要素和一般性要素大得多。

2. 需求状况

按照波特的观点，这一关键要素主要是指本国市场需求的特征。在任何一种产业中，母国市场对竞争力的形成都具有相当重要的影响。波特认为，这种影响不仅来自显而易见的规模经济，而且，就产业国际竞争力的形成而言，国内市场的素质比其规模更重要得多。具体来说，本国市场的素质主要包括以下内容：

（1）本国市场的性质。本国市场的性质首先包括本国的主力需求在整个国际市场细分结构中的位置，因为市场需求结构可以被细分为多个不同层次。如果一个国家对某一个产业的主力需求有别于其他国家，则只要集中力量发展这一需求所在的产业环节，不论这个产业环节在整个产业中是否占有重要地位，都可以形成该国在这一特定产业环节上的国际竞争力。其次，如果本国市场拥有一批对产品和服务既内行又挑剔的本地客户，则会为企业带来追求高质量、完美产品和精致服务的压力，进而带动相关产业的发展并提升该产业的国际竞争力。最后，本国市场的需求类型是否属于预期型需求也非常重要。如果本地客户的需求在时间上领先于国际市场上的客户，且在未来能够带动各地同类型的需求，则它能协助企业掌握新产品信息与走向，刺激企业不断进行产品升级，增强企业所在新型产业环节的国际竞争力。

（2）本国需求的规模和成长模式。本国需求规模对于不同产业的影响是不同的，但总的来说，国内市场规模如同一把“双刃剑”。一方面，它能激励企业投资与再投资，有助于产业竞争力的形成；另一方面，庞大的国内市场为企业带来丰富机会的同时，也可能使企业丧失向外拓展的意志，从而成为不利于产业竞争力形成的因素。从成长模式来说，本地需求的快速成长与成熟总是有利于企业国际竞争力的提高。国内市场的提早需求使企业能够及早建立大量的生产能力并提前积累经验，而本国市场的提早饱和则一方面迫使企业不断进行产品创新和升级，另一方面迫使企业从本土走向国际市场，以维持成长或消化其旺盛的生产能力。

（3）由本国市场向国际市场转换的能力。本国市场的一些特征也会影响到产业由国内市场向国际市场转换的难易程度。如果某一产业拥有一批跨国型的国内客户，则可以降低企业在打开国际市场时面临的风险。换句话说，本国市场上的国际化的下游产业有助于产业发展海外市场，提携产业参与国际竞争。另外，通过业务培训、观光旅游甚至移民潮等机会，国内企业也可以将国内需求以示范的方式推广到国外客户身上，从而使本国产业向外转移更为容易。

3. 相关与支持产业状况

绝大多数产品在被最终消费之前都要经过多道生产工序和市场环节，因而企业不可能包揽从原材料准备到最终零售的所有环节。因此，相关与支持产业在产业竞争力创造过程中起到了相当重要的作用。如果企业与低于平均水平的上下游产业结盟，则会减弱其竞争性。无论在市场链中企业之间的结构关系如何，高度发达的合作，尤其是与高于平均水平的上下游产业进行合作，对于一个产业持续地创新和升级以维持其优势总是必需的。

对一个产业来说，好的上游供应商应该能协助企业掌握新方法、新机会和新技术的应用，并与企业一起，致力于其加工和产品的发展，以提高产品质量，使企业的产品突出于其他所有产品。企业与其供应商之间的交流，有利于产品创新过程的发展。同样，企业也必须与最好的下游企业结盟，以保证在市场条件变化时其产品依然能卖得出去。企业与其下游市场的紧密联系有助于企业及时了解市场变化，对其产品质量进行必不可少的提升，也有利于增强整个供应链的竞争力。

此外，有竞争力的本国产业，通常也会带动相关产业竞争力的提升，因为它们之间的产业价值相近，可以合作、分享信息，这种关系还能形成相关产业在技术、流程、销售、市场或服务上的竞争力。

4. 企业战略、企业结构及同业竞争者

波特在这一个部分中强调了不同国家在企业目标、策略、组织、管理以及其他企业特征上的差异非常大。因此，掌握国家的环境特色，使企业管理模式和组织形态符合本国的民族特征是一个产业获取竞争力的关键（见图 2－4）。如人们对待权威的态度和人际交往的形式等因素，往往决定了一国的企业所选择的产权结构和规模；一个民族对于风险和失败的态度则决定了高风险行业吸纳资本和人才的能力；不同国家的劳动力管理关系也有显著差别，美国的劳资关系以好斗闻名，而日本的劳资双方则强调和谐与一致性，这两种极端都可能对产业竞争力产生有利或者不利的影响；公司文化和公司治理理念总在是不断变化，它们之间的差别总是决定企业和产业是否成功的重要因素。

波特认为，国际竞争是国内竞争的延伸，激烈的国内竞争和对抗会成为企业进步和创新的动力，竞争迫使企业降低成本（价格），提高质量和服务，研发新产品和新流程。此外，激烈的国内市场竞争还加重了企业以出口追求成长的压力，这种种压力往往使企业成为国际竞争中令人生畏的对手。

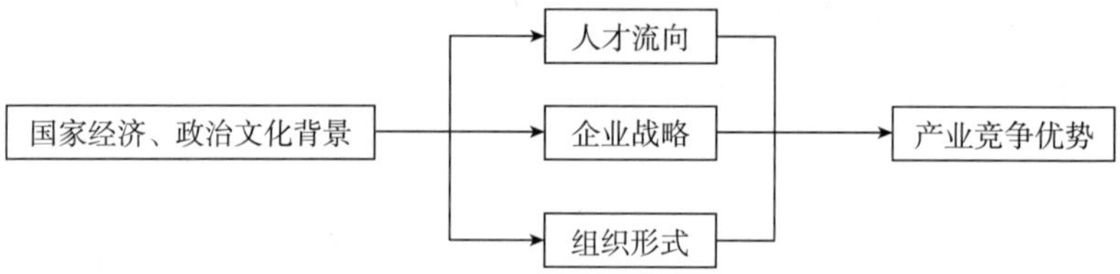

图 2-4　企业战略、组织形式与产业竞争优势

资料来源：［美］迈克尔·波特：《国家竞争优势》，华夏出版社 2002 年版。

5. 机会

一些偶然的事件和机会有时也会对一个国家的产业竞争优势产生影响，例如，纯粹的发明活动、重大的技术非连续性（如生物技术、微电子技术的出现等）、世界金融市场和汇率的重大变化、外国政府的政治决策、战争等。

偶然事件之所以重要，是因为非连续性使竞争地位发生变化，可能使以前的竞争优势失效，也可能为企业获得竞争优势提供机会。当然，各国能否利用偶然事件所提供的机遇来获得产业国际竞争优势，还取决于其他因素。同样的机遇，在不同的国家可能产生极不相同的结果。

6. 政府行为

政府对产业竞争优势的实际作用，主要通过其在资本市场、外资、生产标准、竞争条例等方面的政策影响上述四个关键因素。当然，政府政策的影响可能是积极的，也可能是消极的。一个尊重市场规律且具有较强预见性的政府，对于促进产业竞争力的提高具有举足轻重的作用；反之，则非但不能促进产业竞争力的提高，还可能起抑制作用。

（二）总体评价

波特在《国家竞争优势》中还指出，一个国家竞争优势的发展可以分成四个阶段，即要素推动阶段、投资推动阶段、创新推动阶段和财富推动阶段。不难看出，波特的国家竞争优势理论弥补了其他国际贸易理论的不足，较圆满地回答了理论界长期未能解答的一些问题，对国际经济理论的发展做出了贡献。同其他贸易理论相比，波特国际竞争力理论的贡献可以归纳为以下四个方面。

1. 提出了一个重要的分析工具

波特提出的国家竞争优势的决定因素系统，为我们分析各国竞争优势，预测其竞争优势的发展方向以及长远发展潜力提供了一个非常有用的分析工具。由于四种决定因素的范围、品质和交互作用的方式决定企业生产的产品和服务的种类以及生产的效率，而产品和服务的种类和生产效率又决定一个国家进入国际市场的产品、服务的价值和增长率，因此，它们最终决定一个国家竞争优势的实力、构成和持久性。分析这些决定因素的范围、品质和交互作用的方式，将它们同其他国家的决定因素系统相比较，我们就能发现一个国家的竞争优势在（或可能在）哪些领域、有多大以及是否可能持久。

2. 强调动态的竞争优势

传统的比较利益理论强调的是静态的比较利益，注重的是各国现有的要素禀赋，比如丰富的自然资源、廉价的劳动力等初级要素，因此，它不能解释为什么像日本、韩国这类资源稀缺的国家在众多领域获得竞争优势而许多资源丰富的国家却长期落后的原因。波特从动态的竞争优势角度比较圆满地解决了这一问题：像日本、韩国这类国家的竞争优势来自不断创造的要素优势。不断创造的要素比静态的要素更能持久，其优势会随着时间的推移、知识的积累而增加，而靠静态的要素禀赋获得的竞争优势则会随着要素禀赋的消耗而减少。随着科学技术的迅猛发展，新能源、新材料的大量问世，初级要素的相对重要性进一步降低，动态竞争优势的重要性将进一步加强。

3. 强调国内需求的重要性

国内需求对企业竞争优势的影响是被传统的贸易理论所忽视了的，波特的理论则清楚地指出了国内需求同国家竞争优势之间的因果关系。国内买主的结构、买主的性质、需求的增长、需求结构的变化都对一个国家的竞争优势有决定性的作用。因此，波特的理论弥补了传统贸易理论对需求的忽略，其观点被许多研究所证明。例如，瑞典在宜家（Ikea）家具方面（Grubel et al.，1975）、加拿大在森林机器等资源开发设备方面（Globerman，1990）、瑞士在纸张产品机器方面（Bomer et al.，1991）的竞争优势都是证明。

4. 强调国家在决定企业竞争力方面的关键作用

随着生产全球化的发展，许多学者认为，国家在决定企业竞争优势方面的作用越来越小，认为企业可以摆脱国家的束缚，在全球范围组织经营，在成本最低的地方生产，在利润最高的地方销售；认为国际环境可以代替国内环境，大前健一（Kenichi Ohmae，1991）甚至宣称无国界时代已经到来。波特提出的国家竞争优势理论无疑是对上述观点的反驳，因为国内的决定因素（国内的需求、相关产业和支持产业、国内的竞争等）绝大部分是国外的同样因素所取代不了的。在全球化时代，国家的作用实际上是加强了而不是削弱了。波特的理论强调加强国家对企业竞争优势的培育和促进，对企业竞争优势的发展无疑是有积极意义的。

此外，根据波特的国际竞争理论，处在不同发展阶段的国家，建立竞争优势的途径是不同的。因此，各国首先应就目前的情况正确评价自身的发展水平及在国际竞争中的地位，从而更好地规划本国的发展前景。同时，也应研究一个国家如何创造条件，从一个较低发展阶段向更高阶段过渡的问题。这对于发展中国家而言，尤其具有实践和指导意义。

二 亚拉威竞争力理论模型

世界银行专家哈米德·亚拉威（Hamid Alavi）在研究国际竞争力时，把影响一个国家竞争力的因素分为两大类，即促进国际竞争力的环境因素和企业内部因素。这两类因素既相对独立，也密切相关，它们的有机结合便构成一个国家的国际竞争力（见图2－5）。

（一）促进国际竞争力的环境因素

从图2－5中可以看出，从宏观上促进国际竞争力的环境因素具体可以分成五项。

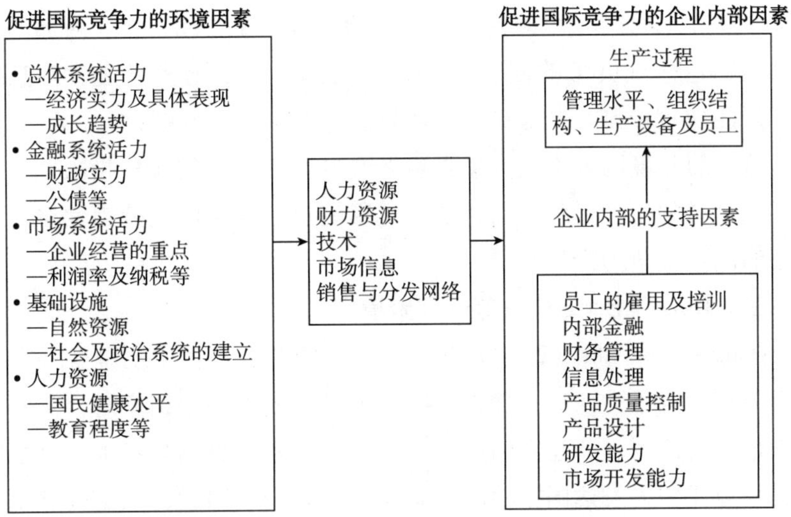

图 2-5 亚拉威理论模型中国际竞争力的因素

资料来源：Hamid Alavi，*Regional Coordinator for Trade Facilitation*，MNSIF，World Bank，1999。

（1）总体系统活力，包括一个国家的经济实力及具体表现、短期及中期成长的趋势、投资程度及贸易实力；

（2）金融系统活力，包括一个国家的财政实力、公债、外汇、储备、利率、长期和短期借债机会；

（3）市场系统活力，包括企业的经营重点、经营总额、利润率及纳税率，政府在经济中的参与程度、技术实力、经济的外向程度；

（4）基础设施，包括桥梁、铁路、通信、能源网络等实物性的基础设施、自然资源、社会及政治系统的稳定程度，以及经济组织方面的基础设施，如从事技术创新与扩散的机构、承担风险的机构、开发人力资源的机构、鼓励出口的机构等；

（5）人力资源，包括国民健康水平、教育程度、智力素质以及应变能力。

（二）促进国际竞争力的企业内部因素

第二类因素主要是个体的，即在企业层次。它主要包括：（1）生产过程，包括管理水平、组织结构、生产设备及员工；（2）企业内部的支持因素，包括对员工的雇用及培训、内部金融、财务管理、信息处理、产品质量控制、产品设计、研发能力及市场开发能力。

总体的环境因素不仅直接影响生产过程所需要的各种投入，并进而影响公司的生产过程，而且还通过影响企业内部的支持因素对一个国家的国际竞争力产生影响。

三　Dong - Sung Cho 等九因素模型

Dong - Sung Cho（2000）认为，波特的钻石模型主要是解释发达国家的产业竞争力，这一理论应用于欠发达或发展中国家时，需要加以修正。他认为，新建立的模型应符合以下两个目的与要求：一是能够更好地评估欠发达国家的国际竞争力及其构成因素；二是能够说明一个国家如何增强其国家优势。

在 Dong - Sung Cho 等看来，评估韩国的国际竞争力，需要考虑其在经济发展初期，政府和商业界必须从国外引进资金和技术，并创造促进经济增长的资源等因素。根据 Dong - Sung Cho 等的分析，韩国经济增长的重要引擎是大量受过良好教育、富有进取心、献身事业的各种人才。韩国的人才可以分为四类：工人、制订并执行经济计划的政治家和官僚、冒着极大的风险制定投资决策的企业家、管理经营的职业经理和运用新技术的工程师。为评估他们对经济发展的贡献，需要一个九因素模型。

在这个九因素模型中，有四种决定国际竞争力的物理因素，即自然资源禀赋、商业环境、相关与支持产业、国内需求；同样也有四种决定国际竞争力的人力因素即工人、政治家和官僚、企业家、职业经理和工程师；外部偶然事件是国际竞争力的第九个因素（见图 2 - 6）。

九因素模型与波特的钻石模型的区别主要体现在要素分类和辅助因素两个方面，钻石模型将自然资源和劳动力划入要素条件，九因素模型将自然资源放在资源禀赋之下，同时将劳动力划入工人的范畴。

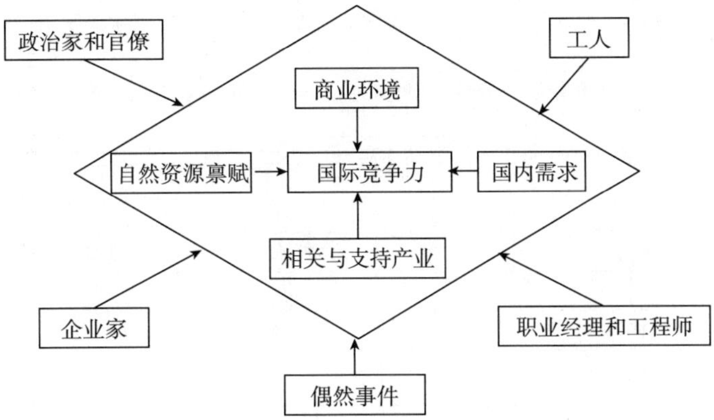

图 2-6　九因素模型

资料来源：Dong-Sung Cho，Hwy-Chang Moon，"From Adam Smith to Michael Porter：Evolution of Competitiveness Theory"，*World Scientific*，2000。

四　中国工业经济研究所工业竞争力模型

金碚等从国产工业品的市场占有率和盈利状况，以及其直接和间接决定因素的分析入手，建立了工业国际竞争力分析的基本框架。他们认为，尽管国际竞争可以表现在产出（包括服务，主要是工业品）之间、产业之间、企业之间或国家（地区）之间，因而国际竞争力的研究包括产品竞争力、产业竞争力、企业竞争力和国家（地区）竞争力等各个领域，但其最基础的层面仍是工业经济竞争，而工业经济竞争最终表现为工业品的国际竞争。因而，"广泛的工业品国际竞争形成各产业间的国际竞争，并构成国家（地区）间经济竞争的基本内容之一"①。根据这一观点，他们构筑了工业品国际竞争力的分析框架（见图 2-7），并建立了影响工业国际竞争力因素之间的逻辑关系，为定量分析提供了可能。

尽管金碚等的研究模型是针对工业国际竞争力提出来的，但是，他们把工业国际竞争力的影响因素分为间接因素和直接因素，对本书研究农业国际竞争力及其来源颇具借鉴意义。

---

① 参见金碚《中国工业国际竞争力》，经济管理出版社 1997 年版。

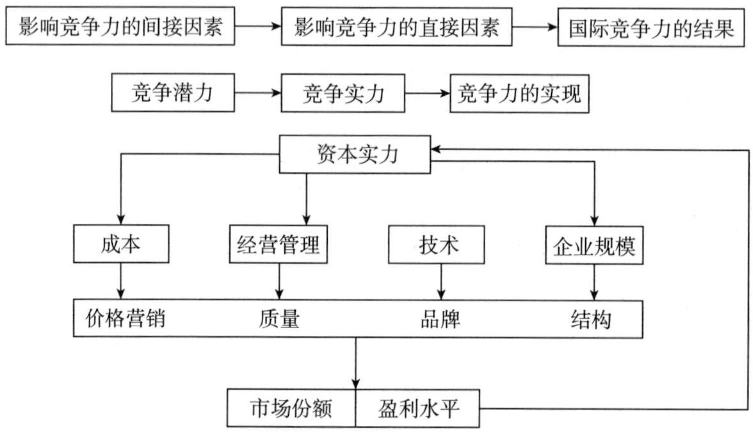

图 2－7　工业国际竞争力理论模型

资料来源：金碚：《中国工业国际竞争力》，经济管理出版社 1997 年版，第 67 页。

第三节　国际竞争力主要评价理论与方法

当代，在国际竞争力研究方面，比较权威的是成立于 20 世纪 80 年代初的世界经济论坛（World Economic Forum，WEF）和 IMD。这两个著名的国际组织每年都要提交报告，对世界工业化国家和主要发展中国家的国际竞争力进行研究。WEF 和 IMD 都有各自成熟的国际竞争力评价理论、评价方法和评价指标体系，并且随着世界经济和社会的发展不断地做出调整，因此其研究成果、评价方法和评价指标被许多国家广泛采用。所以，这里重点评介 WEF 和 IMD 的理论与方法。

一　WEF 国际竞争力评价理论与方法

1996 年，WEF 在《全球竞争力报告》中将竞争力定义为一个国家或地区保持人均国内生产总值较高增长的能力。基于此，WEF 较为细致地探讨了国际竞争力的内部结构及其联系，并在此基础上建立起了一套可供分析的工具，使国际竞争力具有可把握性和可测度性。

（一）WEF 的评价理论

WEF 认为，国际竞争力的评价准则应包括以下十个要点。

（1）竞争力资产和过程是两个主要方面的结合。

（2）在资产一定的条件下成功地转换过程以增加财富并为后人创造新资产是竞争力的核心。

（3）一个国家可能是“富有”，但却不具有竞争力，例如，单纯依赖现有资产（自然资源）建立起来的工业等。

（4）那些资源匮乏的“穷国”，则可通过高效的转换过程而变得极富竞争力，例如日本、新加坡等国。

（5）“穷国”可能比“富国”更具有竞争力。

（6）国际化是建立在引进吸收能力或输出扩张能力或两者兼而有之的基础之上的，例如，爱尔兰对外国投资具备引进吸收能力，韩国具备输出扩张能力但不具备引进吸收能力，美国则两者兼具。

（7）竞争力是可以测度的，可划分为硬指标（如劳动生产率、经济增长率等）和软指标（如教育程度和人们的态度等）。硬指标通常是可以量化的，而软指标一般是不可以量化的。

（8）硬指标的周期（几个月或几年）比软指标的周期（几十年或几代人）要短。

（9）从趋势上看，一个国家要发展经济，就越要依赖“软指标”的表现，例如将廉价劳动力培养成受教育的高级劳动力。

（10）竞争力是变动的，但也是可以长期保持的。

（二）WEF 的评价方法

根据以上要点，WEF 在 2000 年的《全球竞争力报告》中设计了四个反映国际竞争力的指数：增长竞争力指数、当前竞争力指数、经济创造力指数和环境管制体制指数，并分别对其进行排名，排名的依据是对影响和决定国际竞争力的八个主要因素，分别是开放程度、政府、金融、技术、管理、基础设施、劳动和法规制度进行定量分析。

为了使评价结果更客观，在进行竞争力指数排名时，八个要素内部的子要素均具有不同的权重。其中，开放程度为 1/6、政府为 1/6、金融为 1/6、基础设施为 1/9、技术为 1/9、管理为 1/18、劳动为 1/6、法规制度为1/18，合计为 1。在各个要素项目内部，不同指标也有不同的权重。定量统计指标按照实际得到的数据排序，问卷调查指标按照1—7赋予权重，最低为1，最高为7。权重的确定一部分是基于统计分析和实证分析，另一部分是基于调查问卷。表2-1显示了WEF设计的关于管理方面的23个评价指标，这些指标的得分在1—7之间，主要取决于问卷回答者的答案。

表2-1　　WEF设计的管理要素的调查和评价指标

评价序号	具体的评价内容
1	总体上看，管理质量是世界水平
2	全面质量管理被实实在在地应用
3	经营者能够吸引、培训和激励高级职员
4	职工培训被高度重视
5	向下属分权的愿望普遍高
6	报酬政策与业绩紧密挂钩
7	大多数公司有称职的财务职员
8	生产工艺一般采用世界最佳提高效率的技术
9	国内企业的市场营销和世界最好企业可以一比高低
10	企业一般很重视客户满意度
11	企业在国际市场的竞争优势来源于产品和生产工艺的唯一性
12	出口企业不只是生产，还可以进行产品开发和国际营销
13	公司通过自己的新产品或新工艺得到先进技术
14	产品设计在当地进行
15	国际市场销售企业自己开发其品牌
16	国际市场上销售的企业利用自己的销售机构
17	出口企业主要向邻近国家销售
18	出口企业在使用国际市场销售其产品
19	最高管理岗位只给熟练的职业管理者
20	一流水平的管理教育在当地能够得到
21	经营者一般会讲外语并有国际背景
22	经营者个人广泛地使用计算机和信息技术
23	企业董事会在控制公司业绩和代表股东利益方面非常有效

WEF用于进行竞争力评比的数据包括两个部分：一部分是来自有

关机构的统计数据，它们称其为定性数据；另一部分是通过向参评国家（地区）发放问卷获得的调查数据。由于侧重于经济的动态增长，WEF 更为强调企业家的意见。因此，它大约使用 75% 的调查数据、25% 的统计数据。各要素项目所包含的定性数据与调查数据的比重不同，其中开放程度、政府、金融和劳动四项，各自的定性数据占 75%，调查数据占 25%；基础设施和技术两项各自的定性数据占 25%，调查数据占 75%；管理和法规制度两项，全部为调查数据。

（三）对 WEF 评价理论与方法的评价

WEF《全球竞争力报告》采用研究者认为的最新的理论来进行竞争力评价，并且得出的评价结果主要取决于评价者或调查对象的看法，这具有较强的现实意义。但是，由于该机构大量使用定性指标，这就使调查结果的准确性严重依赖于所收回的调查问卷的准确性和代表性。同时，问卷所涉及的问题的多样性和竞争力指标的多变性，使评价结果的正确性也受到一定影响。

二　IMD 国际竞争力评价理论与方法

IMD 每年出版《世界竞争力年鉴》（World Competitiveness Yearbook，WCY），公布各个国家的竞争力排名。IMD 认为，国家间的竞争是处在特定环境下的产（企）业的竞争，因此，其每年发布的《世界竞争力年鉴》通过评价提升产（企）业的环境因素来评价国家的竞争力，具体内容包括社会、政治、经济、文化、技术、产业结构、政策、法律、制度等因素。

（一）IMD 的评价理论

IMD 认为，四个方面构成了一个竞争环境：

（1）本地化与全球化：前者是指在国内、区域内布局生产，强调本地发展；后者是指在全球范围内布局生产活动，强调全球化发展。

（2）吸引力与渗透力：前者是指吸引外商直接投资的能力；后者是指向国外市场的扩张能力，前者是创造就业，后者是创造收入。

（3）资源与工艺过程：前者是指国内现有的各种资源，强调资产存量；后者是指工艺方法、组织流程、专用技术等，强调使存量资产增值的能力。

(4) 个人冒险精神与社会协调发展：前者强调个人主义，主张放松管制，实行私有化；后者强调社会福利、追求平等和社会凝聚力。

以上四个方面通过国内经济实力、国际化程度、政府政策及运行、基础设施、金融环境、科学技术、企业管理和国民素质八个要素（方面）反映出来，对国家竞争力的评价也主要从这八个要素入手。

（二）IMD 的评价方法

与 WEF 的评价理论相似，IMD 也确定了八个评价要素，它们分别是国内经济实力（用以测度一国宏观层次上的经济实力基础）、国际化程度（用以测度一个国家参与国际贸易和资本流动的程度）、政府政策及运行（用以测度政府政策对国际竞争力发展的有利程度）、基础设施（用以测度资源与基础设施体系对国内企业基本需求的满足程度）、金融环境（用以测度股票市场及金融服务的绩效）、科学技术（用以测度一个国家在基础研究和应用研究中取得的成就及运用科学技术的能力）、企业管理（用以测度以有创新精神的、可盈利的及负责任的方式管理企业的能力）和国民素质（用以测度一个国家人力资源的可获得性和质量），每个要素又包括若干个子要素（见表 2－2）。

表 2－2　　IMD 竞争力的构成要素

要素（方面）	所含指标个数	说明
国内经济实力	30 个	国内宏观经济评价
国际化程度	45 个	国家参与国际贸易和投资的程度
政府政策及运行	46 个	导致有竞争力的政府政策和实践活动
基础设施	37 个	经营活动需要的自然的、技术的和通信的资源
金融环境	27 个	资本市场的表现和金融服务的质量
科学技术	25 个	科学与技术能力
企业管理	37 个	公司以创新、盈利和负责任的方式的经营管理
国民素质	43 个	人力资源的可获得性和质量

资料来源：www.imd.ch/wcy，2001 年 3 月。

为了对国家竞争力的8个要素进行评价，IMD将各个要素又细分成若干子要素，并以这些子要素为基础来进行竞争力评价（见表2－3）。

表2－3　　IMD竞争力的构成

国内经济实力	国际化程度	政府政策及运行	基础设施	金融环境	科学技术	企业管理	国民素质
增加值	贸易	政府债务	交通基础	资本成本	研发费用	生产率	人口特点
投资	出口	政府支出	技术基础	资本可得性	研发人数	劳动力成本	劳动力特点
储蓄	进口	税收政策	能源基础	股票市场活力	技术管理	公司业绩	就业率
最终消费	汇率	政府效率	环境	银行系统效率	科研环境	管理效率	失业
产业业绩	投资组合	政府干预			知识产权	企业文化	教育结构
生活成本	外商投资	法律和社会保险					生活质量
适应能力	国家保护主义						态度、价值观
	开放程度						

资料来源：同表2－2。

2000年共形成47个子要素。为了确定47个子要素的排名，IMD根据各子要素的内容，在2000年评价中又设计了290个评价指标来定量确定。在这290个指标中，有180个指标为统计数据，即硬指标，它们来自国际和地区组织、民间机构和国家研究所，其余110个指标来自经营者问卷调查。在180个硬指标中，有139个指标参加排名，41个指标不参加排名但在排名时参考。问卷调查分别在各个国家进行，答卷者只回答自己长期工作国家的状况。问卷采用德尔菲法处理，即依靠某领域专家的知识和经验，在掌握客观情况和实际资料的基础上，对询问的项目进行数轮评分，根据评分进行数理统计并得出结果。

在钻石模型的指导下，IMD 针对上述八个要素建立起了一个较为全面的指标体系，所选指标均与国际竞争力有密切关系，并尽量避免指标的相关性。所有指标被分成可测度的硬指标和不可测度而通常只能通过判断取得的软指标两大类。将各项指标标准化后，采用加权平均法对各国的国际竞争力进行综合评价。其中，关键是指标权数的确定。对于硬指标和软指标分别赋予 2/3 和 1/3 的权数，且每项硬指标的权数为 1，每项软指标的权数为 0. 8。

IMD 的国际竞争力计算公式为：

竞争资产 × 竞争过程 = 国际竞争力

该公式反映出了 IMD 对竞争资产与竞争过程的认识。所谓竞争资产，是指自然资源、土地、人口规模等继承的资产；所谓竞争过程，是指一国创造增加值的过程，即把资产转化为增加值的能力。一般情况下，由过去竞争过程创造的产出会转化为现期的竞争资产。发达国家活跃的竞争过程，会积累起雄厚的竞争资产；而发展中国家则由于没有经历这种活跃的转化过程，其竞争资产十分薄弱。由此看来，发展中国家必须依靠发展过程竞争力来实现其竞争资产的扩张。当然，发达国家如不重视竞争过程，也不能长期保持其领先地位。也就是说，实现资产与过程的平衡是十分关键的。

各个国家竞争力排名方法是：首先给每个评价指标确立一个评价标准值，标准值是根据指标排序得到的。在大多数情况下，数值越高，情况越理想。例如国内生产总值，最高者排第一，最低者排在最后一位。但有一些指标数值最低的最好，例如消费者物价指数，具体判断指标与国际竞争力关系的原则。标准值通常是排名国家中指标的最好值（第一名的数值），以它作为标尺来对其他国家进行排序。具体排名的计算程序如图 2 - 8 所示。

IMD 国家竞争力评价的主要成果有以下六项：一是参评国家竞争力综合排名、8 个要素排名和 47 个子要素排名；二是由参评国家可控制的 20 个最好指标和 20 个最差指标组成的资产负债表；三是可根据资产负债表进行模拟，让 20 个可控制的最差指标值达到参评国家的平均值，然后重新计算国家的竞争力排名，这样，可提供给决策者应当注意改进的地方以及改进后的结果模拟；四是布局吸引力排名，可以说明各个国家在制造业、服务及管理业和研发三个方面的吸引力比较结果；五是得到国家竞争力排名树，进一步突出了每个国家的排名位次；六是国家竞争力结构与排名第一的国家的结构比较（见表2-4）。

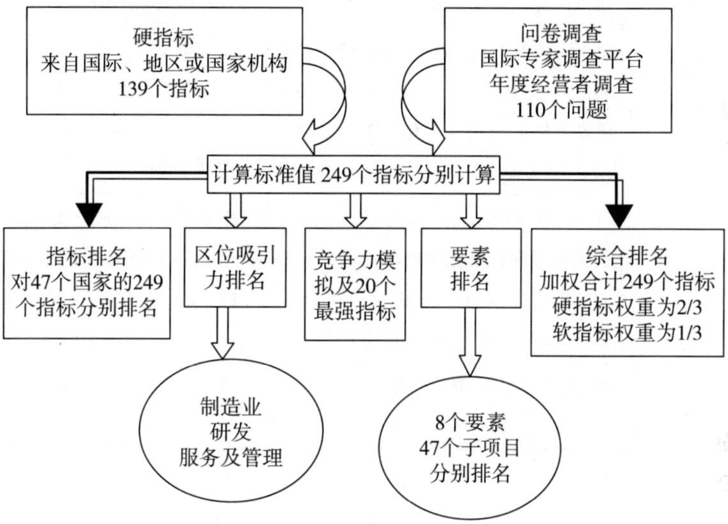

图2-8　IMD国家竞争力排名的计算程序

表2-4　IMD排名第一的国家的结构

要素（方面）	主要评价原则
国内经济实力	1. 生产率反映短期的增加值；2. 长期的竞争力需要资本投入；3. 一个国家的繁荣是其过去业绩的反映；4. 市场竞争力量能够促进业绩改进；5. 国内竞争越激烈，国内企业在国外越有竞争力
国际化程度	6. 国际贸易中的成功是国内竞争力的反映（消除贸易障碍）；7. 经济对外开放会增加一个国家的经济绩效；8. 在全球范围内投资布局会使经济资源得到更有效的利用；9. 出口方向常常和国内经济增长方向相联系
政府政策及运行	10. 国家干预应当最小化，除非为企业创造竞争环境；11. 政府应该提供一个可预测、风险小的宏观经济环境；12. 政府应该能够灵活地改变其政策以适应环境变化

续表

要素（方面）	主要评价原则
基础设施	13. 一个发展较好的基础设施（包括政府服务系统）能够支持经济活动；14. 发展良好的基础设施包括完善的信息技术和有效的环境保护
金融环境	15. 活跃的金融活动使创造价值的活动更加容易；16. 一个良好发展的、融入国际社会的金融业能够支持一个国家国际竞争力的提高
科学技术	17. 有效地、创造性地应用现有技术会建立竞争优势；18. 基础研究和创新活动的投资所创造的新知识对经济发展的成熟阶段非常重要；19. 在研发方面的长期投资有可能增强企业竞争力；20. 在研发方面的非国防投资对国家的竞争力的贡献大于国防研究开发投资
企业管理	21. 价格/质量之比的竞争力反映了一个国家企业的管理能力；22. 基于长远考虑的管理能够增强竞争力；23. 经营有效性和应变能力是管理能力的反映；24. 创业精神是经济起步的基础；25. 经营业务一体化和差异化是公司成熟阶段的管理技术
国民素质	26. 技术熟练的劳动力增加国家竞争力；27. 劳动态度影响国家的竞争力；28. 竞争提高生活质量

此外，IMD 还提出了提高国家竞争力的十条黄金法则：（1）创造一个稳定、可预见的法律环境；（2）塑造一个灵活、有弹性的经济结构；（3）投资于传统的和技术的基础设施；（4）促进个人储蓄和国内投资；（5）发展向国外市场的渗透力和国内对外资的吸引力；（6）追求政府行为的质量、速度和透明度；（7）改善工资水平、生产率和税收之间的关系；（8）通过缩小工资差别、加强中间阶层来保持社会结构的稳定；（9）大量投资于教育，特别是中学教育和终身培训；（10）在保持居民期望的价值观的同时，通过协调自身经济和全球经济来确保财富的持续增长。

（三）对 IMD 评价理论与方法的评论

从以上介绍可以看出，IMD 对国家竞争力的评价是建立在大量的统计数据和调查数据的基础之上的，是运用综合要素评价国家竞争力的比较成熟的一种方法，也是目前世界最著名的国家竞争力评价方法之一。

其主要贡献是：（1）提供了大量的统计数据和调查数据，形成了比较全面和完善的评价体系；（2）通过排名突出了国家之间的竞争力差距，使各个国家能够比较清楚地了解到自己与竞争对手相比的强项和不足；（3）通过对最差20个指标的单独列出和模拟排名，向决策者提出了亟待改进的主要方面，并指出了改进之后排名的变化。

但是，该评价方法也有许多不足之处：（1）对国家竞争力的定义理解得过于宽泛。IMD定义为支持企业竞争力的环境，这个定义说明了影响国家竞争力的因素的复杂性和多样性，但同时也使国家竞争力的定义过于宽泛，从而使"国家竞争力"的评价变成了几乎包括所有经济因素的综合评价。（2）评价指标设置和处理存在不尽合理的地方。①评价指标的重复性较大。例如，在国内经济增加值子要素下有9个指标，其中真正不重复的只有3个指标；②在指标处理方面不进行关键指标和相关指标的分析和筛选，致使指标多的评价要素在排名中所起的作用大于指标少的要素；③对不同层次、重要性不同的指标用统一的权重来计算，也使计算结果有失正确性。（3）在指标评价标准的确定方面存在争议。特别是有一些还有争议的结论被用来作为评价标准确定的原则，例如，在汇率对国际竞争力的影响、政府赤字对一国竞争力的影响等方面均存在着争议。（4）将不同竞争主体（如国家、企业）和竞争对象（如制度、产品）的竞争力影响或决定因素放在一起，加权计算，使加权值几乎失去了意义。

第四节 大宗农产品国际竞争力的内涵与层次结构模型

一 问题的提出

比较优势理论作为传统国际贸易理论的一大支柱，经历了从古典贸易模型到新古典贸易模型的发展，已形成较为完善的体系。竞争优势理论的代表人物是迈克尔·波特（1990，1998），他提出了著名的钻石模型，认为国际竞争力的理论基础是竞争优势。相对来说，比较优势理论在分析大宗农产品贸易时运用得较多，如康晓光（1993）、陈武（1997）、程国强（1999）、刘力和蒙慧（2001）、何秀荣（2002）、闫国庆（2004）、吕玲丽（2004）、史纪新（2005）、王福重（2006）、尚杰（2006）、章泽武（2007）、周鹏（2008）、刘小波（2009）、崔超（2010）、孙东升（2011）、万金和祁春节（2012）、卢毓和李谷成（2013）、李谷成（2014）、孙致陆和李先德（2015）、付明辉和祁春节（2016）、许为和陆文聪（2016）、韩敬敬（2017）、徐艳（2018）、刘亚静（2018）等都实证分析了中国大宗农产品的比较优势现状，并给出了相应的对策。

可喜的是，已经有部分学者认识到，在不完全竞争的国际市场中，大宗农产品完全依靠比较优势得到的利益会越来越少，所以，我国大宗农产品贸易应该注重国际竞争力的提升。例如，孙东升（2001）和庄丽娟（2004）认为，长期以来，我国大宗农产品单纯依据资源禀赋优势参与国际竞争，逐渐陷入了“比较优势陷阱”；潘文卿（2000）认为，中国大宗农产品贸易的战略选择应该是比较优势与竞争优势相结合；宋玉华、刘春香（2004）运用产业内贸易指数分析了我国主要贸易农产品的竞争优势，得出了中国农产品仍是以比较优势参与国际分工、竞争力和质量有待于进一步提高的结论。其他学者，例如韩瑾（2008），丁珏（2009），林桂红（2011），张清正（2014），李静恒（2015），袁祥州、程国强、朱满德（2015），樊倩（2018）也研究了我国农产品的竞争优势，但总体来看，这方面的文献不多。

尽管如此，在大宗农产品国际竞争力的研究中，比较优势与竞争优势还处于分割状态。基于此，本书把比较优势与竞争优势结合起来，建立大宗农产品国际竞争力的分析框架。

二 比较优势与竞争优势相结合：大宗农产品国际竞争力分析框架

一般认为，建立在完全竞争和规模报酬不变基础上的比较优势理论能解释产业间分工，而基于不完全竞争和规模经济条件下的竞争优势理论可以解释产业内国际分工。国内理论界就此展开了比较优势和竞争优势的争论。林毅夫等就指出，对比较优势与竞争优势关系的错误认识对国家（或地区）经济发展路径的选择具有潜在的危害性。农业国际竞争力的分析也有把两者割裂开来，甚至用竞争优势取代比较优势论点的情况，因此，有必要研究大宗农产品国际竞争力的理论分析框架，以探求获取大宗农产品国际竞争力的现实途径。

迈克尔·波特的国家竞争优势理论认为，竞争力的强弱取决于如何主动培育和创造竞争优势。因而，从理论和实践的结合上，研究经济全球化背景下农业国际竞争力问题已是当务之急。实际上，国家竞争优势理论的钻石模型的四个侧面，已把不同国家不同产业的比较优势和不同国家同一产业的市场竞争优势有机地综合在一起。不仅继承了自然禀赋产生比较优势的观点，而且揭示了非自然禀赋产生比较优势的可能性和现实性，进一步扩展了比较优势理论。随着科学技术的发展和农业的专业化、规模化经营，尤其是政府的干预，导致现实的国际大宗农产品市场已偏离了完全竞争。因此，竞争优势理论实质上并未脱离比较优势的理论框架，仅用比较优势或竞争优势解释国际竞争力都难免有失偏颇，都将会误导理论对实践的指导作用。

因此，笔者认为，应该把比较优势和竞争优势结合起来，并考虑农业产业的特殊性，如强调政府及其他因素的影响力，由此建立一个拓展了的大宗农产品国际竞争力分析框架（见图 2 -9）。这个框架可简单表述为：在不完全竞争和规模经济条件下，价格竞争优势决定中国大宗农产品的比较优势，非价格竞争优势决定大宗农产品的国际竞争力。在政府等因素的推动下，竞争优势和比较优势的有机结合共同决定大宗农产品的国际竞争力水平。

三　大宗农产品国际竞争力来源的因素分析

（一）大宗农产品国际竞争力的直接来源

如图 2 -9 所示，大宗农产品国际竞争力的直接来源是大宗农产品的比较优势，具体表现在以下四个方面。

（1）大宗农产品价格及成本：和工业产品一样，决定大宗农产品比较优势的第一因素是大宗农产品价格，即相同的产品，在同一市场上，价格较低就具有较强的竞争力。然而，成本是决定产品价格的基础，成本的高低决定了产品是否具有价格竞争优势和获利能力，只有通过技术进步和技术创新，降低制造成本，从而在市场上赢得较低的销售价格时，才能真正体现产品的竞争力。

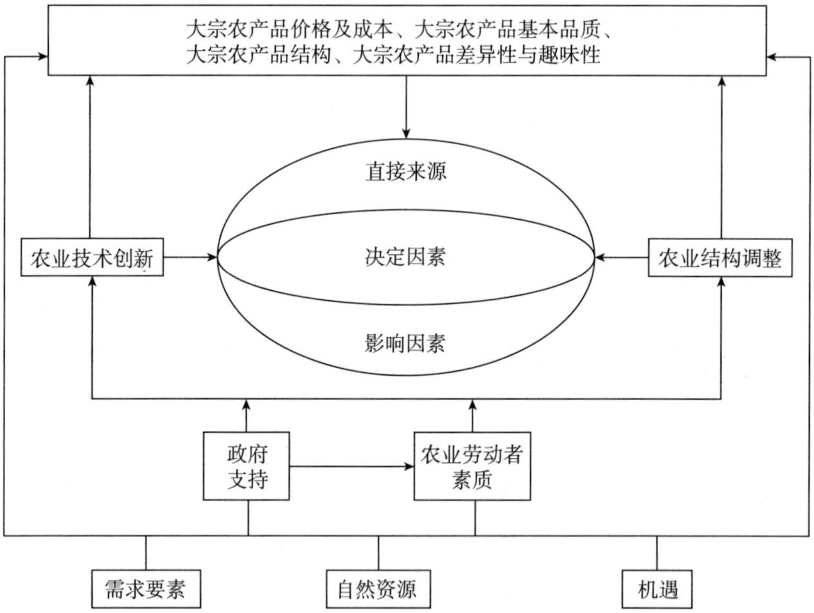

图 2－9　大宗农产品国际竞争力的层次分析模型

（2）大宗农产品基本品质：大宗农产品的基本品质表现在大宗农产品质量、新鲜、营养以及外观上。

（3）大宗农产品结构：大宗农产品结构既包括农产品的品种结构，也包括农产品的品质结构。优良的大宗农产品结构是符合国际市场需求的结构，因此，能直接提高大宗农产品的比较优势。

（4）大宗农产品差异性与趣味性：虽然传统观念上，大宗农产品被当作无差异产品，但是，随着人们消费个性化的增强，大宗农产品及其制品也逐渐表现出差异性。而且，只有满足各种不同需求层次的用户，生产相应功能层次的产品，并且具有较高的性价比，才能真正体现出大宗农产品的比较优势与国际竞争力。例如，反季节的大豆和玉米，各种口味或包装新奇的大宗农产品制品往往比常规产品价格更高，销路更好，原因就是这类产品能够满足消费者追求多样性和趣味性的心理。

（二）大宗农产品国际竞争力的决定因素

（1）农业技术创新：农业技术创新是一个不断构思发明新的农产品、新的农艺和新的农具设备，进行农业新技术的研发或实验发展的全过程；是一个引进、消化、吸收、模仿、改良、扩散农业新技术，重新组合原有农业技术的过程；也是一个应用先进的物质设备和应用资源有效、合理配置的手段，通过市场把农业新构想、新技术和原有生产要素（投入物）转变成新的农业和新的农产品的长期增值，不断提高农业生产的社会经济、生态效益的过程。

（2）农业结构调整：中国当前的农业结构调整是一项复杂的系统工程，其内容极其丰富，涉及农业产前、产中、产后各个环节，包括农业投入结构、农业组织结构、农业产业结构和农业市场结构等方面。

（三）大宗农产品国际竞争力的影响因素

（1）政府对农业的支持：政府对农业的支持指的是以政府为主体，为了达到促进农业发展的目的，不断提高农业生产水平，巩固农业的基础地位，实现农业的持续、稳定、健康发展而采取的一系列经济、法律和行政手段措施扶持农业的发展。它本身不带有歧视性，并不排斥外来竞争，而是在改善农业生产条件的基础上促进农业的可持续发展。

（2）农业劳动者素质：农业劳动者素质是一个综合概念，它主要包括农业劳动者的体质和知识技能两个方面。高素质经营型农民是农村先进生产力的代表，是市场经济中最有生机和活力的市场主体。

（3）自然资源：自然资源的合理开发与利用对大宗农产品的国际竞争力具有改进作用。通过农业生产布局调整，将大宗农产品安排在最适宜的自然生态区域进行生产，充分利用不同地域的自然资源禀赋，扬长避短、趋利避害，可以提高大宗农产品的产量、品质，并降低生产成本，形成大宗农产品的专业化生产与区域化布局。通过对劣质资源和闲置资源的科学改造，提高其利用率和产出效率，增加资源丰度，为大宗农产品的生产提供更为广阔的空间。通过资源的匹配（如土地与水资源的匹配），使资源的自然潜力得到充分发挥，使资源配置在提高大宗农产品生产效率和产品质量，降低大宗农产品生产成本中的效能得到更大的发挥。

（4）需求：这里主要是指国内需求，按照林德的需求偏好相似理论，本国需求条件是一个行业及其产品是否具有国际竞争力的一个重要影响因素。如果本国需求具有超前性，那么为之服务的本国企业和产品也就相应地走在了世界其他企业的前头。如果本国需求比较挑剔，拥有众多挑剔的购买者，将会迫使当地生产企业在农产品质量、品质和服务方面满足消费者的高标准要求。在这种需求环境下成长起来的农业生产企业必然经过千锤百炼而使自己具有较高的竞争力。国内市场的先行饱和会导致大宗农产品价格下降，迫使当地企业进行创新和升级，积极开拓国际市场，不断提高竞争力。

（5）机遇：对农业来说，机遇是指非常好的气候（比往年都要好的适合农产品生长的天气，这是由农业生产的特殊性决定的，因为大宗农产品生产和加工的成果很大一部分取决于良好的气候）或发明活动、重大的技术发明、世界形势的变化等。

第三章　大宗农产品价格波动机制的理论分析

第一节　大宗农产品价格波动理论

一　大宗农产品价格相关概念界定

（一）三大大宗农产品期货

如前所述，大宗农产品是在农业结构中占有权重较大，同时优势又不明显的农产品，多以农业初级产品为主。大宗农产品供求量比较大，各农产品细分等级较多，常在交易中涉及的金额较大，数量较多，再加上其价格波动较大，因而在大宗农产品进行交易、运输和储存过程中存在较大的风险。大宗农产品的种类繁多，如玉米、小麦等粮食作物，菜籽油、大豆油等油脂、可可、活猪、羊毛、糖、棉花等。

鉴于大宗农产品在价格波动、运输和储存过程中的风险，人们利用期货市场把其中品质较为稳定的、价格波动较为频繁的农产品进行交易。其中，玉米、小麦、大豆常被称为三大农产品期货。

（二）大宗农产品价格及形成

大宗农产品价格是指大宗农产品与货币进行交换时所采用的一种比例指数，大宗农产品价格是各种农产品通过综合货币来体现其价值的。大宗农产品价格作为大宗农产品价值的货币表现，价格的形成受价值的生产条件、价值的实现条件和价值的分配条件等多重影响，从而使大宗农产品价格的形成区分为三个不同层次：①基础价格，它反映了生成价格的价值基础；大宗农产品本身的价值是大宗农产品价格形成的基础。②供求价格，它反映了货币的价值、市场供求关系、市场竞争等几个主观因素。③目标价格，它是在其前两个层次的基础上，人们的消费偏好、国家政治与经济政策等几个主要主观因素对价格形成的影响。第一个层次是价格形成的核心，供求价格和目标价格是大宗农产品价格形成与波动的重要条件。

一般来说，大宗农产品价格有政策价格和市场价格，考虑到当今农产品价格市场化已经成为必然趋势，因此，在本书中出现的大宗农产品价格均为市场价格，考察的重点是大宗农产品的市场价格波动情况。农产品市场由现货市场和期货市场组成，相应地形成的市场价格分别为现货价格和期货价格。

本书通过将粮食（小麦、玉米、大豆和稻谷）、油料、糖料和生猪这七种大宗农产品的季度生产价格指数加权平均计算出一个综合价格指数（权重以产量为依据进行估计）。在具体指数计算时，上年同期=100。

二　大宗农产品价格波动的理论基础

（一）供求理论

价值规律是商品经济的基本规律，价格围绕价值上下波动是价值规律的体现。在现实生活中，市场价格波动是多重因素相互作用的结果。对于大宗农产品来说，影响最大的已不是凝结在商品中的价值，而是所在时期的供求状况。短期内，商品生产者与经营者的投机倒把造成的供应变化是价格波动最直接的原因，而由季节性因素、价格周期性变化以及其他一些不规则因素引起了大宗农产品价格长期的变化。

一般情况下，从需求角度来看，人们购置商品的数目与它们的价格有关，在其他条件不变的时候，价格越高，人们希望购买的数目就越少；价格越低，人们希望购买的数目就越多。价格上涨致使需求下降的缘由主要有两个方面：一是替代效应。当某种商品价格提高时，购买者会用其他相似的商品代替它。二是收入效应。当价格提高时，人们就会发现自己可以购置的商品数目较之前减少了，也就相当于实际收入减少了。从供给角度来看，生产者提供商品是为了得到利润，利润的多少与商品的生产价格和商品的生产成本都有关系。在成本一定之后，价格越高，利润越大；价格越低，利润越小。当低到一定程度之后，生产者可能还要面对亏本。因此，当生产者给市场提供商品的积极性够高的时候，供给商品的数量就越多，价钱也越低，积极性就越小，特别是当发生亏损时，一般生产者都会减产，减少其供给量。

市场上，供给者和需求者会自然地向均衡的方向变化，直到产生均衡价格。假如实际价格比均衡价格要高，商品的供给量会超出商品的需求量，出现商品过剩，也就是说，在此价格下供给者无法卖出他们要卖出的全部商品，这样，存在超额供给，供给者就会通过降价的方式来增加销售量，然后价格会一路降到市场均衡价格为止。若是实际价格比均衡价格要低，商品需求量会大大高于供应量，会出现商品短缺，需求者不能够以目前价格购买到他们需要的所有商品，这就叫作超额需求，这时候需求者就要通过排长队来等待购置商品的机会。多数需求者抢购少数的商品，供给者就能够提升价格却不会降低销量，伴随着商品价格的提高，市场价格又会变化到均衡价格为止。

由此可知，大多数的需求者以及购买者的活动会十分自然地把市场的价格推到均衡价格，而达到均衡价格以后，全部的购买者和需求者都会获得满足，就不会存在价格上升及下降的压力。

这种供求理论对于大宗农产品市场同样适用。大宗农产品作为必需品，其需求弹性小于供给弹性，故对价格来讲，大宗农产品供给曲线斜率绝对数值要小于其需求曲线斜率绝对数值。当市场在干扰下会出现实际产量与实际价格波动的幅度增加时，呈现偏离均衡点且变远的趋势。

（二）蛛网理论

蛛网模型是分析农产品价格最为突出的理论，通过动态均衡方法解释生产周期较长的商品在失去均衡关系时，价格和产量之间发生的变动情况。具体地说，价格上涨引起生产的扩大，而扩大的供给又导致价格降低，较低的价格使生产规模缩小，于是又有高价格再现，如此循环。蛛网理论有三个假设前提：首先，生产的产品不是耐用品；其次，在完全竞争的市场上，每个生产者根据当前的市场价格，制定生产决策，且自己生产计划的改变不会对市场产生影响；最后，市场上的供给量根据上期的市场价格决定当期的供给量，而当期供给量又决定了当期市场价格。

蛛网理论是一种均衡动态理论，它主要是使用弹性原理去剖析某一类生产周期比较长的商品在不均衡的情况下产生的不一样的波动情况。

（1）收敛型蛛网。前提条件是供给弹性小于需求弹性为收敛型蛛网，它表明价格变化对需求量的改变大于对供给量的改变。一旦市场因为外部干扰变化成之前的均衡状态后，实际价格和实际产量会在均衡水平附近波动，可是波动的幅度会越来越小，结果会回到之前的均衡点，这样的情况就称为收敛型蛛网。

（2）发散型蛛网。供给价格弹性大于需求价格弹性是发散型蛛网的假设条件，当外部影响市场离开均衡状态时，因为现期价格对下期供给量变化有较重影响，可能会导致实际产量与实际价格的波动幅度会越来越大，偏离均衡点，一旦均衡无法恢复，以上情况称为发散型蛛网。

（3）封闭型蛛网。供给弹性等于需求弹性是封闭型蛛网的假设条件。在该情况下，实际产量和实际价格永远都按照一样的幅度围绕均衡点波动，既不趋向均衡点也不偏离均衡点，始终达不到均衡，该种情形称为封闭型蛛网。

因为大宗农产品生产拥有较强的周期性，蛛网理论经常被用于剖析大宗农产品的供求关系以及价格的走势。

（三）超调理论

关于大宗农产品价格的超调研究一般的理论基础源于多恩布斯克（Dornbusc，1990）发表的汇率超调模型。超调是指一个变量对给定干扰形成的短期反应高出它的中长期稳定均衡值，且被一个互异的调所跟从。

弗兰克尔（Frankel，1987）创建了一个封闭经济环境下的理论基础，并利用“超调”描述货币供给冲击对大宗农产品价格的影响：假定经济中工业部门是寡头结构而农业是竞争性部门，则工业品和大宗农产品拥有不一样的价格调整机制——大宗农产品价格迅速调整，服务业及工业价格调整较慢，不在预期内的货币扩大使大宗农产品价格变化幅度高于工业品，且长期的均衡价格为短期价格所超调。

梅耶和克拉蒙－托巴德尔（Meyer and Cramon－Taubadel，2004）对弗兰克尔的经济模型进行了延伸，他们引入汇率并允许国际贸易存在，构建了一个具备开放条件的三部门模型。三部门是指价格一定的服务行业和工业品、价格能够改变的大宗农产品行业以及价格能够改变的外汇市场。理论模型剖析了意料之外的货币冲击产生时，服务业与工业产品价格、汇率改变的时间路径和大宗农产品价格。其成果表明，因为服务业和工业价格水平具备刚性，当发生货币冲击时，短时间内的调节成本是需要价格在变化的外汇和农业两部门分担。汇率和大宗农产品价格的超调幅度都决定于价格相对固定部门（服务业及工业）所占的相对比重，在经济中，比重越大，大宗农产品价格和汇率超调的幅度就越大。因此能够推断出：一方面，扩张性货币政策短时间之内会让大宗农产品价格调整过度并超调于其长时间的均衡水平，相对于服务业和工业，大宗农产品价格上升，反而对农业部门有利；另一方面，紧缩性的货币政策却会让工业、服务业和大宗农产品的相对价格朝着有害于农业的方向发展。

第二节　大宗农产品价格形成机制

一　大宗农产品价格形成机制一：供需均衡

在市场经济条件作用下，大宗农产品的市场价格由总供给和总需求共同决定。图 3－1 表示了大宗农产品的供求模型，其中，D 为需求曲线，S 为供给曲线，两条曲线相交于 E，它表示此时该农产品的供给与需求相等，市场处于均衡状态，E 点被称为市场均衡点，其对应纵坐标上的 P_e 为均衡价格，横坐标上的 Q_e 为均衡数量。

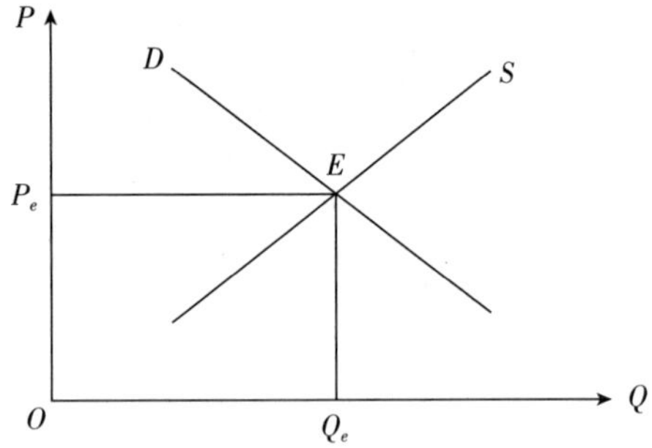

图 3-1 大宗农产品的均衡价格与均衡数量

需求可以表示为价格的函数：Qd = f(p)，决定需求的主要因素包括消费者收入、替代品及互补品价格、消费者偏好以及对未来的预期等。供给也可用价格来表示：Qs = f(p)，决定供给量大小的内部因素有生产要素价格、生产技术水平、生产者预期等。此外，还包括一些外部因素如自然因素、政府政策等。可见，由于影响供给和需求的这些因素经常会发生变动，自然总供求也会随之发生改变，而需求和供给的变动又会引起均衡价格、均衡数量的波动。

从理论分析看，市场经济运行的内在规律决定了在市场经济条件下，大宗农产品价格波动是必然的，小幅波动可以看成一种常态，而一旦发生大幅波动，这时市场机制不能实现自我均衡或实现均衡的成本很高而导致出现一系列问题，就需要由政府参与大宗农产品特别是粮食作物价格的调控。

二 大宗农产品价格形成机制二：农产品期货

随着经济的不断发展，大宗农产品价格决定机制已不完全是传统的供求理论所能解释，农产品价格的形成也不仅仅是取决于供求关系，农产品市场乃至整个商品市场都出现金融化趋势，农产品期货市场的投资与投机性日益凸显。近年来，大宗农产品价格的异常波动，与大量资金介入农产品期货市场密切相关。农产品期货市场已成为继供求关系后又一个价格形成机制。

（一）农产品期货市场的经济功能

农产品期货市场建立的初衷是为克服农产品供求的季节性矛盾而建立的一种缓冲机制。农产品期货市场是最先成立期货品种的，它具备的经济功能日益完善，主要包括以下两种经济功能。

1. 风险转移功能

任何商品都存在价格风险。政治、经济、社会等因素都会对商品价格造成影响。期货市场的风险转移就是通过在交易所达成的一项具有法律约束力的协议即期货合约来实现的。在期货合约中，规定了商品价格、买卖数量、预期交货时间和地点等所有方面。因此，对于套期保值者来说，期货合约能够使其避免自己的农产品生产受不可抗力因素如气候等影响，做到未雨绸缪。比如，粮食加工企业可以运用期货更好地管理进货与销售，提高利润；农民可以运用期货锁定价格，保障储存的农作物不会随客观条件变化而影响理想价格；饲料工厂可以运用期货来限定农产品原料的最高价格，以控制成本来提高收入。当然，除套期保值以外，期货还具有风险投机作用，投机者可以选择风险不同的期货合约来为自己谋求利益。

2. 价格发现功能

所谓价格发现功能，是指一个完善的期货市场能够通过期货交易形成可靠性强的、有权威性的、能较真实地反映未来商品价格变动趋势的期货价格。生产经营者可以根据一个相对完善的市场所提供的价格信号做出经营决策。价格信号的正确与否直接关系经营者利益的取得。在农产品期货市场尚未推出之前，生产经营者直接根据现货价格进行决策，但是，由于现货交易比较分散，信息反应又不迅速，导致经营者会因消息不准确或不及时而做出错误决策；而且现货价格对于未来农产品供求关系变动的预测能力比较差，往往带有滞后性，例如，在我国长期出现“粮价低时卖粮难、粮价高时买粮难”的窘境，就是由于粮食生产经营单位或个人缺乏远期价格指导粮食销售的有效机制。而农产品期货市场正好弥补之前的不足，因为一个成熟的期货市场信息传播快、准确性高，比较全面地反映未来供求关系的变化趋势，可以指导生产者或经营者合理地生产、销售大宗农产品。目前，世界上很多农产品企业经营者虽然未参与期货市场的交易，但是却经常根据期货市场提供的价格进行企业经营的计划与决策，在贸易谈判中也以期货价格作为参考。

（二）期货市场定价机制的特点

期货价格是在一定市场环境下由不同的交易主体相互作用而形成的。期货市场能够顺利运行的关键在于期货价格的形成机制。由于制度安排的特殊性，期货价格的属性明显与现货价格不同。

1. 期货市场的交易主体和市场环境

在期货市场上，套期保值者和投机者是市场上的两大交易主体。套期保值也称对冲，它是为了在现货市场上的生产经营者规避市场价格波动风险而建立的一种风险抵消机制，只需要在期货市场上建立与现货市场相反的头寸即可。可以说，期货市场的成立就是为了满足现货市场更好地发展，通过在期货市场上一定的业务运作就可以抵消掉部分市场风险，这就鼓励生产经营者能更多地参与交易。投机者是那些通过各种手段去获得市场信息以掌握市场行情，通过贱买贵卖的方式去交易期货合约，主动承担市场的不确定性以及价格风险，从中获取收益。其实，套期保值能够顺利进行也是由于期货投机者的频繁交易，充分保证期货市场的流动性。投机者要通过价差来获取收益，因此，他们对价格走势的了解肯定比一般人更加深入，这无疑是期货价格形成的关键，对期货市场价格发现功能也有不少贡献。

期货价格形成的外部条件就是期货市场运行的环境。美国经济学家保罗·萨缪尔森曾经说过，“只有期货市场才是完全竞争的市场”。本书将完全竞争市场与期货市场做一比较，看看两者是否相一致。

经济学理论中对完全竞争市场的解释是：完全竞争市场是一种理想状态，它拥有大量交易者，彼此间的资源可以完全自由流动，信息充分共享，所生产出的产品具有同质性。基于此，我们来分析期货市场环境的特征。

第一，拥有大量的套期保值者和投机者。期货市场中聚集大量的套期保值者和投机者在这里交易，而且一般的市场订单都比较小而散，这样可以有效地防止市场垄断产生。

第二，制定标准化合约。期货交易所统一制定标准化的期货合约，除价格外，每张期货合约都是高度标准化，既降低交易成本又增加交易者数量。

第三，出入市场成本相对较低。期货交易者在交纳一定的保证金之后就可以进场交易，相对现货市场的全额买卖成本明显低很多，而且完全没有退出障碍，因此，期货市场资源流动比较自由。

第四，信息高密度。就这一点，本书认为，期货市场与完全竞争市场还是有区别的。完全竞争市场的信息是充分共享的，但期货市场并不是如此。著名的“格罗斯曼—斯蒂格利茨悖论”（Grossman, 1976）指出期货价格只反映了部分信息。如果期货市场上所有信息都是充分共享的话，那么投机者就没有必要使用各种途径去搜寻可能的新信息，以试图通过挖掘别人所不知道的信息来得到更高的回报。但是，从另一个角度看，期货交易所公开的信息可以让所有交易者通过各种途径直接获得，因此，相比其他市场而言，期货市场更接近于完全竞争市场这种信息共享的特性。

2. 影响期货价格的因素

期货市场与现货市场一样，也是由供求双方组成的，因此，影响期货价格的因素同样也分为供给影响因素和需求影响因素。本书为了能更好地说明问题，按照一定的标准将影响期货价格的因素分为内在因素和外在因素（见表3-1）。内在因素包括交易所管制和市场交易状况两大类，外在因素包括间接因素和直接因素，间接因素可以分成经济变动、社会变动和政治变动三大类，直接因素则是与商品生产相关的因素。

表3-1 影响期货价格变动的因素

<table>
<tr><td rowspan="9">影响期货价格变动的因素</td><td rowspan="9">内在因素</td><td rowspan="2">交易所管制</td><td>管制方针、政策的影响</td></tr>
<tr><td>政府、交易所对市场的管理</td></tr>
<tr><td rowspan="7">市场交易情况</td><td>其他交易情况的影响</td></tr>
<tr><td>套利交易的影响</td></tr>
<tr><td>谣言及突发消息的变动</td></tr>
<tr><td>投资者买卖状况</td></tr>
<tr><td>大户动向</td></tr>
<tr><td>现货交收数量</td></tr>
<tr><td>市场买卖情况及成交量</td></tr>
</table>

续表

<table>
<tr><td rowspan="18">影响期货价格变动的因素</td><td rowspan="18">外在因素</td><td rowspan="12">间接因素</td><td rowspan="5">经济变动</td><td>各国政府干预</td></tr>
<tr><td>国际贸易顺逆差</td></tr>
<tr><td>金融界局势</td></tr>
<tr><td>货币、外汇市场变化</td></tr>
<tr><td>总体经济因素的影响</td></tr>
<tr><td rowspan="3">社会变动</td><td>内乱、罢工</td></tr>
<tr><td>天气状况及自然灾害</td></tr>
<tr><td>财政经济政策</td></tr>
<tr><td rowspan="4">政治变动</td><td>出口国政策变动</td></tr>
<tr><td>战争、政变和经济制裁</td></tr>
<tr><td>罢工或禁运</td></tr>
<tr><td>资源人口问题</td></tr>
<tr><td rowspan="6">直接因素（商品生产的特性）</td><td colspan="2">基差的影响</td></tr>
<tr><td colspan="2">出入口贸易状况</td></tr>
<tr><td colspan="2">库存（出产地、消费地）</td></tr>
<tr><td colspan="2">需求（消费市场）</td></tr>
<tr><td colspan="2">供给（生产收获）</td></tr>
<tr><td colspan="2">商品周期循环的影响</td></tr>
</table>

（三）期货与现货的价格联动作用

期货价格通过期货合约来反映对现货远期价格的预期，所以，客观上就决定了期货与现货市场的关联性。构成及影响农产品现货价格的因素如生产成本、储藏和运输费用、保险费、资金利息等也会在期货价格上得到反映。由于期货市场也是一个资本市场，因此，除现货市场的这些因素会影响农产品期货价格之外，期货市场本身的多空资金对比量、国家宏观经济环境如金融货币政策、国际资本流动性以及客观天气状况等都会引起期货价格波动，从而反作用于现货价格。

在国外，有很多学者比较早地研究过期货价格与现货价格的关联性。比格曼、戈德法布和谢克特曼（Bigman，Goldfarb and Schechtman，1983）运用简单的线性回归验证芝加哥期货交易所小麦、大豆和玉米的期货价格与美国现货市场中这三种农产品价格存在长期关系问题；布鲁克斯、鲁和里特森（Brooks，Rew and Ritson，2001）采用VAR模型检验英国富时100指数的期货价格与现货价格间的关系，结果证实两者之间存在一定的正相关关系，期货价格变化可以有效预测现货价格的变化。关于中国大宗农产品期货价格与现货价格的关联性也有人进行过研究。由张宗诚以黄大豆和硬麦作为研究对象，用计量工具刻画期货价格与现货价格的联动作用及相互影响。研究发现，黄大豆与硬麦的期货价格都与现货价格不仅存在相互引导关系，而且具有长期均衡关系。而具体的方差分解得到，黄大豆是期货市场在价格发现功能中起着主导作用，而硬麦则在现货市场起主导作用。

下面将从微观与宏观运行机制两个方面对期货与现货价格的相互作用进行分析。

1. 从微观运行机制上分析

同一种商品在市场均衡条件下的现货与期货价格是同向变化的，当然，要排除一些其他干扰因素。如前文所述，虽然是两个不同的市场，但就同一种商品而言，其引起两个市场上价格涨跌的主要因素是相同的，因此，现货市场价格的涨跌会引起期货市场的同向涨跌。在交易期间内，期货价格中包括所有到交割期之前会发生的一切成本费用，因而往往期货价格要高于现货价格。在临近期货合约到期之日或交割期时，期现货价格将趋于一致，因为合约越接近交割日，这些成本及费用也会逐渐减少直至消失，此时，期现货价格的决定因素基本相同。这种现象我们称为期货市场与现货市场的趋同性原理。

在均衡市场条件下，同一商品的现货价格与期货价格的差额基本是一致的，这个差额即为基差。基差是由期现货两个市场间的持有成本和运输成本不一样导致的，持有成本主要由时间决定，即两个不同交割月份的持有成本，储藏费、利率变动的损失费以及保险费等都算成持有成本；而运输成本主要是因为市场空间因素，即由于期现货两个市场而造成同一时间内地点不同。

最初产生期货的原因是经济活动参与者为了避免价格风险，维护自己的利益不受损害，而想出的一个办法：利用期货价格与现货价格的关联性进行“套期保值”交易，即在期货市场上作出与现货市场相反的交易方式，使自己所拥有的存货价值仍旧维持原状。意思是假设这位现货商持有的商品价格下跌，那么在现货市场上他是亏损的，但由于他在期货市场是卖主，可以从同样的价格下降中盈利，从而弥补现货市场的亏损。虽然这么做丧失了有利的价格变动可能带来的利益，但是回避了不利价格变动带来的风险，从而可以集中精力于生产经营活动来获取正常利润。套期保值除了卖方套期保值，也可以进行买方套期保值。两者的操作方法正好相反：卖方套期保值的参与者是为了维护其现货市场的多头而在期货市场卖出套期保值，持有空头头寸以防止价格下跌造成的巨大损失；买方套期保值的参与者主要是为防止现货市场价格的上涨，在期货市场买进期货合约以保障他在现货市场的空头头寸，这样，即使现货价格上涨，也不会使他的利益受损。

在一个均衡的市场中，基差是保持不变的，所以，套期保值的基差理论上是不会发生变化的，但实际上，期货市场毕竟是一个独立的市场，它所受的影响因素除与现货价格相同之外，还会有其他因素对其进行干扰，造成期货价格波动幅度及波动时间都会与现货价格不太一致，因此，基差会不断发生变化。这就意味着套期保值者的交易行为还是具有一定的风险，有可能获得额外的利润或亏损。虽然套期保值不是一劳永逸的，但是，以基差波动风险交换价格波动风险，能使风险指数下降，且基差的变化是可以预测的，便于交易者掌握。

2. 从宏观运行机制上分析

众所周知，大宗农产品一般都是缺乏需求弹性的，而供给弹性由于生产周期较长，对价格变动反应迟缓也相应较小，但在我国农产品生产还属于劳动密集型，生产规模容易变动，因此，总体来说，供给弹性大于需求弹性。西方经济学的蛛网模型理论指出，当某种商品的供给弹性大于需求弹性时，该商品的市场价格波动与产量间会形成发散型蛛网形式，而农产品正是属于这一类型。那么引入期货市场之后这种关系会不会发生改变，从而影响大宗农产品的价格形成机制呢？具体分析如下：

图 3－2 是一般现货市场下的发散型蛛网，其中，S 为供给曲线，D 为需求曲线，曲线 S 比 D 平坦，表明供给弹性大于需求弹性。供需曲线相交于一点，在此点上供需相等，即为均衡点，产生均衡价格 P_0 和均衡数量 Q_0。只要市场价格高于（低于）均衡价格，就会引起产量低于（高于）均衡产量，而产量的变化又会造成新一轮的价格变化，而且这种变化会随时间的推移而越来越远离均衡点。

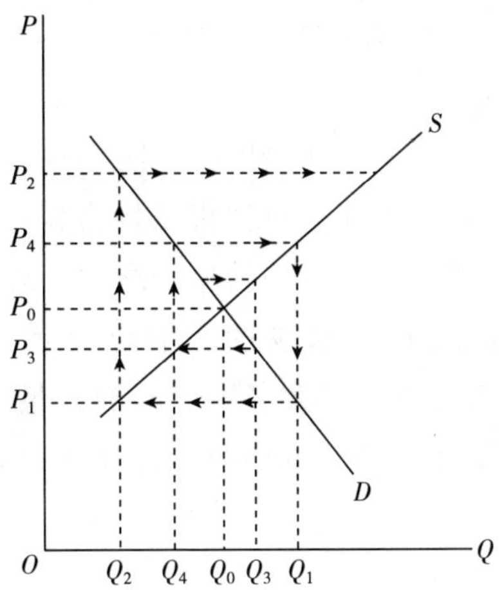

图 3－2　现货市场下的发散型蛛网

现引入期货市场后对价格机制进行分析。为了减少或消除农产品市场的这种波动，一般有两种方法：一是由政府运用有关政策对农产品市场进行干预。二是利用市场本身的调节机制。这种机制就是期货市场上的交易活动。

期货市场是进行标准化期货合约交易的市场。在这个市场上所买卖的期货合约是在未来交货的。也就是说，在期货市场上买卖的是未来的农产品。这样，在这种未来农产品的买卖过程中就可以发现未来的价格。也就是说，在期货市场上从事买卖的每一个交易者都力图根据对未来农产品市场供求的预测来发现未来的价格。他们对未来价格的预测越准确，就越能从期货交易中获利。正是在他们的这种竞争活动中，期货市场发现了未来价格。换言之，发现未来价格是期货市场的重要功能之一。用这种未来价格来指导生产就可以避免由价格波动而引起的产量波动，从而减缓或消除农产品现货市场上的蛛网波动。这正是期货市场最早产生于农产品交易的原因。许多经济学家认为，美国之所以有稳定的农业，其原因有两个：一是美国政府始终关心农业，采取可支持价格这类保护农业的政策。二是美国有世界上最发达、最完善的农产品期货市场。因此，大宗农产品期货市场的形成能构成一个较为特殊的发散型模型，这种模型到最后可以使产量和价格越来越收敛于均衡点。

从上述分析看，期货价格机制的引入能够有效地调控现货市场价格的走势。在期货市场参与下，现货市场价格和产量围绕均衡点的波动幅度有所缓解，即产量增加导致价格下跌时，其下跌波动幅度会减少。同理，价格下跌对产量减少的影响也会减小。反之也一样有效。这就是农产品期货市场对大宗农产品的产量和价格波动抑制效应的体现。另外，期货市场的价格机制作用能令价格与产量越来越靠近均衡点。

三　小结

本节对大宗农产品价格形成机制的分析，是从传统的供求均衡机制到期货定价机制，客观上为下文的论述提供理论支持。通过分析得出大宗农产品价格的形成已不仅仅是供求主导，在经济全球化以及金融高速发展的氛围下，期货市场的繁荣发展使大宗农产品价格形成机制从单一的供需均衡演变成更多地以期货市场为导向。期货价格能够作为现货交易的基准价格，为决策提供比较准确的预期而降低现货市场的异常波动。期货市场的主体除套期保值者外，还有一批熟悉价格波动，愿意承担市场价格风险的投机者，而投机者投身农产品期货市场会有不同的因素，看到的不只是农产品现货的供求关系。因此，在研究大宗农产品价格的波动因素及稳定机制时，不能仅仅从农产品自身的供求分析，而更多的是要注重资本化影响。

第三节 大宗农产品价格波动国际传导理论

一 大宗农产品价格传导机制的内涵与特点

（一）大宗农产品价格传导机制的定义

大宗农产品价格传导机制，包含的多种因素都会相互作用，从而影响大宗农产品价格的传导。

目前，许多学者将农产品价格传导机制定义为：农产品价格体系中某一农产品在市场经济的条件下，由于受多种因素共同作用的影响，发生波动并沿着渠道（或途径）影响其他商品（或服务）价格的过程。其内涵包括一种农产品价格的波动通过农产品系统中不同内部组成部分间的相互关联反映，既有市场整合的内容，也有农产品从其产业链的上游到中游到下游产品之间的垂直价格传导。

对于大宗农产品来讲，其价格传导机制具有资源配置的功能，也体现了农产品价格体系变化的内在规律。大宗农产品及其服务的价格在市场经济条件下，发生波动引起的相关大宗农产品与服务价格变动的内在机制，即所谓的大宗农产品价格传导机制。它体现了价格的杠杆作用，不同空间市场的相互联动影响以及价格链条中上游与下游的传输过程。我国大宗农产品的价格传导，具体来讲，是由国际农产品价格变化会通过价格机制、消费者和生产者心理、市场等一系列空间价格传导的变动以及国内市场从生产成本、运输与储存、市场销售的垂直传导变动，使我国大宗农产品价格发生相应变动，进而对我国大宗农产品安全造成影响。

（二）大宗农产品价格传导机制的特点

大宗农产品价格传导除与普通商品一样，受供求变化、市场结构与制度、信息传递、心理预期等很多复杂因素影响外，鉴于大宗农产品特殊的自身属性，结合大宗农产品价格波动的机理分析，还表现出与普通商品价格传导机制不同的特点。

第一，大宗农产品价格传导具有滞后性。大宗农产品生长周期较长，不能及时地反映市场相关产品的信息，从而不能合理地配置资源，进行农业生产，极易造成经济波动、盲目生产、资源浪费等现象。在农产品市场价格传导机制中，这种现象表现为价格传导的滞后性。在其价格传导机制的路径上一般表现为大宗农产品在产业链生产、流通到销售各环节是否顺畅，是否在价格传导上存在阻滞现象。

第二，大宗农产品价格传导具有短期性。大宗农产品作为生活必需品，是人们赖以生存和发展的基础，就像前面大宗农产品价格波动机理中的分析，其生产和价格都具有明显的季节性和周期性，这就决定大宗农产品短期价格的波动幅度较为剧烈，在价格传导中有显著的短期性特征。

（三）大宗农产品价格传导机制的主要内容

在总结分析国内外学者对农产品价格传导机制研究的基础上，大宗农产品价格传导机制研究主要包括以下五个方面的内容。

（1）大宗农产品价格传导关系。大宗农产品价格的传导关系是相关农产品价格互相影响的过程，通常研究农产品价格传导机制的第一步，是对不同农产品价格间是否存在传导关系的初步判断，即分析不同种类或者不同市场中农产品价格长短期的动态关系。

（2）大宗农产品价格协调能力。大宗农产品价格协调能力是指农产品价格的动态调整速度以及自我调整平衡。它主要表现在制度影响、调整路径等问题上。着重是当出现农产品价格波动时，用于分析农产品价格之间的短期修正机制，为了减少偏差，在给定目标的水平下，需要价格变化的自我均衡调整过程。

（3）大宗农产品价格传导途径。某个大宗农产品价格在国际市场上会通过一定的方式或者领域，通过农产品价格传导机制，将价格波动的风险传导至其他世界市场上，诸如，通过进出口贸易、期货价格的引导、货币等方式来影响其他各国市场上的价格。在价格机制的传导上，有些市场、商品品种间有没有协整关系，是单向引导还是双向引导，都是对价格传导机制的进一步分析，从而得到农产品价格传导的具体方向和途径。

（4）大宗农产品价格传导效率。大宗农产品价格传导效率是指农产品价格波动传导中是否存在一定的时间差，即时滞现象。价格波动传导的时滞在不同条件下并不相同，而且对其价格波动的反应时间以及滞后效应也存在差异。其中，一个农产品价格变动引起其他农产品价格传导的短期反应，与农产品价格变动的起始时间相呼应，这是农产品价格序列间传导的反应时间；若在长期内对其他农产品价格传导产生影响，并与持续时间相关联，这便是农产品价格间传导的滞后效应。

（5）大宗农产品价格传导强度。在目标水平既定的情况下，一个大宗农产品价格一旦发生波动并把这种波动传导到其他市场或者其他农产品价格上，造成在数量上也发生偏差，要恢复到均衡状态则需要一定的时间。当价格恢复的时间不同，则分为不同的传导强度：当某一价格变动对另一个价格变动几乎不存在时滞，对当期出现影响程度为即时传导强度；时滞存在，产生滞后影响，为滞后传导强度；在两个价格波动的传导中，同时出现即时传导和滞后传导的总和就是累积传导强度。

二 大宗农产品价格传导机制的形式

国际大宗农产品价格传导机制主要有以下五种形式。

（一）成本推动

成本推动是价格传导的最基本方式，即通过成本环节，使上游商品价格变化推动下游商品价格的变化。第一，农产品作为基本的原材料，使上游大宗农产品价格出现波动上涨，并把这种上涨转移到下游新产品的价值中去；第二，通过肥料、石油等生产资料价格的上升，使农民种植农作物的生产成本增加，并反映到下游大宗农产品及其加工商品上，引起大宗农产品价格的上涨与波动。

（二）需求拉动

农产品的需求在层层传递过程中反作用于上游商品价格，引起需求带动的价格变化。国际大宗农产品价格上涨以及随着大宗农产品深加工业务发展，国内外对大宗农产品品种及数量的需求发生了结构性的变化。尤其在近年来需求增大的背景下，库存逐步降低，大宗农产品收购企业的销售量增加使农民意识到大宗农产品需要扩大生产，于是增加对农资材料的需求。一些受自然资源如原材料、石油等限制的农资企业面对大宗农产品需求大幅增加，提高了农业生产资料成本，通过价格链的传导，导致我国大宗农产品价格上涨。

（三）进出口贸易

国内大宗农产品市场通过价格传导机制的贸易途径，受国际市场价格波动的影响，使国内大宗农产品价格上升或下降。目前，中国从国际市场主要进口大豆，出口的是谷物产品。由于我国大豆依赖性比较强，进口数量多，国内大豆价格走势基本与国际市场相一致。例如，在2007—2008年国际大宗农产品价格大幅上涨，导致大豆进口价格涨幅高达76.9%，使国内市场价格也出现大幅上涨。

（四）心理预期

大宗农产品富有供给弹性但缺乏需求弹性。当大宗农产品价格上涨时，消费者会对国际大宗农产品价格上涨产生预期，出现恐慌心理，部分中间商和消费者就会采用囤积居奇或者排队抢购等异常行动，造成大宗农产品市场价格与供给量的失衡。根据蛛网模型，由于大宗农产品生产的季节性，居民在供不应求的状况下由于在短期内不能达到新的均衡而使行为更趋异常，对大宗农产品价格上涨的影响具有放大效应。并且生产者由于对国际市场价格上涨的心理预期，出现惜售心理并囤积大量农产品，加剧了市场价格的波动。

（五）货币因素

中国大宗农产品虽然可以自给自足且有政府管制，但是，中国市场与国际市场联系日益剧增，国内大宗农产品价格仍毫不意外地受到国际市场的冲击。通过对国际市场上石油、化肥等资源性商品的进口均以美元结算，美元价格的波动导致这些资源性商品的价格波动，并通过提升生产成本最终引起国内市场大宗农产品价格的上涨。

三 大宗农产品价格波动传导机理

（一）大宗农产品价格波动国际传导方向

国内外市场上的大宗农产品价格波动传导方向一般分为两种。一是价格传导机制的空间传导；二是价格传导机制的垂直传导，即：国际或国内市场上的价格波动先传递到国内进口或者出口价格水平上，然后国内进口或出口价格的变动通过国内市场或者国际市场的产业链垂直传递到本国市场或者国际市场。因此，完整的国际市场上大宗农产品价格对国内大宗农产品价格的传导是价格空间传导与价格垂直传导的叠加，而不是单一的空间传导或者垂直传导。

此外，价格垂直传导路径主要遵循大宗农产品价格的生产→批发→零售三个环节：价格传导体系的上游是反映大宗农产品生产成本变化的生产资料价格；中游是大宗农产品生产、收购的价格所反映出来的价格总水平变化程度和趋势；价格体系的终端是零售价格，是消费者最终购买到大宗农产品的零售价格变动的情况。

（二）大宗农产品价格波动国际传导路径

对于价格波动的国际传导路径有三种观点：第一，单路径论，即通过贸易进口渠道，国际市场价格波动对国内生产和消费造成影响，从而影响国内物价水平；第二，双路径论，即考虑进口路径和货币传导两条路径；第三，四路径论，在双路径的基础上再加上贸易比价和产品替代这两条路径的四条传导路径。

以上三种观点大多从进出口农产品的贸易过程中发生的价格传导，因此可以把这种贸易途径作为最主要的国际价格传导方式。贸易路径又可以按照贸易对象的不同，包括作为消费品进口大宗农产品，国内物价水平因为受到这部分进口大宗农产品价格的波动而受到直接影响，进而影响国内大宗农产品价格水平的消费者传递路径（见图3－3）。

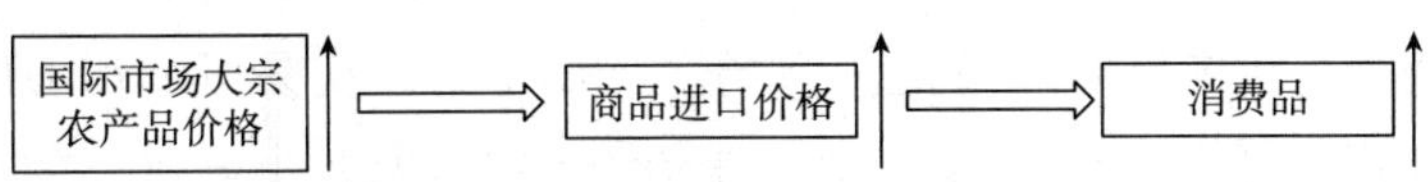

图3－3　消费品传导路径

产成品成本传导路径，即作为生产原料从国际市场上进口大宗农产品产生的价格波动可以对国内大宗农产品的生产成本造成影响，并最终会传导到大宗农产品价格上（见图3－4）。

图 3－4 产成品成本传导路径

同时会产生价格传导的进口替代路径，由于大宗农产品的进口，国内对进口大宗农产品的需求也会改变，从而间接地影响国内大宗农产品价格。同样，出口替代路径是价格波动传导从国内市场传导至国际市场，在中国出口价格代替了进口替代传导路径中的进口价格（见图3－5）。

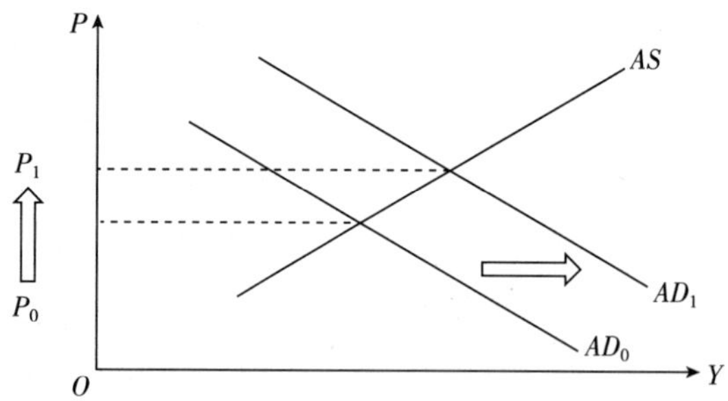

图 3－5 国际市场价格波动传导替代路径

另外，由于农产品期货市场的发达，国际大宗农产品价格传导从期货市场角度研究也成为较为关注的领域。近年来，投机因素对国际大宗农产品价格波动的影响开始明显，使期货市场在其价格传导过程中作用也不容小觑。世界市场上的买家在全球大宗农产品期货价格飞涨的前提下可能转向国内期货市场。芝加哥商品交易所（CBOT）的大宗农产品价格信息在期货市场的价格传递上起到十分重要的作用，其他国家期货价格波动在很大程度上都依赖于 CBOT 价格信息。毫无例外，我国大连商品期货交易所（DCE）的玉米、大豆以及郑州期货交易所（ZCE）的小麦等价格也将受 CBOT 价格的影响，全球市场上出现大宗农产品生产数量的减少对国际期货市场产生资金流动的影响，并通过国际期货市场传导到中国市场，最终对大宗农产品的现货市场的价格波动造成影响。

大宗农产品在实物与金融资产相交融的今天，在其期货价格的影响下，逐渐偏离了商品价值、供求关系等基本规律，产生了新的金融属性。例如，从2003年6月开始至2004年上半年CBOT的大豆期货在世界大豆没有出现较为严重的供给短缺的情况下价格上涨了一倍，原因是利用中国进口大豆这一时机进行投机炒作，通过价格抬升，牟取暴利。

研究大宗农产品价格的波动的价格传导途径更加复杂，不仅要考虑反映价值、供求关系的现货价格，还要考虑大宗农产品的期货价格指标对现货价格造成的影响。我国期货市场还不成熟，国外期货价格对国内期货市场价格具有引导作用，即大宗农产品在期货途径上国际价格传导链条是：国际期货市场价格—国内期货市场价格—国内现货市场价格。

四　国际大宗农产品价格传导机制的工具

价格波动国际传导也主要在时间序列框架下进行。向量自回归（VAR）和约翰森（Johansen）协整检验方法最为常用。空间价格均衡理论是空间市场价格传导研究的基础，目前空间市场价格的传导在研究中也常称为市场整合。对啤酒、葡萄酒、烟草等农产品在价格传导的非对称性研究中最早应用了自回归分布滞后模型的实证方法；随后相关系数法、协整检验法、单一价格法则模型、比价界限模型、脉冲响应函数等研究方法在研究价格传导的实证分析中得以运用，对价格传导机制研究的发展推进了一大步。

链合模型（Market - chain Cooperated Model，MCM）是研究农产品价格传导机制的一种集成方法。通过对价格的时间序列进行单位根检验，分析价格序列间的长期均衡关系的协整检验；分析价格序列间的短期动态关系和平衡修正能力的误差修正模型；确定价格间的传导路径和方向的格兰杰因果关系；分析价格序列间的传导效率包括传导的反应时间和滞后效应的脉冲响应函数；用于研究价格序列之间的传导强度包括即时传导强度、滞后传导强度和累计传导强度的分布滞后模型，这几种计量模型结合起来，逐层递进来揭示农产品价格波动内在传导机制，形成较为完善的模型组合，便于对价格传导机制进行实证研究。

第四章　大宗农产品国际定价权理论

第一节　大宗农产品国际定价权的内涵

一　大宗农产品国际定价权的含义

目前，对于农产品国际定价权问题进行研究的国内外专家学者较少，学术界并没有统一的理论体系。叶姗（2009）从经济法角度解释定价权的含义，认为定价权即是制定价格的权利，政府和市场作为资源配置的方式，具有对商品、要素和服务价格的制定权，并且，在不同的经济体制下，定价权的分立结构具有差异有序的特征。

也有学者认为，所谓定价权，并不是指一个企业、组织、国家决定自己合适的产品价格，而是这些企业、组织和国家依靠自己的实力和市场地位，在一定程度上影响市场价格朝向有利于自身的价格变动。相反，缺失定价权是指这些企业、组织、国家在交易中只能被动地接受市场价格，价格调整在某些情况下将产生不利的影响，表明这些企业、组织、国家对市场价格的影响力甚微。由此引申，取得国际贸易定价权，其实质就是拥有影响国际贸易商品交易价格的权力，主导国际贸易普遍认可的定价规则和供市场参考的基准价格（如权威的期货价格）。

农产品贸易是国际贸易的重要组成部分。长期以来，西方发达国家致力于农业现代化，而农业现代化带来了农产品产量和质量的提高，使这些国家对世界其他范围的农产品市场价格产生潜移默化的影响，奠定了夺取农产品国际贸易定价权的基础。毫无疑问，取得农产品国际定价权，可以使一个国家成为世界贸易规则的主要制定者，该国就有权力制定农产品国际定价规则，就有可能运用规则和手段，维护本国的利益，对他国掌握农产品定价权造成威胁。现实中，有些发达国家往往运用较强的市场竞争手段和其经济优势对本国农业提供高额的补贴，夺取主要农产品国际定价权，进而统治国际贸易农产品的定价规则。

上述学者对于定价权含义的界定较为绝对，认为定价权是一种绝对的权利，认为定价权是一个非此即彼的概念，定价较为狭隘。一般认为，某地区或者某机构影响商品价格的定价能力，这常常在非完全竞争市场条件下实现，市场中存在异质商品或企业具有垄断能力，能够较大地影响市场价格的形成，而在完全竞争市场则基本不存在定价权问题。现今大宗农产品以期货交易的形式，实际上，就对农产品的质量等级进行严格的品级分类，这样就最大限度地弱化产品异质性的特点，在国际贸易中的规模效应下，具有垄断能力的企业有动机想继续降低生产价格，延续其国际贸易中的垄断地位，从而谋求在市场价格中的主导地位，在这样的情况下，大宗农产品的国际贸易定价权更多地应该集中在价格的影响力争夺上。白明（2006）认为，国际定价权是指中国在外贸商品国际市场价格形成过程中所具有的影响力大小，这种影响力既可能产生对自身有利的正的影响力，也可能产生对自身不利的负的影响力，即是具有优质定价还是劣质定价。

综合上述几位学者的观点，笔者将大宗农产品国际定价权定义为在既定的贸易规则下，某地区或某机构具有影响大宗农产品价格向有利于己方变动的能力。换句话说，在国际贸易中，一个国家对农产品价格的制定拥有更大的权力，因此，它可以掌握这种权力来保护自己的利益。

二　大宗农产品国际定价权状况的判断标准

大宗农产品在国际市场交易时，根据怎样的判断标准可以认为交易的一方具有较强的定价权？下面介绍几种衡量市场各方定价实力的指标，以较直观地表明我国大宗农产品国际定价权的状况。

（一）勒纳指数

在既定的贸易规则下，一般交易一方垄断势力越强，在市场上可以占据较多的市场份额，影响价格偏向其有利方向的能力越强，即定价权就越强，在这个过程中就越能通过主导价格变动获得较多的垄断利润。经济学家阿贝·勒纳（Abba Lerner）提出了一个简洁的指数，用以衡量市场上垄断势力的强弱，其计算公式如下：

$L=(P-MC)/P$

式中，L 为勒纳指数，P 为商品价格，MC 为边际成本。

从以上公式可以看出，企业在市场上的垄断势力 L 的数值，在 0—1 之间变化，当市场是完全竞争市场时，企业的利润最大化选择为 MC = P，此时 L = 0，此时各企业对市场价格是完全的接受者，对价格的影响最弱；随着市场垄断势力逐渐增强，价格与边际成本的差值逐渐增大，市场出现垄断势力，当价格远大于边际成本时，市场就趋于完全垄断，L = 1，此时垄断企业获得完全的市场定价能力。

值得注意的是，勒纳指数描述市场垄断势力的同时，也有不可避免的缺陷：一是边际成本 MC 的数据较难收集。现实企业生产并不是一个标准的生产函数，成本、要素投入、产量变动受多种因素影响，难以准确获取边际成本的数据。二是暂不考虑勒纳指数为负的情况。勒纳指数为负时，市场价格小于边际成本价格，此时市场不存在垄断势力。所以，勒纳指数无法测量潜在的垄断势力。上述公式可变形为 L = 1 - MC/P，L 反映的是边际成本相对价格的偏离率，若企业市场占有率较强，却因为某种 MC 与 P 之间相差不大，则勒纳指数就不能准确地显示出来。三是勒纳指数将垄断势力的变化完全归结于边际成本同价格的变动上，其他影响垄断势力的因素如质量、政策等考虑在内。尽管如此，勒纳指数仍不失为一个描述市场垄断势力大小的最常用指数。

（二）赫芬达尔—赫希曼指数

在大宗商品的进出口贸易时，衡量买卖双方在市场上的实力对比，除勒纳指数外，较常用的还有赫芬达尔—赫希曼指数（Herfindahl - HirschmanIndex，HHI），实际上，它是测量产业集中度的一种方法，通过对比买卖双方产业集中度的高低，一般买卖各方中，若产业集中度越高，则市场主体更多地集中在有限的数量，有利于买卖中实行价格联盟，最终反映双方垄断势力强弱及对价格的影响力强弱。赫芬达尔—赫希曼指数在数值上是市场中竞争主体市场份额的平方和，是判断企业在行业中的离散度。市场份额常用的是各竞争主体其总收入或总资产在行业总量中的占比。其计算公式为：

$$HHI = \sum_{n} S^2$$

式中，n 为行业中各竞争主体的数量，S 为行业中各竞争主体的市场份额。

市场份额是百分比的形式，各市场份额的平方和就应介于 0—1 之间，实际上，若市场上各竞争主体市场份额均等，此时 HHI 最小为 1/N，若市场由一家主体完全垄断，则 HHI = 1，HHI 最终数值是基于 1/N 与 1 之间。当买家 HHI 较小时，行业集中度越低，行业中接近于各主体完全竞争，显然，在同卖家交易时，容易陷入激烈的内部竞争，行业形成统一声音的能力较弱，对价格的影响力就越弱，定价权自然越小；当 HHI 越大时，行业集中度越高，行业主体垄断势力越强，在市场交易时越容易形成各种价格联盟，从而实现对价格变动的主导。

随着国际贸易的发展，多数大宗农产品外贸企业在国际上都是“有进有出”，因此，仅仅考虑一方的赫芬达尔—赫希曼指数显然不够用，应该对交易一方的进出口情况综合考虑，以更准确地反映其国际定价权的状况。白明（2006）在对比中国能源类商品的国际定价权时，提出将进出口情况“权商化”，同样可以依靠进出口贸易企业市场占有率的权商来表明我国大宗农产品贸易的状况，据此可以将权商 V 表述如下：

$$V = (C_x \times H_x + C_m \times H_m)/(H_x + H_m)$$

式中，C_x 为进口某种农产品的市场占有率，H_x 为国际市场上卖方赫希曼指数，C_m 为出口某种农产品的市场占有率，H_m 为国际市场上买方赫希曼指数。

理论上说，V 的数值在 0—1 之间变化，V 的数值越大，说明本国对这种农产品的价格影响力就越强，国际定价权就越强；V 的数值越趋近于 0，说明本国在国际上对这种农产品国际定价权越弱。

（三）动态比价

国际定价权的含义为影响价格向己方有利的方向变动的能力。在国际贸易上，向己方有利的方向显然倾向于进口时商品价格下降，出口时商品价格上升。然而事实上，国际贸易受各方面影响如原材料价格变动、居民消费能力及国内外贸易政策的影响等，从而进出口某种商品时应该存在对国内来说的一个理想价格，而这个理想价格就是消费者或者生产者剩余最大化，那么优权的国际定价权就应该具有影响价格向理想价格的方向变动的能力。

随着中国国际贸易规模的日渐扩大，中国进口国外的商品价格自然也有上涨趋势，从而对国际市场上的商品价格上涨也有托举的作用，当国内进口某商品价格上升幅度小于国际权威价格上升幅度时，那么自然就具有一个较为优权的定价能力；如果进口某种商品的价格上升幅度大于国际权威价格的上涨幅度，显然对此商品的国际定价权是劣权的。因此可以通过对比中国进出口价格的变动幅度相对于国际市场上价格的变动情况，来得出中国进出口情况是优权还是劣权。通过以下公式可以得出动态比价 R：

$$R=(PM_t/PM_t-1)/(PW_t/PW_{t-1})$$

式中，PM_t 为本年度进口某种农产品价格，PM_{t-1} 为上年度进口农产品的价格，PW_t 为本年度农产品国际权威价格，PW_{t-1} 为上年度农产品国际权威价格。

虽然两者的计量单位可能不同，但是，动态比价是对比不同年度的变化幅度，因而可以比较。当 R 大于 1 时，表示中国进口该农产品的价格上涨幅度大于国际权威价格上涨幅度，其国际定价权较弱，呈现劣权化倾向；当 R 小于 1 时，表示中国进口该农产品的价格上涨幅度小于国际权威价格上涨幅度，其国际定价权较强，呈现优权化倾向。

三 大宗农产品国际定价中心范畴

定价中心和定价权是相辅相成的，一个区域或国家，其市场无法对某个商品拥有定价权，这个区域或国家就不可能成为定价中心。更何况定价权的取得，不一定是某个生产大企业，也不一定是某个消费大国。如果生产大企业无法绝对垄断市场，它就无法取得定价权；如果消费大国在定价的过程中没有主导权，它的市场也就无法形成定价中心。

因此，国际定价中心和国际定价权是伴生概念，有价格变动自然就有价格变动的地方，国际价格中心的价格变动是其他地方价格变动的原因和基准，对其他国家和地区的价格变动具有辐射作用。由于大宗农产品在国际市场的交易方式常常以期货合约价格为基准价格，那么本书所指的国际定价中心也就是期货市场商品价格定价中心，国际定价权也是以对期货市场价格的影响能力为主。

（1）定价中心的形成与市场历史有关。全球生产加工企业，它们只愿接受经常参与的期货市场报价。例如，美国芝加哥期货交易所是世界上最早的期货交易所，它成立于 1848 年，也是目前全球最大的农产品期货交易市场。

（2）定价中心的形成与价格形成机制有关。交易活跃，交易量庞大常常是价格形成机制发挥作用的基础。美国芝加哥期货交易所的大豆期货合约，自 20 世纪 90 年代以来成交量始终保持上升的趋势，近几年大连商品交易所的大豆期货交易量也名列全球前茅，两家交易所在国际大豆市场定价权方面表现出较强的竞争势头，谁是农产品的定价中心，就看谁的定价影响力最大。

（3）定价中心的形成与市场效率有关。农产品期货市场通常建立在相关品种的主要生产或消费地区。当然，在国际市场上，具有农产品定价权的充分条件不只是该品种是生产或消费大国，它参与国际贸易的程度也至关重要。只有当期货市场具备效率性，才能对交易者具有吸引力；只有市场对全球所有的交易者开放，才有可能形成全球的定价中心。

以美国为例，芝加哥商品期货交易所是世界公认的农产品期货定价中心，其他地区的期货交易所的价格变动大多受其单向传导。美国可以发布各种消息、实行各种政策直接影响国内芝加哥期货交易所价格变动，从而对全球价格变动产生影响，这在国际贸易中是巨大的优势。提高我国大宗农产品国际定价权的最终目的之一实际上就是建立农产品国际定价中心。

目前的国际定价中心有：合并以后的美国芝加哥商品交易所集团是全球农产品期货及期货衍生品的定价中心，对全球大宗农产品价格有直接影响；伦敦金属交易所（LME）的金属期货合约价格变化是世界金属价格变化的晴雨表；欧洲期货交易所是欧洲最大的交易所，其交易品种近2000个；东京工业交易所是曾经公认的天然橡胶定价中心，现今有向上海期货交易所变动的趋势。

（一）国际定价中心的特征

（1）开放性。国际定价中心是接受世界各地贸易商、投资者、消费者、投机者进行交易，那么满足市场主体更多地需要开放性，这既要求本国在政策及法律上制定开放性的规则，也要求其交易规则要跨时区及地区，构建全球市场。例如，新加坡期货交易所作为开放程度最高的交易所，是全球棕榈油的国际定价中心，同时也是亚洲重要的期货交易所，对亚洲各种商品变动有极大的影响。

（2）金融性。期货交易不仅具有价格发现及风险对冲功能，其交易品种一旦上市，期货品种及衍生品种就同股票、债券等成为有价证券之一，具有金融的特性，事实上，越是国际定价中心，其金融化程度越高。例如香港、纽约、新加坡、伦敦等，既是全球大宗商品的定价中心，也是重要的金融交易中心。

（3）规范性。国际定价中心作为各个市场主体交易的地方，也是现货市场的风向标，必定要制定严格、公平的交易规则及广泛适用的国际惯例才能长久保持下去。

（4）机构性。现在的国际定价中心的投资主体多是机构投资者或者拥有现货的国际定价中心，更多的是期货定价中心，因为期货具有对交易对象的价格发现功能，并且其远期、近期合约还具有对冲风险、减缓价格波动功能，因而期货交易市场的建立天然就具有定价中心的功能。

2007 年 7 月 12 日，芝加哥商品交易所（CME）收购美国芝加哥交易所（CBOT），从而成为全球农产品定价中心及最大的期货衍生品交易所集团（CME GRORP）。也有的中心以投资者为主，例如，芝加哥期货交易所以生产商、消费商、共同基金、贸易企业及各种银行等机构投资者为主，散户比例不足20%，而且许多是以投资基金的形式参与其中。

（二）成为定价中心的条件

（1）同本国经济发展相关。一个国家能成为国际定价中心，同本国的经济发展相适应，例如，伦敦金属交易所能成为金属类期货的国际定价中心，同英国在20世纪以前长期的世界工厂地位是分不开的，美国CBOT能成为大宗农产品的国际定价中心，同美国农产的快速发展密切相关，天然橡胶的国际定价中心由东京工业交易所逐步转向上海期货交易所，很大的原因是日本长期的经济低迷。

（2）适应各交易主体的需求。以CBOT为例，美国农业主体包括农场主、农产品协会、加工商、贸易商及银行，这些主体都广泛参与到期货市场交易中来，实现期货市场同现货市场各个环节的顺利对接，真正实现了期货市场的价格发现、套期保值等功能，极大地促进了农业的发展。

（3）交易品种及模式的不断创新。期货交易所只有不断创新其交易品种，创新其管理模式及市场运行模式，才能迅速提升其交易量，提升市场各主体的参与度。例如，美国芝加哥期货交易所在过去数十年中，不断率先推出大豆、豆油、豆粕、活畜等创新品种，并且在1994年第一次推出电子交易系统，2004年新推出清算业务，为广大交易会员提供了诸多方便，也使美国芝加哥交易所成为世界最权威的大宗农产品期货价格基准地。

第二节 大宗农产品国际定价权的持有成本理论

一 持有成本理论的主要观点

持有成本理论主要研究宜存储商品的期现货价格间的关系。它的主要观点是：一种商品的期货价格是它对应的现货价格与投资者到期日为止时存储现货的持有成本之和。持有成本是指投资者保存这种商品付出的必要费用，包括存储费、运输费和保险费及利息等。

二 持有成本理论的主要内容

从静态来看，基差就表现为边际持有成本，它们的变动趋势是一致的。当基差大于边际持有成本时，市场上便出现了套利机会，市场参与者便会高价卖出期货合约，然后再等到基差收缩变小的时候买入期货合约，这样的市场交易就会逐渐缩小基差与边际持有成本间的差距，使两者最终得以靠拢。

从动态来看，随着交割期的逐步到来，现货价格中所含有的持有成本部分将会越来越大，而期货价格中所含有的持有成本部分则越来越小，最终导致基差逐步变小，直到交割日时将减小为零，期货与现货市场价格之间的差异也随之消除，价格水平也趋于一致。这种价格关系很大程度上反映出了市场的供求状况，所以我们认为，价格发现是期货市场的基本功能。

然而，这一理论也难以解释期货和现货价格之间的关系。事实上，期货价格高于现货价格并不必然，现货价格高于期货价格的情况也是可能的。对这种情况，该理论就解释不通了。沃金（Working，1962）认为，一样商品，到期日相异的两种期货合约，它们的价格相异，不仅受持有成本影响，更主要的是现货市场的供求关系会对其造成更大影响。或者说期货价格不管是折价还是溢价，并不是只受持有成本的影响，更受当前市场供求状况和库存状况的影响。并且大多数学者都支持这种观点。米凯克（Michaek，J.，1997）通过数理模型分析了期货溢价及市场倒挂情况，认为期货价格受到存储者行动影响，而存储者行动则主要会受存储量、持有成本和存储成本三者的影响。如果仓储价格大于仓储成本，就会形成期货溢价；反之，如果仓储价格小于仓储成本，则形成市场倒挂。

第三节　大宗农产品国际定价权的仓储价格理论

一　仓储价格理论的主要内容

沃金基于持有成本理论又发展为仓储价格理论。该理论指出，对一般商品来说，仓储费是出现基差的核心因素，由于商品期现货价格间的相互影响，造成基差受商品的边际持仓成本影响，而基差将会随着交割期的到来逐渐收缩为零。

沃金的仓储价格理论指出，基差会受到商品期货市场中时间因素的影响。于是，他研究找出了可储存商品的现货市场价格与其期货市场价格之间的关系，较为深入系统地总结与论述了期货市场的价格发现功能。

二　仓储价格理论的应用

仓储价格理论研究的前提是投资者在市场充分竞争的条件下，为增加仓储收益，从而保持商品边际净持仓成本与商品持仓阶段的价格预期波动相同。其中，商品的净持仓成本包括仓储费用边际成本、边际支出和商品持仓边际收益三个部分。因市场运行不稳定，市场价格变动而造成的仓储商品价格损失构成了风险成本。商品装运费、商品储存设施费和商品投保费构成了商品仓储费用。此费用主要受商品存货量的影响，在仓储量达到或超过仓储容量时才会变动，否则它是一个常量。持仓的边际收益是指单位持仓增加所增加的企业的机会收益。

用 X_t 表示 t 期末的仓储量，$TC_t(X_t)$ 表示持仓总成本，$F_t(X_t)$ 表示仓储总费用，$RC_t(X_t)$ 表示风险总成本，$E_t(X_t)$ 表示持仓总机会收益，则持仓总成本可以表示为：

$$TC_t(X_t) = F_t(X_t) + RC_t(X_t) - E_t(X_t)$$

对 X_t 求一阶导数，得到边际持仓成本表达式：

$$TC'_t(X_t) = F'_t(X_t) + RC'_t(X_t) - E'_t(X_t)$$

在图 4-1 中，X 轴表示存储容量，Y 轴代表基差，SS 代表存储的供给曲线，DD 代表需求曲线，E 表示供给等于需求时的基差。当仓储量位于 X_2、X_3 之间时，该商品供需平衡，仓储空间能保证一定量的仓储需求。当仓储量超过 X_3 后，商品存储量过高，将使边际仓储收益变小为零，同时，随着边际风险的提高，持仓的边际成本也会大大提高。存储量位于 O、X_1 时，会存在供不应求的情况，这样，持仓的边际成本为负。

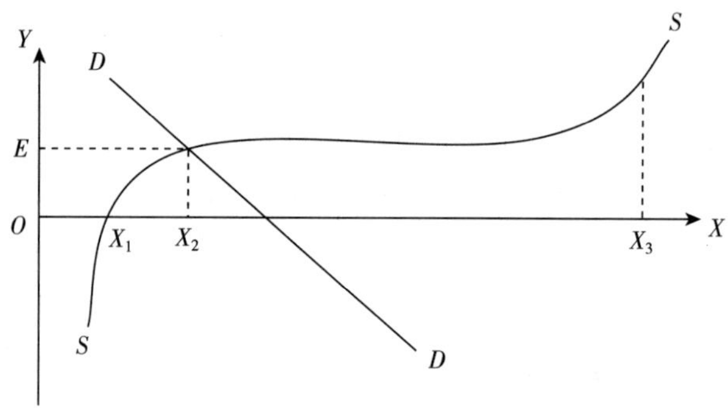

图 4-1　仓储供给与需求的关系

仓储价格理论解释了大宗农产品期货是如何来调节现货市场的供给与需求情况的。仓储价格理论认为，仓储成本可用来描述期现货价格应该上升到何种程度才会出现存储商品的增加或减少。当供给大于需求时，常常会出现现货商品价格的下降，这个时候，投资者可买进一定数量的现货物品，卖出一定数量的期货合约。因期现货价差较大，此时仓储费用也较低，投资者便可得到一定的价差收益。现货市场，一定量的商品会入库，供给量的减少，对供过于求的情况会大大改善，最后会达到市场的平衡。这样，又会造成现货价格的不断提高，这个过程说明了现货价格受期货价格调节，最终两者趋于一致的过程。

商品期现货价格之间的相互影响是仓储价格理论阐述的核心，期现货市场价格会随着交割期的到来趋于一致，从而导致基差收缩为零。这种相互间的价格关系从整体上体现了目前与将来一定时期内，投资者对影响现货价格的市场因素以及商品现货市场供求关系的不同预期。

第四节　大宗农产品国际定价权的定价中心理论

一　期货价格发现功能与定价权

诺贝尔经济学奖获得者莫顿·米勒说："期货市场的魅力在于让你真正地了解价格。"在期货市场出现以前，国际大宗商品的定价主要基于买卖双方的供求关系。在期货市场出现以后，特别是当期货市场发展成为成熟市场以后，大宗商品的定价已经不局限于商品的供求关系。由于期货市场具有公开、公平、公正和集中统一的特性，它近似于一个完全竞争市场，因此，期货市场能真实地反映市场供求关系以及全社会对大宗商品的价格预期，所以其产生的价格就成为真正的市场价格。因此，目前国际上大多数大宗商品基准价格的定价中心往往是发达成熟的期货市场，期货市场价格也成为制定国际贸易中大宗商品价格的参考依据。在现代市场体系中，发达而成熟的期货市场之所以能成为定价中心，是因为众多大宗农产品国际定价权研究的参与者对商品价格估计的偏差具有整体的准确性，在开放的市场中，参与者能接触到引起价格变动的各类信息。因此，国际大宗商品定价离不开期货市场。国际农产品贸易一般都是在权威的农产品期货价格的基础上，双方进行协商，通常以期货价格作为基准价格，加上基差，最终确定双方都能接受的贸易价格。虽在 20 世纪 90 年代初我国已建立期货市场，但我国没有形成对国际农产品定价具有影响力的定价中心，期货市场发展长期以来滞后于欧美发达国家，因此，在资产和商品定价上没有话语权，国际商品贸易的价格参照国外期货市场的定价。但近几年中国经济实现稳步发展，中国期货市场已逐步成为国际期货市场的重要组成部分，若要摆脱国际竞争中资产价格的制定受制于他人的不利局面，就要进一步提高和完善我国期货市场价格发现功能，获得大宗商品国际定价权，只有使中国期货市场成为国际农产品定价中心，才能保护农民的利益，才能充分保证我国的粮食安全。

期货价格发现功能能够发挥多大的作用，决定对商品价格定价有多大的影响力。毫无疑问，期货市场多空双方的力量固然会影响期货价格，但不一定会影响现货的价格。这是因为现货市场的竞争程度决定了现货市场供求信息的传递速度，垄断者对商品现货市场垄断程度越高，对该种商品市场的定价权力也就越大，市场关于产量决策等相关信息公开程度低，不确定性因素增强，就不利于期货交易者对现货市场价格的预期，如果期货价格不能很好地发挥价格发现功能，就只能依靠现货市场发现价格。此时，现货市场在价格发现中处于主导地位。

二　市场效率与定价中心

期货市场功能的充分发挥依赖市场有效性的高低。因此，在期货市场的定价研究中应结合市场效率问题。以股票市场为例，法玛（Fama）在 1970 年提出有效率市场的三种形式：弱式效率市场、半强式效率市场和强式效率市场。在弱式效率市场上，股票价格只包括价格、交易量、收益等相关的历史信息；在半强式效率市场上，该股票价格包括其他共用的所有公开信息和历史信息；在强式效率市场上，该股票价格包括所有相关信息，即可以共享的信息和私人信息。根据市场效率理论，期货市场的参与者多，相应的有效信息也会更多，价格更能够反映真实的市场价格，期货市场更有效。所有目前已知信息均会在期货市场价格中得以反映。实践中，期货市场参与者的价格即期货价格，如果期货市场的参与者都局限于某一个区域，因而该区域的价格就反映在期货市场价格之中，即使其他地区期货市场价格对其有影响，这两者之间也不完全相同。期货市场具备了价格发现功能也并不一定都是有效率的市场。事实上，由于各个国家间期货市场的机制和特点不同，期货参与者区域和交易数量不同，各国家现货基础不同，期货市场价格发现的效率也不尽相同，即使对于同一国家期货品种，价格发现效率会因期货市场发展阶段不同而不同，期货市场发展初期，价格发现功能较为弱化，该时期市场无法成为国际贸易的定价中心。因此，市场效率和农产品期货市场定价中心有着密切的联系。

第二篇

大宗农产品贸易的实证分析

第五章　我国大宗农产品贸易现状分析

第一节　我国农产品贸易情况

一　世界农产品市场情况

2017 年，全球粮食供需关系继续呈现宽松状态。根据联合国粮农组织（FAO）发布的数据，2016/2017 年度，全球谷物产量 26. 112 亿吨，增长 2. 8%；使用量 25. 729 亿吨，增长 2%；出口量 4. 057 亿吨，增长 3. 6%；期末库存 7. 2 亿吨，增长 4. 2%（见表 5 -1）。库存消费比 27. 6%，比上一年度提高 0. 7 个百分点，为近十年的历史最高位。值得注意的是，近年来，俄罗斯和乌克兰的粮食生产快速增长，出口随之增加，2016/2017 年度分别出口 3652 万吨和 4431 万吨，成为新兴谷物出口大国。

表 5 -1　　近年世界谷物生产、使用、库存和贸易 单位：百万吨、%

年份		2014/2015	2015/2016	2016/2017	2016/2017 年度比上年度增长	年份		2014/2015	2015/2016	2016/2017	2016/2017 年度比上年度增长
生产	谷物	2569. 6	2540. 0	2611. 2	2. 8	出口	谷物	377. 8	391. 4	405. 7	3. 6
	小麦	731. 8	734. 2	759. 6	3. 5		小麦	156. 8	166. 7	176. 6	5. 9
	大米	493. 6	490. 8	500. 2	1. 9		大米	45. 1	41. 5	47. 9	15. 4
	粗粮	1344. 2	1315. 0	1351. 4	2. 8		粗粮	176. 0	183. 2	181. 2	-1. 1

续表

年份		2014/2015	2015/2016	2016/2017	2016/2017年度比上年度增长	年份		2014/2015	2015/2016	2016/2017	2016/2017年度比上年度增长
使用	谷物	2499.6	2521.5	2572.9	2.0	期末库存	谷物	676.8	691.3	720.0	4.2
	小麦	712.0	709.5	733.9	3.4		小麦	210.8	230.4	252.0	9.4
	大米	489.9	492.3	497.5	1.0		大米	168.8	167.4	168.9	0.9
	粗粮	1297.7	1319.7	1341.6	1.7		粗粮	297.2	293.5	299.2	1.9

资料来源：FAO：《谷物供需简报》，2018 年 4 月。

根据世界银行（WB）发布的数据，2017 年，农产品价格较上年下跌 0.5%，食物价格上升 0.7%。分类看，谷物价格下跌 0.2%，油料油脂价格下跌 0.5%，工业原料农产品价格上升 9.3%。

2017 年，世界农产品价格走势不一。美国 1 号硬粒红小麦海湾离岸价前期上涨，月收 7 月达到年内最高的每吨 202 美元，8 月大幅下跌到 171 美元，随后小幅波动回升，12 月相对为 184 美元。美国 2 号黄玉米海湾离岸价整体呈现波动下滑态势，年内最高为 2 月的每吨 163 美元，最低为 9 月的 147 美元，12 月为 149 美元。5% 碎米率大米曼谷离岸价前期上涨，后期下跌，年内最低为 2 月的每吨 367 美元，6 月上升到年内最高的 458 美元，12 月收于 406 美元。美国大豆鹿特丹港到岸价年初下滑后转稳，2 月处于年内最高的每吨 427 美元，5 月下滑到年内最低的 80 美元，12 月回弹到 399 美元。荷兰豆油出厂价由 1 月的每吨 872 美元先下滑到 4 月的年内最低价 791 美元，随后反弹到 9 月的年内最高价 882 美元，其后小幅波动，12 月收于 866 美元。

2017 年，棉花 COTLOOK A 远东指数价格波动相对较小，1 月每吨 1815 美元，5 月上涨到年内最高的 1954 美元，随后下滑到 10 月的 1733 美元，12 月回升到 1883 美元。食糖价格上半年大幅下降，最高为 1 月每吨 448 美元，6 月降至年内最低的 306 美元，其后基本维持在 320 美元左右。牛肉价格前期波动上升，由 1 月的年内最低每吨

3913 美元上升至 7 月的年内最高 4539 美元，8 月大幅回落到 4173 美元，其后价格趋稳，12 月收于 4074 美元。鸡肉价格前涨后跌，1 月为年内最低的每吨 1940 美元，6 月上升到年内最高的 2434 美元，12 月回落到 1966 美元。

二 中国农产品贸易情况

（一）我国农产品生产情况

2017 年，国际市场农产品价格相对稳定，国内农业供给侧结构性改革取得实效，农业生产和农村经济保持了良好发展态势。2017 年，全年粮食种植面积比上年下降 0.7%，但总产量增长 0.3%。经济作物中，棉花增产 3.5%，油料增产 2.8%，糖料增产 1.7%，茶叶增产 6%。畜产品中，肉类增长 0.8%，禽蛋下降 0.8%，牛奶下降 1.6%，水产品增长 0.5%（见表 5－2）。

表 5－2　　2017 年中国主要农产品生产情况　　单位：万吨、%

产品	产量	比上年增长
粮食	61791	0.3
谷物	56455	－0.1
稻谷	20856	0.7
小麦	12977	0.7
玉米	21589	－1.7
棉花	549	3.5
油料	3732	2.8
糖料	12556	1.7
茶叶	255	6.0
肉类	8431	0.8
猪肉	5340	0.8
牛肉	726	1.3
羊肉	468	1.8
禽肉	1897	0.5
禽蛋	3070	－0.8
牛奶	3545	－1.6

续表

产品	产量	比上年增长
水产品	6938	0.5
养殖水产品	5281	2.7
捕捞水产品	1656	5.8

（二）我国农产品贸易情况

（1）进出口规模。1995—2017 年，中国农产品的进出口贸易规模详见表 5 - 3。这里以 2017 年为例，来分析我国农产品贸易的规模情况。

表 5 - 3　　　1995—2017 年中国农产品进出口贸易规模

单位：亿美元、%

年份	贸易额				比上年增长		
	进出口总额	出口额	进口额	贸易差额	进出口	出口	进口
1995	268.7	146.9	121.8	25.0			
1996	251.4	143.0	108.3	34.7	-6.4	-2.6	-11.1
1997	250.5	150.5	100.1	50.4	-0.3	5.2	-7.6
1998	222.9	139.3	83.7	55.6	-11.0	-7.4	-16.4
1999	218.2	135.9	82.4	53.5	-2.1	-2.4	-1.5
2000	269.4	156.8	112.6	44.2	23.4	15.4	36.7
2001	279.0	160.5	118.5	42.0	3.6	2.4	5.2
2002	306.1	181.3	124.7	56.6	9.7	13.0	5.3
2003	403.8	214.1	189.7	24.4	31.9	18.1	52.0
2004	514.5	233.6	280.9	-47.2	27.4	9.1	48.1
2005	563.4	275.5	287.9	-12.4	9.5	17.9	2.5
2006	635.5	313.8	321.7	-7.8	12.8	13.9	11.7
2007	781.8	369.9	412.0	-42.1	23.0	17.9	28.1
2008	992.4	404.7	587.7	-183.0	26.9	9.4	42.7

续表

年份	贸易额				比上年增长		
	进出口总额	出口额	进口额	贸易差额	进出口	出口	进口
2009	922.4	395.4	527.0	-131.6	-7.1	-2.3	-10.3
2010	1219.3	493.7	725.5	-231.8	32.2	24.9	37.7
2011	1555.9	607.2	948.7	-341.5	27.6	23.0	30.8
2012	1757.3	632.5	1124.8	-492.3	12.9	4.2	18.6
2013	1866.9	678.3	1188.7	-510.4	6.2	7.2	5.7
2014	1945.0	719.6	1225.4	-505.8	4.2	6.1	3.1
2015	1875.6	706.8	1168.8	-462.0	-3.6	-1.8	-4.6
2016	1845.6	729.9	1115.7	-385.8	-1.6	3.3	-4.5
2017	2013.9	755.3	1258.6	-503.2	9.1	3.5	12.8

注：正数为顺差，负数为逆差。下同。

2017 年，中国农产品贸易全面增长出口额 755.3 亿美元，比上年增长 3.5%；进口额 1258.6 亿美元，增长 12.8%；贸易逆差 503.2 亿美元，增加 117.4 亿美元。分月度看，出口额方面，2 月由于春节因素降幅较大，6 月和 10—12 月增长较快；进口额方面，2 月增长近 40%，其余各月增幅较为稳定。

（2）产品结构。从 2017 年的情况来看，分大类看，出口额居前五位的农产品依次为蔬菜、水果、畜产品、饮品和粮食制品；进口额居前五位的农产品依次为油籽、畜产品、水产品、植物油和饮品（见图 5-1）。

（3）市场结构。除南美洲外，中国对其余主要大洲的农产品出口均增长。对亚洲出口 486.4 亿美元，增长 2.4%；对欧洲出口 111.1 亿美元，增长 5.4%；对北美洲出口 96.1 亿美元，增长 4.6%；对非洲出口 30.8 亿美元，增长 16.3%；对南美洲出口 17.3 亿美元，下降 2.9%；对大洋洲出口 13.6 亿美元，增长 3.6%。

从各大洲的农产品进口全面增长。从南美洲进口 344.5 亿美元，增长 20%；从北美洲进口 312 亿美元，增长 5.5%；从亚洲进口 231

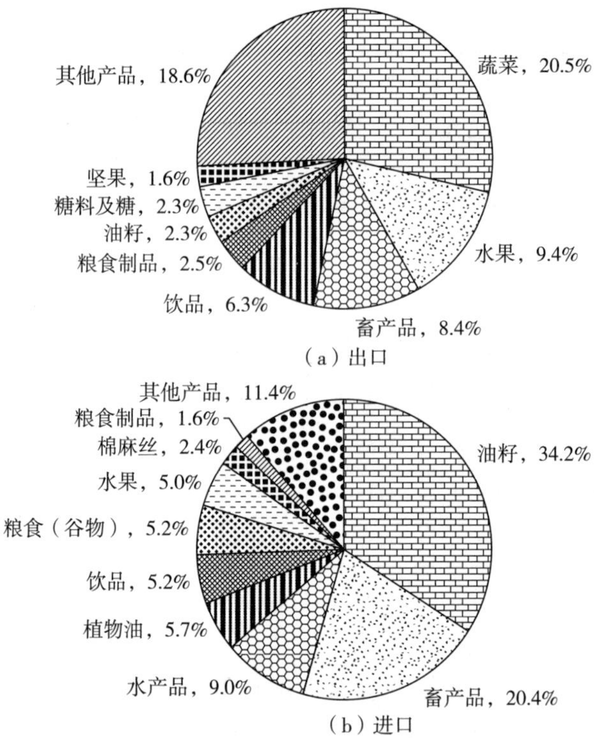

图 5－1　2017 年中国农产品进出口结构

亿美元，增长 10%；从欧洲进口 190.7 亿美元，增长 4.7%；从大洋洲进口 150.9 亿美元，增长 33.8%；从非洲进口 29.4 亿美元，增长 4.3%。中国农产品贸易对亚洲和非洲为顺差，对其他大洲为逆差。对亚洲的贸易顺差为 255.3 亿美元；对南美洲、北美洲的贸易逆差最大，分别为 327.2 亿美元和 215.9 亿美元（见表 5－4）。

从国别（地区）贸易来看，前五大出口市场依次为日本、中国香港、美国、韩国和越南，合计占出口总额的 49.2%。前五大进口来源地依次为美国、巴西、澳大利亚、加拿大和新西兰，合计占进口总额的 55%（见图 5－2）。对中国香港、日本、韩国、中国台湾和越南的贸易顺差排前五位，分别为 95.1 亿美元、94 亿美元、38.4 亿美元、16.9 亿美元和 16.2 亿美元。对巴西、美国、澳大利亚、新西兰和加拿大的贸易逆差排前五位，分别为 235.3 亿美元、163.8 亿美元、

79.9 亿美元、58.1 亿美元和 55 亿美元。

表 5-4　　2017 年中国农产品贸易区域分布　　单位：亿美元、%

区域	贸易额				比上年增长		所占比重	
	进出口	出口额	进口额	差额	出口	进口	出口	进口
合计	2013.9	755.3	1258.6	-503.3	3.5	12.8	100.0	100.0
亚洲	717.4	486.4	231.0	255.3	2.4	10.0	64.4	18.4
欧洲	301.8	111.1	190.7	-79.7	5.4	4.7	14.7	15.2
北美洲	408.1	96.1	312.0	-215.9	4.6	5.5	12.7	24.8
非洲	60.3	30.8	29.4	1.4	16.3	4.3	4.1	2.3
南美洲	361.8	17.3	344.5	-327.2	-2.9	20.0	2.3	27.4
大洋洲	164.5	13.6	150.9	-137.2	3.6	33.8	1.8	12.0

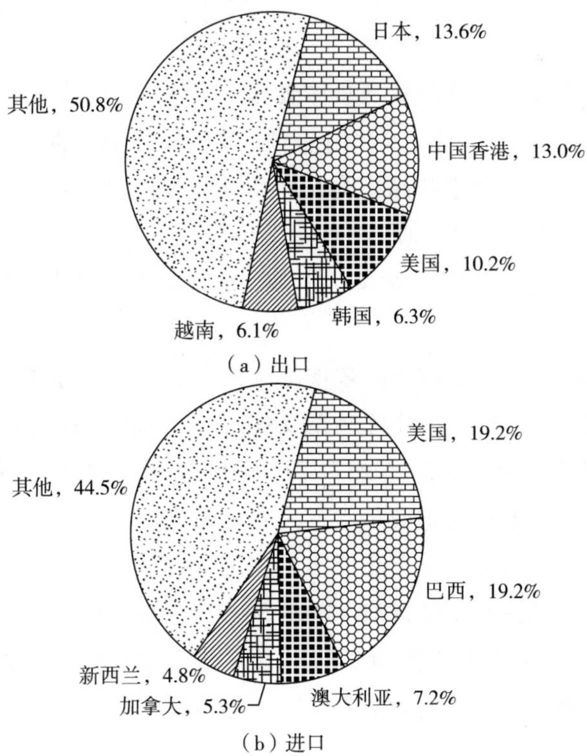

图 5-2　2017 年中国农产品出口市场和进口来源地结构

与主要贸易区伙伴之间的农产品贸易整体上继续保持良好发展势头。对东盟出口 158.6 亿美元，增长 3%；对中国香港出口 98.4 亿美元，下降 1.2%；对韩国出口 47.7 亿美元，增长 2%；对中国台湾出口 24.8 亿美元，增长 7.7%；对澳大利亚出口 10.1 亿美元，增长 2.3%。从东盟进口 167.8 亿美元，增长 12%；从澳大利亚进口 90 亿美元，增长 34.4%；从新西兰进口 60 亿美元，增长 33.2%；从智利进口 22.2 亿美元，下降 3.8%；从秘鲁进口 17.5 亿美元，增长 66%。对全部自贸区伙伴出口合计 353.9 亿美元，占农产品出口总额的 46.9%；从全部自贸区伙伴进口合计 384.8 亿美元，占农产品进口总额的 30.6%。

第二节　我国主要大宗农产品贸易情况

一　我国大宗农产品贸易总体概况

2017 年，谷物、棉花、食用油籽、食用植物油、食糖、蔬菜、水果、茶叶、畜产品和水产品十类农产品贸易额占中国农产品贸易总额的 79.1%，其中，出口额占农产品出口总额的 73.9%，进口额占农产品进口总额的 82.2%。蔬菜、水果、茶叶和水产品为净出口，其他为净进口。

居出口额前五位的农产品依次为水产品、蔬菜、水果、畜产品和茶叶，分别占农产品出口总额的 28%、20.5%、10.9%、8.4% 和 2.3%。与上年相比，除水果出口额下降 0.7% 外，其他大类农产品出口额均增长，其中棉花增幅最大，为 138.8%。

居进口额前五位的农产品依次为食用油籽、畜产品、水产品、水果和谷物，分别占农产品进口总额的 34.2%、20.4%、9.0%、5.7% 和 5.2%。与上年相比，除食糖进口额下降 7.9% 外，其他大类农产品进口额均增长，增幅最大的是茶叶，为 36.1%。

二 谷物（含小麦、玉米和稻米）贸易情况及影响因素

（一）贸易概要

1995—2017年中国谷物贸易量变化情况详见表5－5，这里仅以2017年来具体进行说明。2017年，中国谷物进出口双增。出口量161.6万吨，比上年增加1.5倍；出口额8亿美元，增长57.8%。进口量2560.1万吨，增长16.4%；进口额64.9亿美元，增长13.7%。净进口量2398.5万吨，增长12.3%；贸易逆差56.9亿美元，扩大9.2%。

表5－5　　1995—2017年中国谷物贸易量变化情况　　单位：万吨

年份	出口量					进口量				
		其中					其中			
	谷物	小麦产品	玉米产品	稻谷产品	大麦产品	谷物	小麦产品	玉米产品	稻谷产品	大麦产品
1995	64.9	22.5	11.5	5.7	0.2	2040.4	1162.7	526.4	164.5	127.4
1996	124.3	56.6	23.8	27.7	0.2	1084.0	829.9	44.7	77.4	130.9
1997	834.8	45.8	667.1	95.2	0.7	417.0	192.2	0.3	35.9	187.4
1998	889.2	27.5	469.2	375.6	0.9	388.5	154.8	25.2	26.0	151.9
1999	738.4	16.4	433.3	271.7	0.6	340.1	50.5	7.9	19.1	226.9
2000	1379.8	18.8	1047.9	296.2	0.1	314.8	91.9	0.3	24.9	197.4
2001	876.9	71.3	600.0	187.0	0.1	344.4	73.9	3.9	29.3	236.8
2002	1483.7	97.7	1167.5	199.0	0.1	285.1	63.2	0.8	23.8	190.7
2003	2200.4	251.4	1639.1	261.7	0.5	208.7	44.7	0.1	25.9	136.3
2004	479.5	108.9	232.4	90.9	0.3	975.3	725.8	0.2	76.6	170.7
2005	1017.5	60.5	864.2	68.6	0.4	627.2	353.9	0.4	52.2	217.9
2006	609.9	151.0	309.9	125.3	0.6	359.5	61.3	6.5	73.0	214.1
2007	991.2	307.3	491.8	134.3	11.8	155.7	10.1	3.5	48.7	91.3
2008	186.1	31.0	27.3	97.2	1.5	154.1	4.3	5.0	33.0	107.6
2009	137.1	24.5	13.0	78.6	1.4	315.1	90.4	8.4	35.7	173.8

续表

年份	出口量					进口量				
	谷物	其中				谷物	其中			
		小麦产品	玉米产品	稻谷产品	大麦产品		小麦产品	玉米产品	稻谷产品	大麦产品
2010	124.3	27.7	12.7	62.2	1.3	570.8	123.1	157.3	38.8	236.7
2011	121.5	32.8	13.6	51.6	0.6	544.7	125.8	175.4	59.8	177.6
2012	101.6	28.6	25.7	27.9	0.5	1398.3	370.1	520.8	236.9	252.8
2013	100.1	27.8	7.8	47.8	0.1	1458.5	553.5	326.6	227.1	233.5
2014	76.9	19.0	2.0	41.9	0.0	1951.6	300.4	259.9	257.9	541.3
2015	53.3	12.2	1.1	28.7	0.0	3271.5	300.7	473.0	337.7	1073.2
2016	63.6	11.3	0.4	39.5	0.0	2199.7	341.2	316.8	356.2	500.5
2017	161.6	18.3	8.6	119.7	0.0	2560.1	442.2	282.7	402.6	886.3

1. 产品结构

谷物出口以稻谷产品和小麦产品为主，合计占谷物出口总量的85.4%、出口总额的86.3%；进口主要是大麦产品、高粱产品、小麦产品、稻谷产品和玉米产品，合计占谷物进口总量的98.4%、进口总额的98.5%（见表5-6）。

表5-6　　2017年中国主要谷物品种贸易情况

单位：万吨、亿美元、%

产品	出口量	进口量	净进口量	净进口量比上年增长	出口额	进口额	净进口额	净进口额比上年增长
稻谷产品	119.7	402.6	282.9	-10.7	6.0	18.6	12.6	0.0
小麦产品	18.3	442.2	423.9	28.5	0.9	10.8	9.9	32.0
玉米产品	8.6	282.7	274.1	-13.4	0.2	6.0	5.8	-9.4
高粱产品	4.1	505.7	501.6	-24.2	0.2	10.3	10.1	-28.9
大麦产品	93.5	886.3	886.3	77.1	12.4	18.2	18.2	59.6

稻谷产品。出口量119.7万吨，比上年增加2.2倍，占谷物出口总量的74.1%；出口额6亿美元，增长70%；进口量402.6万吨，增长13%，占谷物进口总量的15.7%；进口额18.6亿美元，增长15.2%。

小麦产品。出口量18.3万吨，比上年增长61.9%，占谷物出口总量的11.3%；出口额0.9亿美元，增长38%；进口量442.2万吨，增长29.6%，占谷物进口总量的17.3%；进口额10.8亿美元，增长32.7%。

玉米产品。出口量8.6万吨，比上年增加20倍；出口额2223万美元，增加6.7倍；进口量282.7万吨，下降10.8%，占谷物进口总量的11%；进口额6亿美元，下降5.5%。

高粱产品。出口量4.1万吨，比上年增长49.4%；出口额1911万美元，增长45.4%；进口量505.7万吨，下降23.9%，占谷物进口总量的19.8%；进口额10.3亿美元，下降28.1%。

大麦产品。出口量93.5吨，比上年增长104.7%；出口额12.4亿美元，增长0.2%；进口量886.3万吨，增长77.1%，占谷物进口总量的34.6%；进口额18.2亿美元，增长59.1%。

2. 贸易区域

（1）出口市场。中国谷物前五位出口市场依次是科特迪瓦、韩国、朝鲜、日本和中国香港（见表5-7），对前五位市场合计出口85.8万吨，占谷物出口总量的53.1%，较上年降低20.2个百分点。其中，对朝鲜和日本出口分别增长2.3倍和8.7%；对韩国和中国香港出口分别下降3.1%和10.6%。

（2）进口来源地。中国谷物前五位进口来源地依次是澳大利亚、美国、乌克兰、越南和加拿大。从前五位国家合计进口2296.5万吨，占谷物进口总量的89.7%，较上年提高4.4个百分点。其中，从澳大利亚、美国、越南和加拿大进口量分别增长62.2%、1.7%、39.9%和18.7%；从乌克兰进口量减少11.4%（见表5-7）。

（3）分品种情况。稻谷产品主要出口至科特迪瓦、韩国、土耳其、塞内加尔和莫桑比克，进口主要来自越南、泰国和巴基斯坦。小麦产品主要出口至朝鲜、中国香港和埃塞俄比亚，进口主要来自澳大利亚、美国和加拿大。玉米产品进口主要来自乌克兰和美国。大麦产品进口主要来自澳大利亚、加拿大和乌克兰（见表 5－8 和表 5－9）。高粱产品进口主要来自美国和澳大利亚，分别进口 475. 8 万吨和 29. 6 吨，占中国高粱产品进口总量的 94. 1% 和 5. 8% 。

表 5－7　　2017 年中国谷物主要出口市场和进口来源地 单位：万吨、%

出口市场	出口量	比上年增长	占谷物出口总量比重	进口来源地	进口量	比上年增长	占谷物进口总量比重
科特迪瓦	30. 9	—	19. 1	澳大利亚	906. 6	62. 2	35. 4
韩国	18. 4	－3. 1	11. 4	美国	707. 4	1. 7	27. 6
朝鲜	16. 9	225. 7	10. 5	乌克兰	267. 0	－11. 4	10. 4
日本	10. 2	8. 7	6. 3	越南	226. 5	39. 9	8. 8
中国香港	9. 4	－10. 6	5. 8	加拿大	189. 0	18. 7	7. 4

表 5－8　　2017 年中国主要谷物品种出口市场　　单位：万吨、%

稻谷产品				小麦产品			
出口市场	出口量	比上年增长	占稻谷产品出口总量比重	出口市场	出口量	比上年增长	占小麦产品出口总量比重
科特迪瓦	30. 9	—	25. 8	朝鲜	8. 2	1073. 6	44. 8
韩国	16. 7	－4. 7	14. 0	中国香港	7. 9	－7. 2	43. 2
土耳其	7. 4	2467. 8	6. 2	埃塞俄比亚	1. 0	－5. 4	5. 5
塞内加尔	6. 7	—	5. 6	菲律宾	0. 3	360. 0	1. 6
莫桑比克	6. 2	480. 5	5. 2	泰国	0. 2	2. 5	0. 7

表 5-9　2017 年中国主要谷物品种进口来源地　单位：万吨、%

稻谷产品				小麦产品			
进口来源地	进口量	比上年增长	占稻谷产品进口总量比重	进口来源地	进口量	比上年增长	占小麦产品进口总量比重
越南	226.5	39.9	56.3	澳大利亚	190.4	38.5	43.1
泰国	114.9	20.1	28.5	美国	155.5	80.3	35.2
巴基斯坦	27.3	-61.2	6.8	加拿大	52.4	-39.1	11.8
柬埔寨	17.9	47.2	4.4	哈萨克斯坦	31.0	5.1	7.0
缅甸	8.2	-6.8	2.0	乌克兰	5.8	7740.8	1.3
玉米产品				大麦产品			
进口来源地	进口量	比上年增长	占玉米产品进口总量比重	进口来源地	进口量	比上年增长	占大麦产品进口总量比重
乌克兰	182.2	-31.5	64.4	澳大利亚	648.0	99.3	73.1
美国	75.7	239.1	26.8	加拿大	135.9	86.0	15.3
老挝	15.1	8.4	5.3	乌克兰	79.1	124.2	8.9
缅甸	9.3	20.2	3.3	法国	22.3	-65.0	2.5
俄罗斯	0.2	-96.6	0.1	丹麦	1.1	274.9	0.1

3. 价格变动

（1）中国谷物进出口价格。2017 年，中国以一般贸易方式出口谷物的平均价格[①]为每吨 474.3 美元，比上年下降 46.1%；进口平均价格为每吨 255 美元，比上年下降 2.2%。出口品种中，小麦一般贸易方式下无出口，其余产品出口价格均下跌；进口品种中，除谷物、大麦和高粱产品进口价格下降外，其余品种进口价格均上涨（见表 5-10）。

---

① 出口平均价格 = 出口总额/出口总量；进口平均价格 = 进口总额/进口总量。下同。本节对中国谷物及其主要品种的进出口价格分析均为一般贸易方式下的价格。

表 5－10　　2017 年中国主要谷物品种进出口价格 单位：美元/吨、%

产品	出口平均价格	比上年增长	进口平均价格	比上年增长
谷物	474.3	－46.1	255.0	－2.2
小麦	—	—	243.6	2.0
大麦	1589.2	－23.3	204.4	－9.2
玉米	249.0	－85.8	211.4	6.0
大米	406.2	－47.4	458.6	2.3
高粱	459.7	－2.7	202.8	－5.6

2017 年，谷物月度出口价格呈波动态势。从 1 月的每吨 425.5 美元升至 2 月的 789.7 美元，之后波动下降，至 5 月降为 351.9 美元，之后波动上行，12 月达到 685.6 美元。谷物月度进口价格前 5 个月波动上行，从 1 月的每吨 242.2 美元升至 5 月的 280.8 美元，后波动下行，至 7 月到达最低点 228.3 美元，12 月上涨至 304.6 美元。

（2）中国谷物进出口价格与国际市场价格比较。2017 年，国际市场大米价格小幅提高。泰国 5% 破碎率大米曼谷出口离岸价全年平均每吨 399 美元，比上年上涨 0.7%；越南 5% 破碎率大米河内出口离岸价全年平均每吨 363 美元，比上年上涨 2%。中国大米进口均价每吨 458.6 美元，比上年上涨 2.3%；出口均价每吨 406.2 美元，下跌 47.4%。

国际小麦价格上涨。美国 1 号硬红冬麦和 2 号软红冬麦美湾出口离岸价全年平均分别为每吨 174 美元和 178 美元，比上年分别上涨 4.6% 和 1.1%。中国小麦进口均价每吨 243.6 美元，比上年上涨 2%。

国际玉米价格继续下跌。美国 2 号黄玉米美湾出口离岸价全年平均为每吨 154.5 美元，比上年下跌 3%。中国玉米进口均价每吨 21.4 美元，比上年上涨 6%。

4. 自给率[①]变动

2017 年，中国粮食产量 61791 万吨，比上年增加 167 万吨，其中谷物产量 56455 万吨。谷物净进口量 2398.5 万吨，自给率为 95.9%，比上年降低 0.5 个百分点。

（二）主要影响因素

1. 内外价差偏大及品种调剂拉动大米和小麦进口增加

2017 年，稻谷最低收购价小幅下调，小麦最低收购价维持上年水平，支撑了国内价格相对稳定，但国际价格低迷，内外价差仍偏大，导致进口有所增长。进口增长除受价差驱动外，部分产品还受品种调剂的影响。小麦进口主要集中在澳大利亚硬质白麦、加拿大硬质红春麦、美国硬红冬麦和美国软红冬麦等优质小麦。

2. 对干玉米酒糟采取贸易救济措施后其替代品大麦进口激增

2017 年，中国对原产于美国的干玉米酒糟征收反倾销和反补贴税，干玉米酒糟进口量大幅减少，作为替代产品的大麦进口量则随之激增。

3. 玉米价格政策改革缩小了国内外价差，导致进口减少

中国对玉米实施“价补分离”改革后，国内价格大幅下降。国际市场玉米价格尽管受供应充足、需求不振等因素影响仍在低位，但内外价差缩小，利润空间明显缩减，导致玉米进口量下降。

三　棉花贸易情况及影响因素

（一）贸易概况

1995—2017 年我国棉花贸易情况详见表 5 - 11[②]。从表 5 - 11 可以看出，棉花进口在连续 4 年（2013—2016 年）下降后，2017 年回升。全年棉花进口 136.3 万吨，比上年增长 9.9%；进口额 23.6 亿美元，增长 32.6%。出口 2.1 万吨，增长 1.6 倍；出口额 0.4 亿美元，增长 1 倍。贸易逆差 23.2 亿美元，增长 31.8%。

---

① 自给率：按当年生产总量/表观消费量（当年生产总量 + 当年净进口量）×100% 计算。下同。

② 这里的数据来自《2018 年中国农产品贸易发展报告》，与第六章来自 UNDatabase 的数据略有差异。

表 5-11　　1995—2017 年中国棉花贸易变化情况

单位：万吨、亿美元

年份	出口量	出口额	进口量	进口额
1995	3.0	0.5	100.3	14.9
1996	1.2	0.1	75.1	12.8
1997	0.7	0.1	84.9	14.1
1998	5.2	0.6	31.0	3.8
1999	24.4	2.9	16.4	1.0
2000	29.9	3.1	25.1	1.4
2001	6.0	0.8	19.7	1.2
2002	15.9	1.7	24.5	2.0
2003	11.7	1.3	107.5	12.2
2004	1.2	0.2	211.4	32.4
2005	0.8	0.1	274.5	32.5
2006	1.6	0.3	398.0	49.8
2007	2.5	0.4	274.1	35.8
2008	2.4	0.4	226.4	35.6
2009	1.0	0.2	175.9	22.1
2010	0.7	0.1	312.8	58.5
2011	2.8	0.8	356.6	96.8
2012	2.3	0.4	541.3	120.0
2013	0.8	0.2	450.0	87.2
2014	1.4	0.3	266.9	51.6
2015	3.0	0.5	175.9	27.2
2016	0.8	0.2	124.0	17.8
2017	2.1	0.4	136.3	23.6

1. 产品结构

棉花贸易的主要产品是原棉（也称“未梳棉”）。2017 年，原棉进口 115.5 万吨，比上年增长 28.8%，占棉花进口总量的 84.7%，比上年增加 12.4 个百分点；出口 1.7 万吨，比上年增长 1.2 倍，占出口总量的 79.1%，比上年降低 13.3 个百分点。其他棉花进口 20.7

万吨，下降39.4%。

2. 贸易区域

（1）进口来源地。依据2017年进口量排序，美国、澳大利亚、印度、乌兹别克斯坦和巴西仍为中国棉花的前五大进口来源地，合计占中国棉花进口总量的82.1%，比上年增加7.1个百分点。从美国进口51.7万吨，比上年增长91.1%，仍为中国第一大进口来源地；从澳大利亚进口25.8万吨，比上年增长18.2%；从印度进口17.2万吨，下降14.5%（见表5-12）。

表5-12　　2017年中国棉花主要进口来源地

单位：万吨、亿美元、%

进口来源地	进口量	比上年增长	进口额	比上年增长	占棉花总进口比重	
					进口量	进口额
美国	51.7	91.1	9.9	93.1	38.0	42.0
澳大利亚	25.8	18.2	5.0	29.8	18.9	21.1
印度	17.2	-14.5	2.3	-2.3	12.6	9.9
乌兹别克斯坦	10.0	-35.1	1.8	-2.2	7.3	7.4
巴西	7.2	-16.4	1.3	-2.9	5.3	5.3

（2）出口市场。中国棉花主要出口到周边国家，依次为越南、日本、印度尼西亚、朝鲜和韩国。其中，越南取代朝鲜从上年的第四位跃升到第一位，对越南出口1.1万吨，比上年增加11倍；对日本出口3697吨，增加69倍；对印度尼西亚出口2849吨，增加1.3倍。

3. 贸易方式

2017年，中国棉花进口方式以进料加工和一般贸易为主。进料加工进口44万吨，比上年增长22.4%，占进口总量的32.3%；贸易进口43万吨，下降9.8%，占31.5%；保税区仓储转口货物进口33.7万吨，增长25%，占24.7%（见表5-13）。

保税区仓储转口货物出口棉花1.3万吨，占出口总量的60.3%。

表 5－13 2017 年中国棉花进口主要贸易方式

单位：万吨、亿美元、%

进口方式	进口量	比上年增长	进口额	比上年增长
贸易方式合计	136.3	9.9	23.6	32.7
进料加工	44.0	22.4	8.3	30.9
一般贸易	43.0	－9.8	6.2	30.2
保税区仓储转口货物	33.7	25.0	6.2	44.4
保税仓库进出境货物	15.6	18.2	3.0	22.3

4. 价格变动

根据 COTLOOK A（FE）棉价指数①，2017 年，国际棉价先涨后跌再涨，由 1 月的每磅 82.2 美分连续上涨至 5 月全年最高的 88.6 美分，随后下跌，至 10 月跌至全年最低价 78.6 美分，之后回升，12 月上涨至 85.4 美分，总体高于 2016 年，上涨 9.2%。

2017 年，中国棉花年平均进口价格为每吨 1731 美元，比上年上涨 20.7%。以进料加工方式进口的棉花年平均价为每吨 1889 美元，比上年上涨 6.9%；以一般贸易方式进口的棉花年平均价为每吨 1433 美元，比上年上涨 44.4%。

2017 年，中国原棉年平均进口价格为每吨 1892 美元，比上年上涨 8.4%。以进料加工方式进口的原棉年平均价为每吨 1902 美元，比上年上涨 6.9%；以一般贸易方式进口的原棉年平均价为每吨 1918 美元，比上年上涨 15.1%。

2017 年，国内外棉花差价扩大。中国进口棉价指数（FC INDEXM 折 1% 关税）均低于 CN. COTTON B，全年价差较上年扩大 41.8%。2017 年，中国棉花年度平均出口价格为每吨 1766 美元，比上年下跌 7.9%。

5. 自给率变动

2017 年，全国棉花产量 549 万吨，比上年增产 19 万吨，增长

① 指 COTLOOK A（FE）指数。该指数基准质量标准是 M 级 1—3/32 英寸（相当于中国 3 级，28 毫米长度），CNF 价格（成本加运费），但以远东口岸为到港目的地。FE 指数是同一等级的 19 个棉花品种中，5 个最低报价的平均值。

3.5%。棉花净进口134.2万吨，自给率为80.4%，较上年下降0.7个百分点。

（二）主要影响因素

1. 全球棉花供给充足拉大棉花价差，刺激进口

2017年，全球棉花产量较上年大幅增加，扭转了连续两年产不足需的局面。据国际棉花咨询委员会（ICAC）的数据，2017年，全球棉花期末库存消费比创2001年以来新高，棉花供给充足。尤其是北半球6月新棉上市后，国际棉价疲软，叠加人民币兑美元的汇率因素，内外棉花价差扩大。虽然储备棉花出口一定程度上抑制了价差，但并未根本改变价差扩大的趋势。6—12月平均价差为每吨1965元，10月达到最高的每吨3027元。

2. 国内棉花需求增加，拉动进口

随着全球经济缓慢复苏，国内纺织业回暖。与上年相比，2017年国内纺织业增加值增长4.0%，棉纱产量增长8.5%，服装鞋帽、针纺织品类零售额增长7.8%，出口纺织纱线、织物及制品出口额增长7.4%，服装及衣着附件出口额增长2.3%。中国纺织服装企业对棉花需求回升，拉动了棉花进口增长。

四 食用油籽（含大豆）贸易情况及影响因素

（一）贸易概况

1995—2017年中国食用油籽贸易量及其变化情况详见表5-14。这里仅以2017年为例进行具体说明。2017年，中国食用油籽进口量继续位居全球第一。2017年，进口食用油籽10200.5万吨，比上年增加1247.6万吨，增长13.9%。其中，大豆、油菜籽、棉籽和葵花籽进口增加，芝麻、亚麻籽和花生进口下降。出口食用油籽110万吨，比上年增加22.6万吨，增长25.9%。其中，花生、葵花籽和芝麻出口增加，大豆出口下降。食用油籽进口额430.2亿美元，增长16.2%，占中国农产品进口总额的34.2%，较上年提高1个百分点，是中国最主要的进口农产品。出口额16.4亿美元，增长15.2%。贸易逆差413.8亿美元，比上年扩大16.2%。

表 5-14　1995—2017 年中国油籽贸易量及其变化情况

单位：万吨

年份	出口量						进口量					
	油籽	其中					油籽	其中				
		食用油籽	其中					食用油籽	其中			
			花生	大豆	葵花籽	芝麻			大豆	油菜籽	芝麻	棉籽
1995	106.9	102.5	49.0	37.6	1.1	13.0	41.7	41.6	29.8	9.2	0.4	0.0
1996	84.0	80.2	45.6	19.3	1.9	11.9	112.3	112.2	111.4	0.0	0.5	0.0
1997	56.0	53.1	28.2	18.8	1.6	4.1	297.0	296.9	288.6	5.5	1.4	0.0
1998	57.7	55.2	32.1	17.2	0.9	4.4	461.5	461.4	320.1	138.6	1.1	0.0
1999	85.1	81.8	47.9	20.7	2.3	9.7	694.2	694.1	432.0	259.5	0.1	0.0
2000	96.4	92.7	56.0	21.5	3.7	10.3	1340.5	1340.4	1041.9	296.9	0.2	0.0
2001	115.3	108.4	70.7	26.2	3.9	6.8	1570.8	1567.6	1394.0	172.4	0.7	0.0
2002	127.0	122.8	77.0	30.5	2.9	9.8	1195.5	1194.5	1131.5	61.8	0.4	0.0
2003	130.7	126.3	76.2	29.5	7.0	10.4	2099.6	2098.4	2074.1	16.7	6.6	0.0
2004	121.8	117.3	68.9	34.9	7.6	4.2	2078.4	2076.8	2023.0	42.4	9.8	0.0
2005	142.1	136.7	77.4	41.3	11.5	5.1	2705.8	2704.2	2659.1	29.6	15.4	0.0
2006	127.4	122.4	66.1	39.5	11.1	4.6	2933.4	2931.7	2827.0	73.8	26.4	0.0

续表

年份	出口量						进口量					
	油籽	其中					油籽	其中				
		食用油籽	其中					食用油籽	其中			
			花生	大豆	葵花籽	芝麻			大豆	油菜籽	芝麻	棉籽
2007	134.5	129.0	63.8	47.5	11.6	4.7	3193.6	3191.5	3082.1	83.3	19.4	0.0
2008	124.0	119.2	51.4	48.4	13.3	4.6	3902.5	3900.5	3743.6	130.3	21.4	0.1
2009	114.9	109.5	56.6	35.6	12.2	3.8	4636.1	4633.1	4255.2	328.6	31.1	0.0
2010	92.9	87.7	51.6	17.3	14.6	3.5	5706.4	5704.6	5479.7	160.0	39.1	1.6
2011	96.9	91.2	48.8	21.4	17.0	3.6	5484.1	5481.8	5264.0	126.2	38.9	37.7
2012	106.5	100.6	45.1	32.1	18.4	4.0	6230.4	6228.0	5838.5	293.0	39.6	39.4
2013	93.4	87.0	42.5	20.9	19.0	3.7	6786.6	6783.5	6337.5	366.2	44.1	14.3
2011	94.3	87.2	44.2	20.7	17.6	3.8	7755.0	7751.8	7139.9	508.1	56.9	7.4
2015	90.4	84.2	41.2	13.4	25.2	3.5	8760.3	8757.1	8169.4	447.1	80.6	0.8
2016	93.8	87.4	41.2	12.8	29.6	3.0	8955.9	8952.9	8391.3	356.6	93.2	7.6
2017	116.9	110.0	52.5	11.4	41.0	4.1	10204.2	10200.5	9552.6	474.8	71.2	26.4

1. 产品结构

2017 年，主要进口产品有大豆、油菜籽、芝麻、亚麻籽、棉籽和花生，主要出口产品有花生、葵花籽、大豆和芝麻。

（1）主要进口产品。食用油籽进口中，大豆比重超过 90%。与上年相比，大豆、油菜籽、棉籽进口量额均增，芝麻、亚麻籽、花生进口量额均降（见表 5－15）。

表 5－15　　2017 年中国进口食用油籽产品结构

单位：万吨、亿美元、%

产品	进口量	比上年增长	进口额	比上年增长	占食用油籽进口比重	
					进口量	进口额
大豆	9552.6	13.8	396.4	16.6	93.6	92.1
油菜籽	474.8	33.2	21.6	45.2	4.7	5.0
芝麻	71.2	－23.6	7.3	－23.3	0.7	1.7
亚麻籽	34.0	－28.4	1.5	－26.8	0.3	0.4
棉籽	26.4	246.9	0.8	217.9	0.3	0.2
花生	25.4	－44.7	1.9	－41.5	0.2	0.5

（2）主要出口产品。食用油籽出口以花生和葵花籽为主，两者出口量额均保持增长，出口量比重分别接近 50% 和 40%。大豆出口量额均降，芝麻出口量和出口额均增（见表 5－16）。

表 5－16　　2017 年中国出口食用油籽产品结构

单位：万吨、亿美元、%

产品	出口量	比上年增长	出口额	比上年增长	占食用油籽出口比重	
					出口量	出口额
花生	52.5	27.5	9.8	21.1	47.7	59.8
葵花籽	41.0	38.4	4.7	8.1	37.2	28.6
大豆	11.4	－11.2	0.9	－15.3	10.4	5.7
芝麻	4.1	36.8	0.8	29.7	3.7	4.8

2. 贸易区域

（1）进口来源地。中国食用油籽进口来源地较为集中。大豆主要从巴西、美国和阿根廷进口，三国进口额合计占大豆进口总量的94.6%。油菜籽主要从加拿大和蒙古进口。芝麻进口主要来自非洲国家（见表5－17）。

表5－17　　2017年中国食用油籽进口来源地

单位：万吨、亿美元、%

产品	来源地	进口量	比上年增长	进口额	比上年增长
大豆	合计	9552.6	13.8	396.4	16.6
	巴西	5092.7	33.3	209.2	34.5
	美国	3285.6	－3.8	139.5	1.3
	阿根廷	658.2	－17.9	26.8	－17.0
油菜籽	合计	474.8	33.2	21.6	45.2
	加拿大	451.3	31.3	20.8	44.2
	蒙古	11.6	159.8	0.4	159.8
芝麻	合计	71.2	－23.6	7.3	－23.3
	埃塞俄比亚	21.1	－30.5	2.4	－28.2
	苏丹	18.1	58.6	1.8	51.0
	尼泊尔	10.5	－19.0	1.0	－20.2

（2）出口市场。中国食用油籽出口很少，仅有约110万吨，且去向分散（见表5－18）。

表5－18　　2017年中国食用油籽出口市场

单位：万吨、万美元、%

产品	出口市场	出口量	比上年增长	出口额	比上年增长
花生	合计	52.5	27.5	9.8	21.1
	日本	7.2	17.7	1.6	20.6
	荷兰	3.5	43.0	0.6	30.5
	西班牙	3.4	18.7	0.5	16.6
	泰国	3.1	37.8	0.6	32.4
	菲律宾	3.0	47.8	0.6	32.7

续表

产品	出口市场	出口量	比上年增长	出口额	比上年增长
葵花籽	合计	41.0	38.4	4.7	8.1
	伊朗	11.0	-2.9	1.2	-27.5
	埃及	7.5	58.2	0.7	22.2
	伊拉克	5.3	23.7	0.6	-3.6
	土耳其	4.5	518.7	0.5	413.5
	越南	2.1	-1.9	0.5	3.6
大豆	合计	11.4	-11.2	0.9	-15.3
	韩国	4.3	22.5	0.4	9.1
	日本	2.8	-4.6	0.2	-10.7
	荷兰	1.0	287.8	0.07	205.4
	意大利	0.8	-28.5	0.05	-34.6
	美国	0.8	-72.5	0.06	-70.5

3. 价格变动

从进口价格看，食用油籽平均进口价格比上年上涨1.9%，其中油菜籽、花生进口价格涨幅均超过5%，棉籽、葵花籽进口价格跌幅超过5%。从月度价格变化来看，1月大豆进口价格最高，为每吨434.6美元，比年内最低的7月高出33.2美元。

从出口价格看，食用油籽平均出口价格比上年下跌8.6%。花生、芝麻、葵花籽、大豆、棉籽、亚麻籽等出口价格均下跌，其中棉籽价格下跌幅度最大（见表5-19）。

表5-19 2017年中国主要食用油籽品种进出口价格

单位：美元/吨、%

产品	进口平均价格	比上年上涨	出口平均价格	比上年上涨
大豆	414.9	2.5	815.4	-4.6
油菜籽	455.8	9.0	2965.5	224.3

续表

产品	进口平均价格	比上年上涨	出口平均价格	比上年上涨
芝麻	1031.7	0.4	1922.3	-5.3
花生	764.4	5.8	1862.7	-5.0
葵花籽	388.2	-10.3	1140.4	-21.9
亚麻籽	444.8	2.3	1369.3	-7.8
棉籽	320.0	-8.4	4612.4	-52.9

4. 自给率变动

2017 年，全国食用油籽总产量 5187 万吨，比上年增产 5.7%。全年食用油籽净进口 10090.5 万吨，自给率为 34%，比上年下降 1.6 个百分点，其中大豆自给率为 13.2%。

（二）主要影响因素

1. 大豆内外价差较大、国内需求增加和进口成本下降刺激了进口

2017 年，大豆进口量为历史新高，比上年增长 13.8%。主要原因有：一是国内外价差较大。美国、巴西等主产国大豆丰收，国际市场价格进一步走低，全年国内外大豆平均价差为每吨 2595.5 元。二是畜禽生产增长。2017 年，猪牛羊禽肉产量比上年增加 68 万吨，增长 0.8%，拉动了对大豆的需求增长。三是进口成本下降。大豆增值税从 13% 下调到 11% 以及人民币对美元升值，降低了大豆进口成本。

2. 油菜籽内外价差较大、国内产量下降和进口杂质控制政策暂不执行推动了进口快速增长

一是全年国产油菜籽进厂价和加拿大进口油菜籽到港税后价差基本保持在每吨 800—1500 元。

二是国内油菜籽产量 1430 万吨，比上年下降 1.7%。

三是中国宣布暂不执行对输华加拿大油菜籽加强杂质控制的规定，进口明显增加。

五 食糖贸易情况及影响因素

（一）贸易概况

1995—2017 年中国食糖贸易情况见表 5-20。

表 5－20　　　　1995—2017 年中国食糖贸易变化情况

单位：万吨、亿美元

年份	食糖			
	出口量	出口额	进口量	进口额
1995	48.0	1.9	295.4	9.0
1996	66.5	2.5	125.5	3.9
1997	37.9	1.3	78.3	2.3
1998	43.6	1.2	50.8	1.5
1999	36.7	0.8	41.7	0.9
2000	41.5	0.8	64.1	1.2
2001	19.6	0.6	119.9	3.1
2002	32.6	0.8	118.3	2.4
2003	10.3	0.3	77.5	1.7
2004	8.5	0.3	121.4	2.8
2005	35.8	1.1	139.0	3.8
2006	15.4	0.6	136.5	5.5
2007	11.1	0.5	119.3	3.8
2008	6.2	0.3	78.0	3.2
2009	6.4	0.3	106.4	3.8
2010	9.4	0.6	176.6	9.1
2011	5.9	0.5	291.9	19.4
2012	4.7	0.4	374.7	22.4
2013	4.8	0.4	454.6	20.7
2014	4.6	0.4	348.6	14.9
2015	7.5	0.5	484.6	17.7
2016	14.9	0.8	306.2	11.7
2017	15.8	0.9	229.0	10.8

由表 5－20 可知，2017 年，中国食糖进口下降，出口增加。其中，进口量 229 万吨，下降 25.2%；进口额 10.8 亿美元，下降 7.7%。出口量 15.8 万吨，增长 6%；出口额 0.9 亿美元，增长 12.5%。

1. 产品结构

进口食糖主要是原糖（未加香料或着色剂的其他甘蔗糖）和砂糖。其中，原糖进口量182.2万吨，与上年相比，下降30.4%，占中国食糖进口总量的79.5%。砂糖进口量45.8万吨，与上年相比，增长18.4%，占中国食糖进口总量的20%。其他食糖产品中，除未加香料或着色剂的甜菜原糖进口增加170.9吨以外，其余产品进口明显下降。

出口食糖主要是砂糖、未列名精制糖和原糖，出口量分别为9.3万吨、3.4万吨和2.5万吨（见表5-21），分别占食糖出口总量的58.9%、21.7%和15.7%，与上年相比，分别增长68.8%、下降58.2%和增长4.7倍。

表5-21　　2017年中国食糖及其产品贸易情况

单位：万吨、亿美元、%

产品	进口量	出口量	净进口量	净进口量比上年增长	进口额	出口额	净出口额	净出口额比上年增长
食糖	229.0	15.8	-213.3	-78.0	10.8	0.9	-9.9	-1.0
原糖	182.2	2.5	-179.7	-81.7	8.3	0.11	-8.2	-1.2
砂糖	45.8	9.3	-36.5	3.3	2.4	0.49	-1.9	0.2
绵白糖	0.6	0.6	0	0	0.03	0.03	0	0
未列名精制糖	0.5	3.4	-2.9	-0.4	0.03	0.27	0.24	0.02

2. 贸易区域

2017年，中国食糖前五大进口来源地分别是巴西、古巴、泰国、韩国和澳大利亚（见表5-22）。其中，巴西仍为中国食糖进口第一大来源国，进口量为79万吨，占中国食糖进口量的34.5%。与上年相比，从巴西、古巴、韩国和澳大利亚的食糖进口量分别下降60.3%、7.9%、7.6%和8.4%，从泰国进口量增长61.1%。

表 5－22　　2017 年中国食糖主要进口来源地

单位：万吨、亿美元、%

主要进口来源地	进口量	进口量比上年增长	进口量占进口总量的比重	进口额	进口额比上年增长	进口额占进口总额的比重
巴西	79.0	－60.3	34.5	3.7	－47.5	34.3
古巴	40.2	－7.9	17.6	2.1	19.6	19.4
泰国	28.9	61.1	12.6	1.4	63.3	13.0
韩国	18.2	－7.6	7.9	1.0	－1.7	9.4
澳大利亚	18.1	－8.4	7.9	0.7	－0.4	6.4

2017 年，中国食糖前五大出口市场为朝鲜、蒙古、中国香港、越南和美国，出口量分别为 6.8 万吨、3.3 万吨、2.2 万吨、1.5 万吨和 0.5 万吨；与上年相比，分别增长 53.9 倍、下降 0.2%、下降 9.6%、增长 293.6 倍和增长 19.9%。

3. 价格变动

2017 年，全球食糖供给充足，糖价低迷。食糖价格从 1 月的每吨 448 美元持续下降至 6 月的 306 美元，为 2016 年 3 月以来最低水平。之后，食糖价格维持在每吨 320 美元左右。

中国进口食糖的月度平均价格先升后降，4 月最高，为每吨 529 美元；10 月最低，为每吨 386 美元。全年进口食糖平均价格为每吨 471 美元，比上年上涨了 23.2%。

4. 自给率变动

2017 年，国内糖料种植面积为 168 万公顷，比上年减少 1 万公顷；成品糖产量为 1470.6 万吨，比上年增长 1.9%。全年净进口量 213.3 万吨，食糖自给率为 87.3%，比上年上涨 4.1 个百分点。

（二）主要影响因素

1. 国际食糖供给充足，价格下降，食糖进口压力加大

2017 年，巴西、印度、泰国等主产食糖产量增加，全球食糖消费增速下滑，食糖供需形势发生转换。据估计，2017 年食糖供给由上年

缺口170万吨转为过剩500万吨，全球食糖库存继续增加。国际食糖价格由1月的每吨448.2美元下降至10月的每吨316.1美元，下降29.5%，加大了我国的进口压力。

2. 对进口食糖采取保障措施，有效地缓解了进口压力

为应对进口食糖数量增加对中国食糖产业造成的冲击，2017年5月22日，商务部发布《关于对进口食糖采取保障措施的公告》，裁定食糖进口对国内产业造成了严重损害，对配额外进口食糖征收保障措施关税，实施期限为2017年5月22日至2020年5月21日。保障措施实施后，2017年配额外食糖关税税率由50%增加到95%，缩小了国内外食糖价差，食糖进口下降。

六　水产品贸易情况及影响因素

（一）贸易概况

1995—2017年中国水产品贸易情况详见表5－23①。

表5－23　　1995—2017年中国水产品贸易情况　　单位：亿美元

年份	出口额						进口额			
	水产品	其中					水产品	其中		
		贝类及软体动物	罗非鱼	对虾	螃蟹	鳗鱼		饲料用鱼粉	鳕鱼	墨鱼及鱿鱼
1995	32.9	5.7		1.5	1.4	0.8	9.6	3.3	0.9	0.4
1996	30.3	5.1		0.5	1.2	0.5	12.1	5.7	1.0	0.5
1997	31.5	4.5		0.6	1.0	7.9	12.1	6.3	1.2	0.3
1998	28.4	3.8		0.5	0.9	6.8	10.3	3.1	2.6	0.3
1999	31.3	4.2		0.5	1.0	6.9	13.0	3.6	2.8	0.6
2000	38.2	4.5		0.9	1.3	7.7	18.5	5.7	3.4	1.4
2001	41.7	4.8		1.1	1.6	6.6	18.7	4.8	4.3	1.2
2002	46.8	5.8	0.5	1.5	2.1	6.2	22.8	6.3	5.5	1.2
2003	54.7	5.5	1.0	2.4	2.7	5.3	24.9	5.2	6.1	0.9

① 这里的数据来自《2018年中国农产品贸易发展报告》，与第六章来自UN Database的数据略有差异。

续表

年份	出口额						进口额			
	水产品	其中					水产品	其中		
		贝类及软体动物	罗非鱼	对虾	螃蟹	鳗鱼		饲料用鱼粉	鳕鱼	墨鱼及鱿鱼
2004	69.5	6.7	1.6	2.7	3.8	8.6	32.4	7.6	7.6	1.7
2005	79.0	6.3	2.3	2.1	3.4	7.5	41.2	10.8	10.2	1.7
2006	93.6	6.8	3.7	1.1	3.9	7.4	43.0	9.4	10.1	2.3
2007	97.5	6.8	4.9	0.5	3.8	6.8	47.2	10.1	10.6	2.7
2008	106.7	7.2	7.3	0.5	4.8	5.6	54.1	14.0	8.8	3.5
2009	108.0	10.8	7.1	5.3	4.3	5.4	52.6	13.0	4.7	2.8
2010	138.3	16.6	10.1	6.8	5.2	8.0	65.4	16.6	5.4	3.3
2011	177.9	21.6	11.1	7.9	8.8	10.9	80.2	17.5	7.6	5.0
2012	189.8	36.1	11.6	14.3	10.8	12.0	80.0	16.9	15.7	5.3
2013	202.6	42.2	14.5	17.1	10.8	10.5	86.4	16.7	15.8	5.6
2014	217.0	49.3	15.2	17.4	12.0	10.0	91.9	15.6	16.9	6.2
2015	203.3	49.5	13.0	12.1	12.1	9.9	89.8	17.9	14.8	4.5
2016	207.4	51.0	12.2	14.3	10.9	9.1	93.7	16.1	14.8	3.2
2017	211.5	51.5	7.1	15.3	11.1	0.1	113.5	22.2	16.4	6.0

注：2001 年以前罗非鱼没有单独税码。

由表 5－23 可以看到，2017 年，中国水产品贸易总额比上年增长 7.9%，总量增长 11.6%。其中，出口 211.5 亿美元，增长 2%，出口量 433.9 吨，增长 2.4%；进口额 113.5 亿美元，增长 21%，进口量 489.7 万吨，增长 21.2%。贸易顺差 98 亿美元，同比减少 15.6 亿美元。

1. 产品结构

（1）出口产品。国内自产资源出口水产品中，头足类（墨鱼、鱿鱼、章鱼）、对虾、贝类、罗非鱼和蟹类等养殖捕捞水产品仍是一般贸易主要出口品种，出口额占一般贸易出口总额的 55.3%。其中，头足类、对虾、罗非鱼和蟹类出口量额均增，贝类出口量额均降（见表 5－24）。

表 5－24　2017 年中国自产资源水产品一般贸易主要出口品种

单位：万吨、亿美元、%

出口品种	占水产品一般贸易出口额的比重	2017 年		比上年增长	
		数量	金额	数量	金额
头足类	21.1	49.9	33.1	5.6	6.2
对虾	12.2	16.3	19.1	4.6	8.4
贝类	8.4	23.5	13.2	－10.7	－7.6
罗非鱼	7.9	40.8	12.4	3.5	1.2
蟹类	5.7	6.5	9.0	3.7	3.5

来进料加工及来料加工装配贸易出口量减额增。其中，出口额 52.6 亿美元，比上年增长 2.8%，占水产品出口总额的 24.9%，比上年下降 0.2 个百分点；出口量 108.1 万吨，比上年下降 2.9%。来料加工出口量下降较多，进料加工出口额增长较多。

（2）进口产品。水产品进口额 113.5 亿美元，比上年增长 21.0%；进口量 489.7 万吨，增长 21.2%。主要分为一般贸易方式进口（主要供国内食用）、来进料加工原料、来料加工装配贸易进口产品。其中，一般贸易方式进口额 64.7 亿美元，进口量 256.6 万吨，分别增长 28.1% 和 38.8%。来进料加工原料进口额 18.3 亿美元，增长 7.9%；进口量 83.5 万吨，下降 5.4%。来料加工装配贸易进口额 6.6 亿美元、进口量 21.3 万吨，分别增长 14.3% 和下降 3.3%（见表 5－25）。

2. 贸易区域

（1）出口市场。日本、美国、东盟、欧盟和中国香港是中国水产品的主要出口目的地（见表 5－26）。2017 年，对东盟出口额略降，其中对泰国出口量额分别减少 29.2% 和 24.8%，主要是贝类、鲜冷冻鱼类等出口下降。对印度尼西亚出口量额分别增长 92.5% 和 82%，主要是鲭鱼出口大幅增长。对中国香港出口量额分别下降 13.8% 和 7.8%，主要是活鱼、头足类等出口量额大幅下降。对韩国出口量额分别下降 9.7% 和 3.6%，主要是鲜冷冻鱼类出口量额大幅下降。

表 5-25　　2017 年中国水产品主要贸易方式

单位：万吨、亿美元、%

贸易方式	出口				进口			
	出口量	比上年增长	出口额	比上年增长	进口量	比上年增长	进口额	比上年增长
合计	433.9	2.4	211.5	2.0	489.7	21.2	113.5	21.0
一般贸易	307.0	1.6	156.4	1.3	256.6	38.8	64.7	28.1
来进料加工原料	88.9	-2.5	40.4	2.9	83.5	-5.4	18.3	7.9
来料加工装配贸易	19.2	-4.6	12.2	2.2	21.3	-3.3	6.6	14.3

（2）进口来源地。俄罗斯、美国、秘鲁、东盟和加拿大是中国水产品的主要进口来源地（见表 5-26），2017 年，从上述市场进口额均有不同程度的增长。其中，从秘鲁进口量额比上年分别增长 96.5% 和 78.4%，主要是饲料用鱼粉进口量额大增，占从秘鲁水产品进口总额的 86%。

表 5-26　　2017 年中国水产品主要出口市场和进口来源地

单位：亿美元、%

出口			进口			占水产品进出口额比重	
市场	金额	比上年增长	来源地	金额	比上年增长	出口	进口
日本	38.5	3.9	俄罗斯	15.5	2.8	18.2	13.7
美国	32.2	5.9	美国	15.1	21.3	15.2	13.3
东盟	27.3	-2.8	秘鲁	14.9	78.4	12.9	13.2
欧盟	23.7	2.3	东盟	14.3	13.7	11.2	12.6
中国香港	18.6	-7.8	加拿大	7.5	22.6	8.8	6.6

3. 价格变动

2017 年，水产品综合出口平均价格每吨 4873.6 美元，比上年下跌 0.4%；一般贸易方式出口平均价格每吨 5094.8 美元，下跌 0.3%。

2017 年，主要品种一般贸易出口平均价格有涨有跌。其中，头足类上涨 0.5%，对虾上涨 3.6%，贝类上涨 3.4%，大黄鱼上涨 4.1%；罗非鱼下跌 2.2%，蟹类下跌 0.2%，鳗鱼下跌 3.5%，鲭鱼下跌 0.1%。

2017 年，进口水产品综合平均价格每吨 2315 美元，比上年增长 0.1%。一般贸易方式进口平均价格每吨 2523.1 美元，下降 7.7%；来进料加工原料进口平均价格每吨 2370.8 美元，上涨 15.3%。

（二）影响因素

1. 关税下降一定程度上拉动了进口增长

从 2017 年 1 月 1 日起，中国对 822 项进口商品实行较低的暂定税率，其中包括 60 项农产品，涉及水产品、园艺产品、动物产品和加工食品。2017 年 11 月，财政部公布了《国务院关税税则委员会关于调整部分消费品进口关税的通知》，规定降低包括 8 个水产品品种在内的部分消费品关税，自 2017 年 12 月 1 日开始正式降税。冻大鱼及多瑙哲罗鱼、冻毛鳞鱼（但食用杂碎外）、其他冻蟹三类商品关税税率由原来的 10% 降至 5%；冻的北方长额虾、冻的其他小虾两类商品由原来的 5% 降至 2%；其他活鲜冷的蟹和活鲜冷的其他鲍鱼两类商品均由 14% 降至 7%；降税幅度最大的是活鲜冷的其他礁岩虾和其他龙虾，关税由 15% 降为 5%。

2. 渔业企业结构调整和动力转换加快，外贸竞争力提高

2017 年，随着渔业供给侧结构性改革深入，一大批企业从供给侧发力，坚持创新驱动，加快转动能、调结构，着力培育以技术、品牌、质量、服务、标准为核心的外贸竞争新优势，产品附加值和品牌影响力进一步提升。水产品精深加工比例明显提高，高附加值产品出口量额保持较快增长，同比分别增加 6.1% 和 13.1%，有力地促进了水产品的出口增长。

第六章　我国大宗农产品贸易的障碍因素与发展潜力分析

第一节　我国大宗农产品贸易存在的主要障碍

近年来，由于科技的进步、工业的发展，工业制成品的国际贸易量在不断增加，给大宗农产品贸易的发展带来了挑战。世界人口的不断增长以及随着世界贸易组织给农产品市场带来的深化开放格局使大宗农产品贸易仍然具有举足轻重的地位。我国的农业发展由于受到了生产力、生产结构等的影响，和一些发达国家的大宗农产品贸易有较大的差距。我国的大宗农产品贸易中存在着贸易逆差、绿色壁垒等问题，亟待解决。

一　我国大宗农产品贸易存在的主要问题

（一）我国大宗农产品贸易逆差额依然较大

我国2005年贸易逆差额为11.3亿美元，2006年贸易逆差额为9.6亿美元，缩小了贸易差额。从2007年的40.8亿美元增加到了2008年的181.6亿美元，增速较快。2009年，我国农产品贸易逆差为129.6亿美元，比2008年减少52亿美元。2010—2013年，贸易逆差增长到了510.4亿美元，创历史最高，呈现逐年增长态势。2017年，中国农产品贸易逆差为5032亿美元，比2016年增加了41.2亿美元。

从单个大宗农产品来看，2017年，我国谷物贸易逆差56.9亿美元，比上年增加4.1亿美元。食用油籽贸易逆差413.8亿美元，比上年增加 57. 7 亿美元，在大宗农产品中居第一位。食用植物油贸易逆差为 54. 5 亿美元。畜产品贸易逆差 192. 6 亿美元，在大宗农产品中居第二位。

总体来看，我国大宗农产品贸易逆差额仍旧较大，且出现波动，而且有可能呈现不断增加的趋势。在世界市场以及国际政治经济形式多变的情形下，我国对大宗农产品贸易的进出口把握难度加大。

（二）我国大宗农产品贸易结构不合理

我国大宗农产品贸易中出口产品多为初级加工农产品，深加工以及精加工的农产品较少，且种类较单一，缺乏一定的竞争优势，不能形成较大的贸易体系。我国用于农产品加工的机械设备较落后，在技术、设备、人才、管理上与发达国家有较大差距，造成了大宗农产品的低附加值、竞争力不强、出口受阻等。

我国大宗农产品贸易结构存在不均衡问题，出口的大宗农产品主要集中在具有相对优势的农产品上，例如，水果、蔬菜、水产品等。由于我国劳动力价格相对低廉，使一些大宗农产品具有相对进口国较低的价格，形成出口优势。在国内，随着经济的快速发展，人民生活水平日益提高，对于一些高蛋白的食品需求量较大，如进口奶粉、畜产品等，在一定程度上冲击了我国相关产业的发展。

此外，由于我国大豆的产油量相对较低，企业生产成本较高，而大豆油又是我国居民油类消费中最多的品种，国产大豆油不能满足消费者的需求，造成了大豆的进口量猛增。同时，由于我国养殖业的发展，对于饲料的需求增加，作为生产原料的大豆的进口量也随之增加。这就使我国对于油料产品、乳产品等的进口量迅速增加，从而造成了我国大宗农产品贸易逆差的出现。

（三）遭受反倾销诉讼较为严重

在世界农产品贸易中，很多国家为了保护本国的农产品发展，实施了一些农产品贸易壁垒来制约他国的农产品在本国的发展。近年来，我国遭受的反倾销案件是世界上最多的国家，对我国进行反倾销的国家主要集中在发达国家，发展中国家也在增多。这对于我国的农产品贸易来说极为不利。屡次接到他国对我国的农产品反倾销案件，使我国不仅要损失一部分应诉经费，影响我国大宗农产品的国际信誉，还会给农产品企业带来巨大的经济损失，使我国出口的一部分大宗农产品丢失甚至失去市场。相反，在我国，使用农产品反倾销的企业很少，无形中为他国的农产品争得了一定的国内市场。

需要指出的是，反倾销本身是一种合法正常的贸易行为，具有一定的法律规范。近些年来，我国的经济处于快速发展的阶段，即使经济危机的爆发也未能阻碍我国经济的发展，这让一些国家压力倍增。同时，一直以来，我国的市场经济地位没有得到很多国家的认可，美国、欧盟、日本等贸易大国认为，我国是非市场经济国，这样，在进行反倾销追查时，不采用我国的正常价格，而是使用“第三国”的价格，对我国反倾销案件的彻查不利，在一定程度上损害了我国大宗农产品出口企业的利益，也使一部分的市场削弱甚至消失。

二　我国大宗农产品贸易问题的原因分析

（一）人民币升值带来进口的增加，抑制了大宗农产品的出口

人民币的升值主要源于两个方面：一是外在压力；二是内部动力。我国 GDP 的持续较快增长，经济的繁荣带来了大量的资本流入，造成了我国外汇储备的增加，从内部促使我国人民币汇率提高。2008年国际金融危机席卷了整个中国，美国经济出现了疲软的状态，强化了人民币的升值预期。人民币升值，对于我国来说，影响最大的就是我国的进出口贸易额，农产品贸易也不例外。从 2005 年至今，人民币总体处于升值状态。由于人民币升值使我国的大宗农产品进口价格不断降低，刺激了农产品进口的增加；同时，农产品出口价格显现出不断增加的趋势，抑制了大宗农产品出口，进出口变化的不平衡影响了国际收支，从而造成了大宗农产品贸易逆差。现实的供求关系导致我国的大宗农产品进口不断增加，而出口量受到了挤压，造成了大宗农产品贸易逆差格局的形成。

（二）我国部分大宗农产品存在质量安全问题

近年来，我国出现了几起较大型的食品问题，如三氯氰胺问题、“瘦肉精”事件等。食品安全问题使外国进口商感到了恐惧，造成了我国大宗农产品出口量的下降，导致了贸易逆差的产生。

（三）绿色壁垒对我国大宗农产品出口的影响较大

作为一个农业大国，我国的大宗农产品在生产、销售等环节有很多不足的地方，在技术、环保等方面和一些发达国家存在一定的差距。因此，在绿色壁垒的限制下，我国大宗农产品的出口在不同程度上受到了限制。在一些发达国家中，绿色壁垒的设置门槛较高，但是，由于我国各方面的科学技术、知识技能以及环保意识等的薄弱，造成我国进口商品的绿色标准的限制较低，进口量大，一定程度上促进了大宗农产品贸易逆差的形成。

（四）经济技术制约了我国大宗农产品的发展

我国作为一个发展中国家，无论是经济实力还是技术创新能力都与发达国家存在着较大的差距。在农业生产方面，美国集机械化、集约化、规模化以及知识化于一体。而我国，人多地少，农户家庭的土地经营规模较小，农业劳动生产率低。我国的农业很大一部分是农户自主经营，农业技术水平较低，未能有效形成规模效应，农产品的集约化程度低。同时，我国出口的大宗农产品中，由于农产品生产加工企业受到资金的制约，用于加工农产品的机械设备较落后，从业人员知识技术较低，使农产品的附加值低。由于大宗农产品未能进行深加工，所以，初级产品的经济价值明显要低于深加工的农产品，竞争力也随之下降。

第二节　我国大宗农产品出口贸易潜力分析
——以水产品为例[①]

一　我国水产品出口现状

改革开放以来，我国水产品出口获得了快速发展。从 2000 年开始，水产品跃居我国大宗农产品出口首位，水产品出口金额占农产品

① 鉴于中国历年来都是水产品净出口国，因此，分析中国水产品的出口贸易潜力具有非常重要的意义。

出口总额的30%以上。2010 年，我国水产品出口总额达 132. 09 亿美元，比上年增长了 29. 21%。2017 年，我国水产品出口首次超过 200 亿美元，达到 215 亿美元，增长 2%；进口 113. 5 亿美元，增长 21%；贸易顺差 98 亿美元，比上年减少 15. 6 亿美元，居大宗农产品第二位。

值得注意的是，虽然我国水产品出口的贸易伙伴达到 130 多个，但是，出口市场主要集中在日本、美国、中国香港地区和韩国。从 2017 年的情况来看，日本市场占中国水产品出口额的 18. 21%，前三大出口市场所占份额达到 42. 28%，前十大出口市场所占份额达到 67. 21%（见表 6 – 1）。中国水产品出口对个别市场的过分依赖，不仅导致近年来水产品贸易壁垒增加，也限制了我国水产品今后的出口潜力。因此，我国迫切需要实现水产品出口市场的多元化。但是，我国水产品究竟应该如何调整出口市场结构？哪些市场的出口容量已经饱和？哪些市场尚有潜力可挖掘？下面利用扩展型贸易引力模型为我国水产品进行出口潜力测度，回答上述问题，为我国水产品出口市场结构优化提供现实依据。

表 6 – 1　　2017 年我国水产品出口前十大市场 单位：百万美元、%

出口市场	出口金额	占全部水产品出口比重
日本	3715. 91	18. 21
美国	3119. 59	15. 29
中国香港	1792. 02	8. 78
韩国	1571. 88	7. 70
泰国	798. 83	3. 91
菲律宾	654. 90	3. 21
马来西亚	539. 92	2. 65
墨西哥	466. 26	2. 28
俄罗斯	435. 14	2. 13
加拿大	424. 32	2. 08

资料来源：UN COMTRADE Database；SITC Reversion 3。

二　水产品出口的引力模型构建

引力模型源自万有引力定律，认为两物体间引力的大小与它们的质量乘积成正比，与它们距离的平方成反比。艾萨德和佩克（Isard and Peck，1954）与贝克曼（Beckerman，1956）凭直觉发现地理位置靠近的国家越容易发生大规模贸易。廷伯根（Tinbergen，1962）和Poyhonen（1963）提出了贸易引力模型，并进一步验证了两国贸易规模与其经济规模的正比关系和与空间距离的反比关系。

林嫩曼（Linnemann，1966）开创性地在贸易引力模型中加入了人口和贸易政策变量。赫尔普曼和克鲁格曼（Helpman and Krugmank，1985）、Bergstrand（1985）、Chen 和 Wall（1999）与 Egger（2005）对贸易引力模型的计量方法进行了改进，有力地推进了贸易引力模型的发展。Moghaddam、Masoud、Ratha、Artatrana（2011）运用引力模型和 1980—2006 年的面板数据分析了土耳其对 11 个欧盟成员国的贸易潜力。Esmaeili 和 Abdoulkarim（2011）利用引力模型分析了伊朗农产品贸易潜力。Nuroglu 和 Elif（2011）分析了波斯尼亚和黑塞哥维那的贸易流量。

在借鉴国外研究的基础上，刘清峰（2002）利用引力模型研究了我国双边贸易流量的影响因素。盛斌（2004）运用贸易引力模型研究了各新兴市场出口贸易的影响因素。林玲（2004）、曹宏成（2007）、王可（2008）研究了 APEC 对我国进出口贸易的影响，认为 APEC、人均 GDP、距离、GDP 对我国出口贸易的影响最大。姜书竹（2003）、侯铁珊（2006）、单文婷（2006）、吴丹（2008）以及陈雯（2009）的研究验证了中国—东盟自由贸易区对其成员间贸易的促进作用。田晖、蒋辰春（2012）引入 Hofstede 国家文化维度建立了中国对外贸易引力模型，并研究了国家文化距离对中国对外贸易的影响。陈雯、李佳璐（2012）运用引力模型考察了我国制造业整体以及 26 个分行业出口的本地市场效应。张会清、唐海燕（2012）基于扩展引力模型面板数据计量方法测算了后危机时期中国的出口潜力并揭示了我国出口潜力的地区分布以及历史演变特征。田晖等（2012）引入文化维度建立了引力模型并分析了国家文化差距对我国外贸的影响。王铭欣（2013）利用贸易引力模型，基于企业异质性理论分析了我国私营企业产品出口的 FOB 价格与目的地地理特征之间的关系。韩金红（2013）利用 1991—2010 年的面板数据，构建引力模型，实证分析了东亚区域内最终产品需求的影响因素，发现经济总量、区域性贸易协定、人均 GDP 差额绝对值起着显著的促进作用，而人口规模、地理距离则起着阻碍作用。王晓珊（2014）构建了引力模型来测算我国入境旅游的影响因素，发现文化距离和汇率对中国入境旅游的影响不显著，客源国家和我国的国内生产总值、奥运会和世博会的召开有正向影响，而空间距离、非典、我国旅游产品的价格、国际金融危机则起着阻碍作用。

由此可见，贸易引力模型已获得广泛认可，但现有相关成果的研究对象多数集中在国与国之间的综合贸易上，在我国水产品中的应用并不多见。因此，本书将基于我国水产品出口贸易实际，将进口国（地区）的经济总量、我国渔业生产总值、贸易距离、是否 APEC 成员、进出口国人均收入水平差异、文化差异因素纳入分析框架，建立扩展型贸易引力模型，利用 1992—2017 年的面板数据，实证分析中国水产品出口的影响因素并对其出口潜力进行测度，为我国水产品出口市场结构调整奠定坚实基础。

具体来说，笔者将影响我国水产品出口的因素分为进口国（或地区）经济规模、出口国经济规模、进口国（或地区）与出口国（或地区）人均收入水平差异、进口国（或地区）与中国的空间距离、进口国（或地区）华裔人口数量和是否 APEC 成员，并根据这六个因素构建扩展型贸易引力模型。

1. 进口国（或地区）经济规模

进口国（或地区）的经济规模越大，对国外产品的需求越大，就越有能力进行进口贸易。

据此提出假设 6 - 1：进口国（或地区）的经济规模与我国水产品出口规模呈正相关关系。

2. 出口国经济规模

诸多文献已证明，经济规模越大的国家，越有能力创造财富，因此，出口国经济规模可代表供给能力。由于水产品属于产业细分下的子行业，所以，本书用渔业生产总值来代表出口国经济总量，表示中国水产品的生产供给能力。

据此提出假设6－2：中国渔业生产总值与我国水产品出口规模呈正相关关系。

3. 进口国（或地区）与出口国（或地区）人均收入水平差异

我国是发展中国家，人均收入水平和劳动力资源成本均比较低。而我国水产品的进口方多为发达国家（或地区），我国与贸易伙伴的人均收入水平差可以促进垂直型水产品贸易。

据此提出假设6－3：进口国（或地区）和中国人均收入水平的差异与我国水产品出口额呈正相关关系。

4. 进口国（或地区）与中国的空间距离

如前所述，空间距离与贸易规模负相关。根据桑德伯格（H. Sandberg，2006），交易成本与空间距离呈正相关关系，因此，交易成本与贸易规模也呈负相关关系。

据此提出假设6－4：进口国（或地区）与中国的空间距离与我国水产品出口规模呈负相关关系。

5. 进口国（或地区）的华裔人口数量

在贸易领域内，贸易伙伴的华人华侨数量被认为是促进我国出口贸易的重要因素之一，进口国（或地区）的华裔人口数量越多，则该国（或地区）对我国水产品的认知和需求度越高，越有利于我国水产品的出口。

据此提出假设6－5：进口国（或地区）的华裔人口数量与我国水产品出口规模呈正相关关系。

6. 是否APEC成员

相关文献表明，中国内地相对香港、澳门和APEC[①]大多数成员，

① 亚太经合组织（APEC）成立于1989年，中国于1991年加入，是较早加入APEC的成员。可以说，中国区域一体化进程从1992年以后才逐步显现出来，因此，本书实证分析时选择了1992年以后的面板数据。

依然属于经济落后地区。后文纳入分析的42个我国水产品贸易伙伴中，有15个属于APEC成员。

因此，可根据“林德效应”提出假设6－6：APEC与我国水产品出口规模呈正相关关系①。

根据以上因素，可构建我国水产品出口的扩展型贸易引力模型。即认为我国水产品出口规模由进口国（或地区）经济规模、我国渔业经济规模、进口国（或地区）与我国的人均收入差、进口国（或地区）与我国的距离、进口国（或地区）的华裔人口数以及APEC制度安排等因素决定，最终得到以下方程：

$$\ln(EXP_{it}) = \alpha_1 \ln(GDP_{it}) + \alpha_2 \ln(GDPY_{jt}) + \alpha_3 \ln(\overline{GNI_{ij}}) + \alpha_4 \ln(DIS_{ij}) + \alpha_5 \ln(Cult_{ij}) + \alpha_6 (APEC) + \mu \quad (6-1)$$

方程（6－1）即为我国水产品出口的扩展型贸易引力模型。式中：EXP_{it}为被解释变量，用我国t时期对i国（或地区）的水产品出口额表示。解释变量中，GDP_{it}为进口国（或地区）i在t时期的GDP，用来衡量经济规模；$GDPY_{jt}$表示我国在t时期的渔业生产总值，用来衡量我国渔业经济规模；$\overline{GNI_{ij}}$代表进口国（或地区）与我国的人均收入差；DIS_{ij}代表我国与贸易伙伴的空间距离；$Cult_{ij}$代表进口国（或地区）的华裔人口数量；$APEC$为虚拟变量，如果进口国（或地区）是$APEC$成员则取1，不是$APEC$成员则取0。α_1至α_6为回归系数，μ则为误差项。

三 我国水产品出口的影响因素分析

（一）数据来源和分析方法

利用2017年从我国进口水产品金额靠前的42个贸易伙伴进行分析，样本国（或地区）包括日本、美国、中国香港、韩国、德国、俄罗斯、西班牙、马来西亚、加拿大、英国、墨西哥、印度尼西亚、澳大利亚、法国、菲律宾、巴西、荷兰、泰国、比利时、意大利、葡萄牙、波兰、新加坡、越南、瑞典、乌克兰、丹麦、以色列、南非、希

① 该假设表明APEC组织的成立促进了我国水产品产业间贸易或垂直型产业内贸易的发展。

腊、朝鲜、埃及、多米尼加、中国澳门、尼日利亚、新西兰、阿拉伯、阿尔及利亚、挪威、立陶宛、土耳其、白俄罗斯。这些贸易伙伴遍布亚洲、北美洲、欧洲、非洲、大洋洲、南美洲，且 2017 年中国对这 42 个国家（地区）的水产品出口金额达到了 197.37 亿美元，占我国水产品出口总额的 91.81%，因此，选择这 42 个贸易伙伴能够较为准确地反映我国水产品出口状况。

为了有效地避免横截面数据的偶然性，下面采用 1992—2017 年的面板数据，使用 Eviews 5.0 进行扩展型贸易引力模型的多元线性回归分析。

回归分析所需数据来源如下：变量 EXP_{it}来自联合国贸易数据库 UN COMTRADE Database，SITC Reversion 3；变量 GDP_{it}、历年各国（或地区）人均收入的数据来自世界银行数据库 www. worldbank. org. cn；变量 $GDPY_{jt}$来源于《中国统计年鉴》；变量 DIS_{ij}来自 http：// www. hjqing. com/find/jingwei/的经纬度查询系统；变量 $Cult_{ij}$来自各国（或地区）最新的人口普查数据。

（二）实证分析结果

笔者借助 Eviews 5.0，运用 OLS 法，采用 1992—2017 年的面板数据对方程（6－1）进行多元回归分析，研究结果见表 6－2。

表 6－2　　方程（6－1）的统计回归结果

变量	系数	标准差	t 值	P 值
$\ln GDP_{it}$	1.1169	0.0335	20.534	0.0000
$\ln GDPY_{jt}$	1.4981	0.0531	18.561	0.0000
$\ln \overline{GNI}_{ij}$	0.4672	0.0942	4.9688	0.0000
$\ln DIS_{ij}$	－0.8323	0.0318	－7.6446	0.0000
$\ln Cult_{ij}$	－0.0631	0.0139	－1.6089	0.0728
APEC	0.3961	0.1569	2.697782	0.0098

由表 6－2 可以看出，变量“进口国（或地区）的华裔人口数量”没能通过显著性水平检验，因为 P 值为 $0.0728 > 0.05$，而且系数为

负。导致这一结果的原因是研究样本中包含中国香港和中国澳门，中国香港和中国澳门的华裔人口非常多。另外，中国香港的贸易绝大部分属于转口贸易，因此，第二次实证分析时将中国香港和中国澳门排除在外，新的研究样本为40个国家①。再次对方程（6－1）进行回归分析，得到的回归结果见表6－3。

表6－3　方程（6－1）的最终回归结果

变量	系数	标准差	t值	P值
$lnGDP_{it}$	1.3299	0.0836	20.114	0.0001
$lnGDPY_{jt}$	2.1705	0.0562	17.432	0.0000
$\ln \overline{GNI}_{ij}$	0.7901	0.0762	6.8171	0.0000
$lnDIS_{ij}$	－0.7893	0.0415	－16.231	0.0000
$lnCult_{ij}$	0.4728	0.0257	3.3191	0.0012
APEC	0.4279	0.0395	4.9564	0.0000

修正后的方程的拟合优度非常好，回归方程调整的 R^2 为0.918876，F值达到479.32。由表6－3可以得出以下结论：

（1）进口国（或地区）经济规模（$lnGDP_{it}$）通过了显著性水平检验，且回归系数为正，这与假设6－1相符合。进口国（或地区）经济规模的弹性估计值为1.3299，是影响我国水产品出口的第二重要因素。它表明进口国（或地区）GDP每增加1%，将从我国多进口1.33%的水产品。我们从中可以得到的重要启示为：拓展我国水产品出口时应尽量选择经济规模大且稳定发展的国家（或地区）。

（2）我国渔业生产总值（$lnGDPY_{jt}$）对我国水产品出口通过了显著性水平检验且回归系数为正，这与假设6－2相符。我国渔业生产总值的弹性估计值为2.1705，是对我国水产品出口影响最大的因素。这说明渔业生产总值每增加1%，将带动我国水产品出口增加

① 2017年，中国对这40个样本国家的水产品出口额达到了189.6亿美元，占全部水产品出口额的比重为88.2%，因此，选择这40个样本国家依然能够较为全面地反映我国水产品出口的真实情况。

2.17%。这一结论的重要启示是：我国水产品出口增加比重超过了其产值增加的比重，说明水产品是我国具有出口资源禀赋优势的产业，今后要加大扶持力度，继续挖掘其出口潜力。

（3）进口国（或地区）与我国的人均收入水平差异（$\ln \overline{GNI_{ij}}$）通过了显著性水平检验且回归系数大于零，表明贸易伙伴与我国的人均收入差异促进了我国水产品出口，这与假设6-3相一致。进出口国（或地区）人均收入差异的弹性估计值为0.7901，为我国水产品出口的第三大影响因素。这说明进出口国（或地区）的人均收入差异每增加1%，我国水产品出口将增加0.79%。需要指出的是：这一结论表明我国水产品贸易仍以产业间贸易或垂直型产业内贸易为主，我国需要继续提高出口水产品质量和附加值。

（4）进出口国（或地区）与中国的空间距离（$\ln DIS_{ij}$）与我国水产品出口额呈反向关系且通过了显著性水平检验，这与假设6-4相一致。水产品作为特殊的出口产品，贸易距离越远，则越不利于水产品的保鲜和储藏，因此，贸易距离与水产品出口额呈负相关关系的结论与实际情况相符。

（5）进口国（或地区）华裔人口数量（$\ln Cult_{ij}$）通过了显著性水平检验且回归系数为正，表明进口国（或地区）华裔人口数量与我国水产品出口呈正相关关系，与假设6-5相符。这个结论很好理解：进口国（或地区）华裔人口数量越多的国家越容易形成与我国国内类似的消费偏好，对我国水产品的认同程度更高，因此，越容易从我国进口水产品。

（6）APEC组织虚拟变量的回归系数为正数，且通过了显著性水平检验，与假设6-6相符。说明APEC组织对推进我国水产品贸易起到了正向作用，只是推动更多的是产业间贸易或垂直型产业内贸易，该结论也从另一个角度印证了假设6-3的正确性。

四　我国水产品出口潜力预测

在进行出口潜力分析时，常见的办法是利用贸易引力模型计算出口潜力的理论值，然后和实际的出口值相比较来判断贸易空间。

根据方程（6-1）的最终回归结果（见表6-3），可以得到测算我国水产品出口潜力理论值的方程为：

$$\ln(EXP_{it}) = 1.3299\ln(GDP_{it}) + 2.1705\ln(GDPY_{jt}) + 0.7901\ln(\overline{GNI_{ij}}) - 0.7893\ln(DIS_{ij}) + 0.4728\ln Cult_{ij} + 0.4279APEC \quad (6-2)$$

我国水产品出口潜力预测采用方程（6－2）计算出的理论值除以水产品出口实际值的办法，该比值即为水产品出口潜力指数（EXPPI）：

$$EXPPI = \frac{EXP_i}{(EXP)'_i} \quad (6-3)$$

方程（6－3）中，EXP_i 表示我国对 i 国（或地区）水产品出口的实际值，而（EXP）$'_i$ 表示利用方程（6－2）计算出的我国对 i 国（或地区）水产品出口的理论值。如果出口潜力指数 $EXPPI \geq 1.3$，则表示我国水产品“过度出口”；如果出口潜力指数 $0.9 \leq EXPPI < 1.3$，则表示我国水产品“出口饱和”；如果出口潜力指数 $EXPPI < 0.9$，则表示我国水产品“出口不足”。根据方程（6－2）和方程（6－3）可计算出 2017 年中国对 40 个贸易伙伴的水产品出口潜力指数，具体结果见表 6－4。

表 6－4　2017 年我国对 40 个贸易伙伴的水产品出口潜力指数

国家	波兰	葡萄牙	乌克兰	墨西哥	比利时	丹麦	朝鲜	西班牙
EXPPI	6.27	5.38	4.61	4.06	4.04	3.68	3.19	2.53
国家	土耳其	挪威	荷兰	新西兰	南非	瑞典	以色列	菲律宾
EXPPI	1.99	1.93	1.83	1.76	1.65	1.48	1.33	1.21
国家	越南	德国	澳大利亚	马来西亚	韩国	日本	英国	美国
EXPPI	1.18	1.17	1.09	1.02	0.96	0.94	0.93	0.92
国家	印度尼西亚	新加坡	俄罗斯	法国	阿尔及利亚	白俄罗斯	加拿大	立陶宛
EXPPI	0.91	0.78	0.69	0.58	0.51	0.48	0.44	0.43
国家	泰国	希腊	多米尼加	意大利	巴西	阿拉伯联合酋长国	尼日利亚	埃及
EXPPI	0.41	0.39	0.38	0.37	0.32	0.29	0.26	0.24

由表6－4可以得到以下几个结论：

（1）属于“过度出口”的有波兰、葡萄牙、乌克兰、墨西哥、比利时、丹麦、朝鲜、西班牙、土耳其、挪威、荷兰、新西兰、南非、瑞典和以色列15个国家，我国对这些国家水产品的出口潜力指数均大于1.3，这些市场均属于贸易潜力衰退型的充分市场。其中尤以波兰、葡萄牙、乌克兰、墨西哥、比利时、丹麦、朝鲜的市场饱和率最高，中国水产品对其出口潜力指数均大于3，表明我国对这些贸易伙伴继续扩大水产品出口的空间非常小。

（2）属于“出口饱和”的有菲律宾、越南、德国、澳大利亚、马来西亚、韩国、日本、英国、美国和印度尼西亚10个国家，我国对这些国家水产品的出口潜力指数均大于0.9小于1.3，表明我国对这些贸易伙伴扩大水产品出口的空间比较有限。

（3）属于“出口不足”的有新加坡、俄罗斯、法国、阿尔及利亚、白俄罗斯、加拿大、立陶宛、泰国、希腊、多米尼加、意大利、巴西、阿拉伯联合酋长国、尼日利亚和埃及15个国家，我国对这些国家水产品出口潜力指数的平均值均小于0.9。这些国家属于贸易潜力巨大型的新兴市场，我国对这些经济体扩大水产品出口的空间很大。

五　主要结论与政策建议

利用扩展型贸易引力模型对我国水产品出口影响因素和潜力测度的实证分析结果可以看出，水产品进口国（或地区）的经济规模、我国渔业生产总值、进口国（或地区）与我国的人均收入水平差异、进口国（或地区）华裔人口数量和APEC贸易制度安排都对我国水产品出口具有正向的促进作用，而进口国（或地区）与我国的空间距离则是阻碍我国水产品出口的主要因素。通过对扩展型贸易引力模型的进一步分析，可以给我国水产品出口提以下几点建议：

（1）因为进口国（或地区）的经济规模是推动我国水产品出口的重要因素之一，所以，我国水产品出口规模较大的贸易伙伴，例如，日本、美国、韩国和德国的潜力已经得到了较大的开发与挖掘，这几大市场属于“出口饱和”型市场。我国想要继续保持对这些国家（或地区）水产品的稳定出口，就必须提高水产品质量、继续实现品种的多元化、加大水产品的精深加工以提高附加值，并且尽可能避免大规模的数量扩张，以免遭遇来自这些贸易伙伴严苛的贸易壁垒。

（2）由于运输距离较近，大部分亚洲国家（朝鲜、土耳其、以色列、菲律宾、越南、马来西亚和印度尼西亚）的市场已被较大限度地调动了起来。与我国人均收入水平相差较大的欧洲国家（如波兰、葡萄牙、乌克兰、比利时、丹麦、西班牙、挪威、荷兰、瑞典）也多属于“过度型”或“饱和型”市场。我国对上述国家水产品出口的空间比较有限，要想扩大对这些国家的水产品出口，需要培育新的增长因素。

（3）我国水产品“出口不足”的国家中：①巴西、加拿大、法国、意大利等经济规模较大的国家的出口潜力需要特别重视，优先开发。值得注意的是，由于加拿大等国也是水产品出口大国，因此，我国需要注意对这些国家水产品出口的差异性，避免与其进行同质化竞争。②俄罗斯、白俄罗斯虽然属于欧洲国家，但它们与中国的贸易距离相对于美洲国家具有较强优势，要抓住时机开发此类新兴市场。③阿尔及利亚、立陶宛、希腊、多米尼加、阿拉伯联合酋长国、尼日利亚和埃及都属于开发潜力较大的国家，应该尽快采取办法扩大我国对这些贸易伙伴的水产品出口。

（4）APEC对我国水产品出口具有促进作用，因此，中国需要继续完善区域经济合作制度，建立健全的区域经济合作战略，积极融入全球经济一体化，以优化资源配置，实现我国水产品出口的可持续发展。

第三节 我国主要大宗农产品进口贸易潜力研究

——以棉花为例①

一 我国棉花进口现状

中国人多地少，资源有限，这种现实国情决定了我国棉花供给

① 鉴于中国历年来都是棉花净进口国，因此，分析中国棉花的进口贸易潜力具有非常重要的意义。

不能迅速提高。另外，由于我国纺织服装的大量生产和出口的需要，加入世界贸易组织后，我国棉花进口出现了迅猛增长的态势，从2003年开始，我国成为世界第一大棉花进口国。由表6－5可知，2003—2011年，我国棉花进口金额的波动较大，但总体呈现上升态势。自2010年开始，我国的棉花进口额超过了300万吨，最高年份2012年为541.29万吨。2012—2016年，我国棉花进口开始下降，2016年的进口额为17.74亿美元，进口净重为123.74万吨。2017年，我国棉花进口又略微回升（见表6－5）。

表6－5　　　　2003—2017年我国的棉花进口情况

单位：百万美元、万吨

年份	棉花进口金额	棉花进口净重
2003	1218.25	107.50
2004	3242.12	211.13
2005	3246.20	274.50
2006	4974.64	398.00
2007	3579.75	274.04
2008	2263.70	226.37
2009	2211.37	175.89
2010	5846.45	312.76
2011	9678.60	356.63
2012	12001.84	541.29
2013	8718.08	449.99
2014	5155.64	266.87
2015	2721.17	175.89
2016	1773.77	123.74
2017	2359.54	136.29

资料来源：UN COMTRADE Database；SITC Reversion 3。

值得注意的是，虽然我国棉花进口的贸易伙伴多达60多个，但是，进口市场却长期集中在美国、澳大利亚和印度。2017年，我国从上述三国进口的棉花分别为9.92亿美元、4.97亿美元和2.34亿美元，分别占我国棉花进口的比重为42.04%、21.06%和9.90%；加上其余七大进口市场，中国从这十个国家进口的棉花占其棉花进口总额的93.09%（见表6-6）。

表6-6　　　　2017年我国棉花进口的十大贸易伙伴

单位：百万美元、%

进口来源市场	棉花进口金额	占我国全部棉花进口额的比重
美国	991.91	42.04
澳大利亚	496.88	21.06
印度	233.62	9.90
乌兹别克斯坦	175.59	7.44
巴西	126.08	5.34
贝宁	58.73	2.49
越南	46.14	1.96
苏丹	24.29	1.03
土耳其	23.10	0.98
布基纳法索	19.98	0.85

资料来源：UN COMTRADE Database；SITC Reversion 3。

中国棉花进口对个别市场的过分依赖不利于棉花的稳定供应，我国迫切需要实现棉花进口市场的多元化。本节将构建改进型引力模型，实证测度我国从各贸易伙伴进口棉花的发展潜力，为我国逐步构建供应稳定、价格合理、分布多源的棉花进口环境提供理论依据。

如前所述，引力模型最早来自万有引力定律，该模型认为，两物间的引力与其质量乘积呈相关关系，与其距离的平方呈负相关关系。引力模型已获得理论界的广泛认可，但其在我国棉花贸易中的应用并不多见。从对棉花的研究现状来看，国外现有成果多集中在对世界棉花生产方面，较少对棉花贸易进行分析。而国内对我国棉花进口贸易的研究多集中在进口棉花对国内市场需求和价格的影响上，鲜少涉及棉花进口发展潜力的分析。因此，本节将基于我国棉花进口的实际，构建改进型贸易引力模型，将中国经济总量、进口来源国（或地区）棉花产量、进口来源国（或地区）棉花出口价格等因素纳入分析框架，利用1992—2017年的面板数据，实证分析我国棉花进口的发展潜力，为我国棉花进口市场的结构调整和优化提供现实依据，进而促进我国棉花产业的可持续发展。

二　我国棉花进口改进型贸易引力模型构建

根据我国棉花进口贸易的实际，在借鉴相关文献的基础上，本节将根据中国经济总量、进口来源国（或地区）棉花产量、进口来源国（或地区）棉花出口价格、进口来源国（或地区）与我国的空间距离、中国人口数量、中国棉花收获面积这六个因素来构建改进型贸易引力模型。

（1）中国经济总量。我国的经济总量反映了我国的棉花进口需求，经济规模越大，潜在的进口能力越大。由此提出假设6－7：我国的经济总量GDP与我国棉花进口的规模呈正相关关系。

（2）进口来源国（或地区）棉花产量。进口来源国（或地区）的棉花产量可代表棉花供给能力。棉花产量越大，潜在的出口能力越大。由此提出假设6－8：进口来源国（或地区）棉花产量与我国棉花进口规模呈正相关关系。

（3）进口来源国（或地区）棉花出口价格。棉花出口价格反映了进口来源国（或地区）的棉花供给能力，出口价格越高，潜在出口能力越小，我国棉花进口量越小。由此提出假设6－9：进口来源国（或地区）棉花出口价格与我国棉花进口规模呈负相关关系。

（4）进口来源国（或地区）与中国的地理距离。理论界普遍认为，地理距离与贸易规模呈负相关关系。由桑德伯格（2006）可知，交易成本与地理距离呈正相关关系，所以，交易成本与贸易规模呈负相关关系。由此提出假设6－10：进口来源国（或地区）离我国的地理距离与我国棉花进口规模呈负相关关系。

（5）中国人口数量。中国总人口反映了我国的棉花进口需求，人口数量越多，潜在的进口需求越大，越有利于我国棉花的进口。由此提出假设6－11：中国的总人口数量与其棉花进口规模呈正相关关系。

（6）中国棉花收获面积。我国的棉花收获面积可以反映我国棉花供给能力，棉花收获面积越大，自给能力越强，棉花进口量越小。由此可提出假设6－12：中国棉花收获面积与其棉花进口规模呈负相关关系。

根据以上六个因素，可构建中国棉花进口的改进型贸易引力模型。该模型可以用方程表示为：

$$\ln(IMP_{jt}) = a_1 + a_2\ln(GDP_{it}) + a_3\ln(PC_{jt}) + a_4\ln(P_{jt}) + a_5\ln(DIS_{ij}) + a_6\ln(POP_{it}) + a_7\ln(S_{it}) + u \qquad (6-4)$$

方程（6－4）即为我国棉花进口的改进型引力模型。式中，IMP_{jt}是被解释变量，用我国在t时期从j国（或地区）进口的棉花金额表示。其余变量均为解释变量，其中GDP_{it}表示我国在t时期的经济总量；PC_{jt}为进口来源国（或地区）j在t时期的棉花产量，用来衡量j国（或地区）的棉花供给能力；P_{jt}代表进口来源国（或地区）在t时期的棉花出口价格；DIS_{ij}代表我国与进口来源国（或地区）的空间距离；POP_{it}代表我国在t时期的总人口数；S_{it}为我国在t时期的棉花收获面积。a_1为常数项，a_2至a_7为回归系数，u则为误差项。

三　我国棉花进口贸易潜力分析

（一）样本选择和数据来源

为了较为准确地反映中国棉花进口的现实状况，选择2017年中国棉花进口金额最为靠前的41个进口来源国和地区进行分析，具体样本包括美国、印度、澳大利亚、乌兹别克斯坦、巴西、布基纳法索、喀麦隆、马里、墨西哥、贝宁、科特迪瓦、津巴布韦、希腊、巴基斯坦、坦桑尼亚、苏丹、赞比亚、马来西亚、以色列、埃及、土耳其、西班牙、中国澳门、莫桑比克、多哥、马拉维、伊朗、印度尼西亚、阿根廷、塞内加尔、越南、孟加拉、土库曼斯坦、尼日利亚、塔吉克斯坦、中非、菲律宾、哈萨克斯坦、乍得、瑞士和巴拉圭。这些贸易伙伴遍布北美洲、大洋洲、非洲、欧洲、亚洲和南美洲，而且

2017 年这些贸易伙伴对中国出口的棉花总金额为 23.53 亿美元，占我国棉花进口总金额的比重高达 99.71%，因此，选择这 41 个进口来源国（或地区）能较为真实地反映中国棉花进口的现状。

笔者利用 1992—2017 年我国和各贸易伙伴国（或地区）的面板数据，使用 Eviews 6.0，对改进型引力模型进行多元线性回归分析。分析所需的数据的出处说明如下：变量 IMP_{jt} 的数据来自联合国 UN COMTRADE 数据库，采集的是 SITC Reversion 3 标准下的数据；变量 P_{jt} 的数据则根据联合国 UN COMTRADE 数据库中的进口金额和进口重量计算而来；变量 GDP_{it}、POP_{it} 的数据来自世界银行 www. world-bank. org. cn 数据库；变量 PC_{jt} 来自联合国粮农组织数据库；变量 DIS_{ij} 的数据出自 http：//www. hjqing. com/find/jingwei/的经纬度查询系统；变量 S_{it} 的数据来源于各期《中国农村统计年鉴》。

（二）实证研究结果

基于上述研究方法，对方程（6-4）进行了多元回归分析，得到的结果详见表 6-7。

表 6-7　　方程（6-4）的统计回归结果

变量	系数	标准差	t 值	P 值
a_1	36.9227	0.0522	5.2339	0.0000
$\ln(GDP_{it})$	2.2306	0.0285	20.2304	0.0000
$\ln(PC_{jt})$	0.8926	0.0369	16.5216	0.0023
$\ln(P_{jt})$	-1.0806	0.1032	-11.6395	0.0000
$\ln(DIS_{ij})$	-0.8325	0.1236	-7.3254	0.0915
$\ln(POP_{it})$	0.8982	0.0426	6.4683	0.0081
$\ln(S_{it})$	-2.0234	0.0937	-9.5782	0.0000

由表 6-7 可以明显看出，变量"进口国（或地区）与我国的空间距离"没能通过显著性水平检验，因为 $0.0915 > 0.05$。导致这一结果最可能的原因是研究样本中包含中国澳门，中国澳门属于中国，与北京的空间距离相对较近。因此，在第二次做回归分析时剔除了中

国澳门，第二次分析时样本为40个贸易伙伴①。再次对方程（6－4）进行回归分析，得到的回归结果详见表6－8。

表6－8　　　　方程（6－4）的最终回归结果

变量	系数	标准差	t值	P值
a_1	25.3265	0.0433	6.3265	0.0000
$\ln(GDP_{it})$	2.4692	0.0196	21.6548	0.0001
$\ln(PC_{jt})$	1.5265	0.0505	18.3642	0.0013
$\ln(P_{jt})$	－1.0659	0.0965	－13.8993	0.0000
$\ln(DIS_{ij})$	－0.8106	0.2088	－5.6542	0.0083
$\ln(POP_{it})$	0.9441	0.0463	7.0549	0.0000
$\ln(S_{it})$	－2.3624	0.0896	－11.2369	0.0028

修正后的方程的拟合优度非常好，回归方程的调整 R^2 为0.905638，F值为98.38。由表6－8可知，方程（6－4）的多元回归分析的最终结果可以写成：

$$\ln(IMP_{jt}) = 25.3265 + 2.4692\ln(GDP_{it}) + 1.5265\ln(PC_{jt}) - 1.0659\ln(P_{jt}) - 0.8106\ln(DIS_{ij}) + 0.9441\ln(POP_{it}) - 2.3624\ln(S_{it}) \quad (6-5)$$

为了预测进口潜力，常用的方法是利用理论进口值与实际进口值相比较。其中，理论进口值来自贸易引力模型（即方程6－5）的计算结果。

中国棉花进口潜力指数（IMPPI）可以通过方程（6－5）计算出的理论值除以棉花进口实际值的办法得到，可以写作：

$$IMPPI = IMP_j / IMP'_j \quad (6-6)$$

方程（6－6）中，IMP_j 表示中国从 j 国（或地区）进口棉花的实际值，而 IMP_j' 表示利用方程（6－5）计算出的我国从 j 国（或地区）

① 新研究样本的40个国家（或地区）2017年对中国的棉花出口总额为23.03亿美元，占中国棉花进口总额的99.50%，说明这40个研究样本依然可以较为准确地反映中国棉花进口的真实状况。

进口棉花的理论值。按照理论界的一般标准，若某些进口来源国（或地区）的棉花进口潜力指数IMPPI大于或等于1.3，那么中国与这些伙伴进口棉花贸易存在“过度进口”现象；若某些进口来源国（或地区）的棉花进口潜力指数大于或等于0.9而小于1.3，那么中国与这些伙伴的棉花贸易存在“进口饱和”现象；若某些进口来源国（或地区）的棉花进口潜力指数IMPPI小于0.9，则表示中国与这些伙伴的棉花贸易存在“进口不足”现象。依据方程（6-5）、方程（6-6）和2017年我国从各贸易伙伴进口棉花金额数据，笔者计算出了2017年中国与40个贸易伙伴的棉花进口潜力指数，详见表6-9。

表6-9　　2017年中国从40个贸易伙伴进口棉花的潜力指数

国家	瑞士	尼日利亚	孟加拉	印度尼西亚	土耳其	澳大利亚	墨西哥	乌兹别克斯坦
IMPPI	7.05	6.76	6.38	6.12	5.69	4.21	3.93	3.37
国家	莫桑比克	西班牙	坦桑尼亚	菲律宾	哈萨克斯坦	津巴布韦	喀麦隆	埃及
IMPPI	2.58	2.49	2.25	1.87	1.54	1.42	1.28	1.21
国家	多哥	乍得	马里	印度	越南	美国	马拉维	苏丹
IMPPI	1.19	1.13	1.10	1.06	1.04	1.03	0.98	0.95
国家	巴基斯坦	科特迪瓦	赞比亚	马来西亚	塔吉克斯坦	巴西	以色列	希腊
IMPPI	0.93	0.88	0.87	0.84	0.83	0.79	0.76	0.72
国家	土库曼斯坦	中非共	贝宁	巴拉圭	塞内加尔	阿根廷	伊朗	布基纳法索
IMPPI	0.68	0.59	0.54	0.47	0.45	0.38	0.36	0.34

依据表6-9的结果，可知：

（1）属于我国棉花“过度进口”的国家有瑞士、尼日利亚、孟加拉、印度尼西亚、土耳其、澳大利亚、墨西哥、乌兹别克斯坦、莫桑比克、西班牙、坦桑尼亚、菲律宾、哈萨克斯坦和津巴布韦14个国家，我国从这些国家进口棉花的潜力指数均大于1.3，说明中国从这14个市场的棉花进口已经过度饱和。其中，瑞士、尼日利亚、孟加拉、印度尼西亚、土库曼斯坦、澳大利亚、墨西哥、乌兹别克斯坦的市场饱和率最高，我国棉花对这些市场的进口潜力指数均大于3，表明我国从这些贸易伙伴继续扩大棉花进口的空间非常小。特别值得一提的是澳大利亚，2017年该国是全球第二大棉花出口国，其中对中国的棉花出口已经占其棉花出口总额的70.04%。

（2）属于我国棉花“进口饱和”的国家有喀麦隆、埃及、多哥、乍得、马里、印度、越南、美国、马拉维、苏丹和巴基斯坦11个国家，我国对这些国家的棉花进口潜力指数均大于或等于0.9而小于1.3，表明我国从这些贸易伙伴扩大棉花进口的空间比较有限。以2017年世界第一大和第二大棉花出口国美国和印度为例，该年度它们对中国的棉花出口分别占其棉花出口总额的42.71%和49.76%。

（3）属于我国棉花“进口不足”的国家有科特迪瓦、赞比亚、马来西亚、塔吉克斯坦、巴西、以色列、希腊、土库曼斯坦、中非共、贝宁、巴拉圭、塞内加尔、阿根廷、伊朗和布基纳法索15个国家，我国对这些国家的棉花进口潜力指数均小于0.9。这就表明今后我国从这些经济体扩大棉花进口的空间非常大，我国应该注重开拓这些新兴市场。

四　政策建议

由前面的分析可知，我国棉花进口的特点为进口金额较大，数量较多，进口价格较低，来源地非常集中。利用改进型贸易引力模型对我国棉花进口潜力测度的实证分析过程可以看出，我国的经济规模、进口来源国的棉花产量、中国人口数量都对我国棉花进口具有正向的促进作用，而进口来源国与我国的空间距离、进口来源国棉花出口价格、中国棉花收获面积则是阻碍我国棉花进口的主要因素。而且，我国与各棉花贸易伙伴的进口潜力差距较大。根据此分析，可以给中国的棉花进口提出以下几点建议：

（1）中国应创造公平透明的条件，鼓励企业参与棉花贸易。未来我国棉花的增长空间有限，而纺织服装的大量出口在短期内仍不会改变，因此，棉花的大量进口仍将是国内棉花产业必须面对的现实。进口棉花应该成为国内棉花市场的有益补充，这也有利于我国创造更多的社会财富。但是，自2015年开始，中国除发放按照加入世界贸易组织承诺的89.4万吨进口棉花配额外，不再增发进口配额①，这就要求我国出台相关政策，确保有限的棉花进口配额分配的公平透明，以免出现权力“寻租”等腐败现象。此外，我国应积极鼓励国内涉棉企业积极参与棉花国际贸易，以获得最佳收益。

（2）因为中国经济规模是促进我国棉花进口的最重要因素，同时我国的总人口也在促进棉花进口的重要因素，所以，在我国土地有限的大前提下，随着我国经济规模的扩大、人口的增长和纺织服装产品生产需求的增加，我国的棉花进口仍可能增长。当然，需要看到的是，我国的棉花收获面积是制约中国棉花进口的最重要因素，因此，我国需要稳步提高棉花生产效率，增加棉花单位面积产量，以逐步提高棉花的自我供给比重。

（3）我国棉花进口规模较大的贸易伙伴，例如澳大利亚、美国、印度和乌兹别克斯坦的潜力已经得到了较大的开发与挖掘，这几大市场均属于“过度进口”或“进口饱和”型市场。棉花进口市场的过分集中不利于中国棉花进口贸易安全，因此，我国迫切需要在这些较为稳定的棉花供应国之外，开拓其他市场，以避免棉花进口市场的进一步集中。

（4）在我国棉花“进口不足”的国家中，土库曼斯坦、伊朗和马来西亚的棉花出口价格非常优惠。2017年，它们对中国的棉花出口价格分别为0.80美元/千克、1.01美元/千克、1.07美元/千克。因此，中国可以优先扩大从这些市场进行进口，以节约棉花进口成本，从而降低国内纺织服装产品的原材料成本。此外，2017年，棉花出口金额排名第五的巴西也是中国棉花“进口不足”的国家，2017年，对中国的棉花出口份额占其棉花出口总额的比重为29.31%，而且巴西的棉花出口价格为2.03美元/千克，在出口价格中属于中上水平，

---

①《不再增发棉花进口配额，引导企业用国产棉》，http：//www.socotton.com/Html/IndustryNews/2014-9/22/_2014922201711302.htm。

因此，今后我国可以适度扩大从巴西进口棉花的份额。此外，建议我国完善棉花进口价格的监测预警系统，及时发布相关价格信息，有针对性地提出棉花进口的指导意见，尽量避免从性价比不高的国家（地区）进口棉花。另外，我国应协助进口棉花企业联合起来，通过共同谈判，形成买方垄断力量，进而提升我国企业在棉花进口贸易中的讨价还价能力。

第七章　我国主要大宗农产品国际竞争力研究

第一节　我国大宗农产品国际竞争力评价指标

一　比较优势、竞争优势与大宗农产品国际竞争力

比较优势理论源于解释国际贸易原因和贸易利益的主导理论，经历了从古典贸易模型到新古典贸易模型的发展，已形成较为完善的体系。由于比较优势理论假设条件不完全符合现实，而且囿于精微的研究，所以，逻辑推理上很完美的比较优势理论在现实中遇到了很多困难。例如，它不能解决产业结构低度化、出口附加值低等问题，不能消除发展中国家贸易条件恶化和贫困化增长的现象。如前所述，国内对农产品国际竞争力的研究多倾向于产品比较优势的分析，因而无法解释以下三种代表性问题：

（1）完全按照机会成本的大小进行国际交换的结果是农业长期陷入低附加值环节，贸易条件恶化。

（2）完全按照动态比较优势提升农业产业结构的结果虽然有可能进入高附加值环节，但主要依赖于发达国家的技术进步，自我创新和发展能力有限，不能从根本上改变贫困化增长的状况。

（3）传统比较优势逐步丧失的现实，高新技术的采用使欧美等发达国家以低价将大量过剩农产品推向国际市场，中国部分农产品比较优势与发达国家相比呈下降趋势。

综上所述，大宗农产品比较优势与竞争优势之间既有联系又有区别，具体表现在以下四个方面。

（1）大宗农产品比较优势是建立在完全竞争、不存在规模经济的条件下的，而竞争优势充分考虑了需求条件、竞争状况和相关产业的影响，更加贴近现实。

（2）大宗农产品比较优势是在生产过程中形成的低成本优势，主要与土地、劳动力、资本、自然资源等基本生产要素有关，仅是构成竞争优势的一部分；而大宗农产品竞争优势不仅与基本生产要素有关，而且更与其产业组织与制度、产品品牌与营销能力、技术进步和政策支持等高级要素相关。

（3）竞争优势理论主张天生的禀赋仅是影响一个国家竞争优势的要素条件中的低级要素，更重要的是培养高级要素和特定化要素，因此，国家要通过干预政策来提升大宗农产品的国际竞争力；比较优势理论则反对任何形式的政府干预。

（4）竞争优势理论主张产业政策应该注重提高其国际竞争力，重点扶持具有潜在竞争优势且对其他产业有显著带动作用的产业，尽管这些产业目前并不具有比较优势，但却是具有外部经济效应的产业。

二　选择评价指标：比较优势与竞争优势相结合

一般认为，建立在完全竞争和规模报酬不变基础上的比较优势理论能解释产业间分工，而基于不完全竞争和规模经济条件下的竞争优势理论可以解释产业内国际分工。国内理论界就此展开了比较优势和竞争优势的争论，林毅夫等就指出，对比较优势与竞争优势关系的错误认识对国家（或地区）经济发展路径的选择具有潜在的危害性。大宗农产品国际竞争力的分析也有把两者割裂开来，甚至用竞争优势取代比较优势论点的情况。

综上所述，在分析产品竞争力时，比较优势指标是最常用的。但是，许多研究只采用单一指标来分析大宗农产品的国际竞争力。为了比较客观地衡量我国大宗农产品的国际竞争力，本书将基于比较优势理论和国际竞争力理论，建立指标体系，以克服单一指标的局限性。

本书选取的第一个衡量我国大宗农产品国际竞争力的指标是显性

比较优势（Revealed Comparative Advantage，RCA）指数，该指数最初由巴拉萨（1965）[①] 给出，可表示为：

$$RCA = \frac{X_i/X_{it}}{X_w/X_{wt}} \tag{7-1}$$

其中，RCA 表示 i 国大宗农产品的巴拉萨显性比较优势指数，X_i 表示 i 国某种大宗农产品的出口额，X_{it}表示 i 国的总出口额，X_w 表示世界上该大宗农产品的总出口额，X_{wt}表示世界上所有国家所有产品的出口额。所以，该指数是用一个国家某种大宗农产品的出口额在其出口总额中所占的比重，与世界上该大宗农产品的出口额在世界出口总额中所占的比重做对比。如果该指数大于 1，则表明这个国家在出口该大宗农产品时具有显性比较优势；反之则表明该国家在出口该大宗农产品时具有显性比较劣势。

本书选取的第二个衡量中国大宗农产品国际竞争力的指标是相对出口优势指数 lnRXA，它由沃尔拉思（Vollrath，1991）[②] 给出，其计算公式为：

$$\ln RXA = \ln \frac{X_i/X_{it}}{X_w/X_{wt}} \tag{7-2}$$

其中，RXA 是显性出口优势指数，其计算方法和巴拉萨显性比较优势指数相同，即有 $RXA = RCA$。当 $\ln RXA$ 大于 0 时，表明该国家该大宗农产品的出口中具有相对比较优势；反之则具有相对比较劣势。

本书选取的第三个衡量中国大宗农产品国际竞争力的指标是显性贸易优势指数，该指数也由沃尔拉思（Vollrath，1991）提供，其计算公式为：

$$RTA = RXA - RMA$$

RMA 表示显性进口优势指数，其计算公式是：

$$RMA = \frac{M_i/M_{it}}{M_w/M_{wt}}$$

---

① Balassa, B., "Trade Liberalization and 'Revealed' Comparative Advantage", The Manchester School of Economic and Social Studies, Vol. 33, 1965, pp. 99 - 123.

② Vollrath, T. L., "A Theoretical Evaluation of Alternative Trade Intensity Measures of Revealed Comparative Advantage", *Weltwirtschaftliches Archiv*, Vol. 130, 1991, pp. 265 - 279.

其中，M_i 表示 i 国某大宗农产品的进口额，M_{it}表示 i 国的总进口额，M_w 表示世界上该大宗农产品的总进口额，M_{wt}表示世界上所有国家所有产品的进口额。如果该指数大于1，则表明这个国家在进口该大宗农产品时具有显性比较优势；反之则表明该国在进口该大宗农产品时具有显性比较劣势。所以，

$$RTA = RXA - RMA = \frac{X_i/X_{it}}{X_w/X_{wt}} - \frac{M_i/M_{it}}{M_w/M_{wt}} \tag{7-3}$$

当RTA大于0时，表示该国家在某大宗农产品的贸易中具有显性比较优势；反之则表明该国家在该大宗农产品贸易中具有显性比较劣势。

本书选取的第四个衡量中国大宗农产品国际竞争力水平的指标是显性竞争力（Revealed Competitiveness，RC）指数，其计算公式为：

$$RC = \ln RXA - \ln MXA = \ln\frac{X_i/X_{it}}{X_w/X_{wt}} - \ln\frac{M_i/M_{it}}{M_w/M_{wt}} \tag{7-4}$$

当RC大于0时，则表明该国某大宗农产品具有显性竞争力；反之则不具有显性竞争力。

本书选取的第五个衡量中国大宗农产品国际竞争力水平的指标是产业内贸易（Intra - Industry Trade，IIT）指数。产业内贸易指数由格鲁伯系和劳埃德（Grubel and Lloyd，1975）[①] 提出，其计算公式为：

$$IIT = 1 - \frac{|X_i - M_i|}{X_i + M_i} \tag{7-5}$$

IIT在0—1之间变动，其数值越接近于1，表明该大宗农产品的产业内贸易程度越高，该大宗农产品越不具有竞争力；数值越接近于0，则该大宗农产品越具有竞争力。

本书选取的第六个衡量中国大宗农产品国际竞争力水平的指标是出口竞争力指数，其计算公式为：

$$EC = \frac{X_i - M_i}{X_i + M_i} \tag{7-6}$$

---

① Grubel，H. G. and Lloyd，P. J.，*Intra - Industry Trade：The Theory and Measurement of International Trade in Differentiated Products*，Macmillan，1975.

EC 在 -1—1 之间变动。一般来说，EC 在 0.5—1 时，表明该大宗农产品具有较高的竞争优势；EC 在 0—0.5 之间时，表明该大宗农产品具有较低的竞争优势；EC 在 -1—-0.5 之间时，表明该大宗农产品具有较高的竞争劣势；EC 在 -0.5—0 时，表明该大宗农产品具有较低的竞争劣势。

本书选取的第七个衡量中国大宗农产品国际竞争力水平的指标是国内资源成本（Domestic Resource Costs，DRC）系数，它由皮尔逊（1973）[①] 在其国内资源成本理论中提出，是指在贸易自由化条件下，一个国家为赚取或节省一边际单位外汇，从事 j 生产活动，所需投入国内资源成本 DRC_j 为：

$$DRC_j = \frac{j\text{ 国棉花生产活动所投入的国内资源机会成本}}{\text{净外汇赚取或节省}}$$

如果 DRC_j 除以 V_i（影子汇率），则可得到 DRC_j 系数 $DRCC_j$，即：

$$DRCC_j = \frac{DRC_j}{V_i} \qquad (7-7)$$

由于 $DRCC_j$ 是一个没有单位的数值，因此，可用来评价一个国家大宗农产品的国际竞争力。如果 $DRCC_j = 1$，则表示该国某大宗农产品生产不具有比较优势，因此生产出来的这类大宗农产品不具有国际竞争力；如果 $DRCC_j < 1$，则表示该国大宗农产品生产具有比较优势，因此生产出来的这类大宗农产品具有国际竞争力，$DRCC_j$ 越小则意味着生产越具有比较优势；如果 $DRCC_j > 1$，则表示该大宗农产品生产不具有比较优势，因此生产出来的这类大宗农产品不具有国际竞争力，$DRCC_j$ 越大意味着该大宗农产品的生产比较劣势越高。

本书选取的第八个衡量中国大宗农产品国际竞争力水平的指标是国际市场占有率。国际市场占有率（IMS）是指某一国家或地区某类产品出口额占该类产品世界出口总额的比重。该指标反映了产品在国际市场上的竞争力和竞争地位。其计算公式为：

---

① Pearson, S. R., *Net Profitabolity*, *Domestic Resource Costs*, *and Effective Rate of Protection*, Food Research Institute, Stanford University, August 1973, Mimeographed.

$$IMS_{ij}=\frac{X_{ij}}{X_{wj}} \tag{7-8}$$

式（7－8）中，IMS_{ij}表示 i 国 j 产品的国际市场占有率；X_{ij}表示 i 国 j 产品的出口总额；X_{wj}表示 j 产品的世界出口总额。国际市场占有率越高，说明该国 j 产品的国际竞争力越强。

第二节　我国主要大宗农产品国际竞争力测定

一　我国棉花国际竞争力测定

（一）RCA、RTA、lnRXA 和 RC 四个指数指标下中国棉花产品的国际竞争力

由于 RCA、RTA、lnRXA 和 RC 四个指数之间联系紧密[①]，所以，将它们结合在一起来衡量中国棉花产品的国际竞争力（见表 7－1）。

表 7－1　　中国棉花产品的比较优势指数和竞争力指数

平均值（2000—2017 年）				2017 年			
RCA	lnRXA	RTA	RC	RCA	lnRXA	RTA	RC
0.558	－1.169	－1.903	－1.624	0.021	－4.792	－3.662	－6.109

由表 7－1 可以看出，无论是从各指数历年的平均数值还是从 2017 年的情况来看，我国的棉花都不具有比较优势和国际竞争力，因为它们在 2000—2017 年的平均 RCA 指数小于 1，lnRXA 指数、RTA 指数和 RC 指数均小于 0。而且，中国棉花产品的比较优势和国际竞争力呈下降趋势，因为 2017 年各指数均小于 2000—2017 年的平均值。

① 一般认为，当某种产品的 RCA 指数大于 1，且 lnRXA、RTA 和 RC 指数均为正时，则该产品既具有比较优势又具有竞争力。

（二）IIT、EC 两个指数指标下中国棉花产品的国际竞争力

由于 IIT、EC 两个指数之间关系密切①，所以，将它们结合在一起来衡量中国棉花产品的国际竞争力（见表 7 – 2）。

表 7 – 2　　中国棉花产品的产业内贸易指数和出口竞争力指数

2000 年		2001 年		2002 年		2003 年		2010 年		2017 年	
IIT	EC	IIT	EC	IIT	EC	IIT	EC	IIT	EC	IIT	EC
0. 617	0. 383	0. 826	–0. 174	0. 927	–0. 073	0. 899	–0. 801	0. 804	–0. 996	0. 911	–0. 963

从表 7 – 2 中 EC 指数可以看出，中国棉花产品的国际竞争力水平总体呈下降趋势。例如，棉花产品总体在 2000 年具有较低的竞争优势，其 EC 指数为 0. 383，到 2010 年，EC 指数则下降为 – 0. 996，2017 年则为 – 0. 963，已具有较高的竞争劣势。

中国棉花产品的产业内贸易指数呈上升趋势，表明中国棉花产品总体上正在失去昔日的外贸竞争优势。

（三）国内资源成本系数项下中国棉花产品的国际竞争力

由于很难获得一套完整的机会成本资料和影子汇率，这里只能在以前学者研究的基础上进一步测算我国棉花产品的国际竞争力。利用国内资源成本系数 DRCC② 来测算我国棉花的国际竞争力，具体测算结果见表 7 – 3。

表 7 – 3　　中国棉花产品的 DRCC 值

1991 年	1993 年	1995 年	1998 年	1999 年	2000 年	2005 年	2010 年	2017 年
0. 4718	0. 8839	0. 6505	0. 8135	0. 8428	0. 8212	0. 8309	0. 9107	1. 0032

① 当产品有贸易顺差时，IIT = 1 – EC；当产品有贸易逆差时，IIT = 1 + EC。

② DRCC 反映的是在生产要素、劳务和产品能在各国间自由流动时，一个国家生产农产品为获取一单位影子收入需投入多少单位的成本。如果 DRCC < 1，则表明该农产品生产产出大于投入，具有比较优势；如果 DRCC > 1，则表明农产品生产产出小于投入，缺乏国际竞争力；如果 DRCC = 1，则表明该农产品产出等于投入，处于国际竞争力的平衡点。因此，该指数同样可以用在棉花上。

从表7-3可以看出，我国棉花产品的DRCC值整体上呈上升趋势，由1991年的0.4718上升到了2017年的1.0032，由原来的较高的竞争力变为不具备竞争力。之所以会呈现出如此特征，是由中国的资源禀赋所决定的：中国劳动力资源丰富，而耕地面积较为紧缺。安德森·速水认为，一个国家越是缺乏耕地资源，经济增长越快，其农业比较优势就下降得越快①。中国棉花产品国际竞争力的变化刚好符合此特征，即土地密集型棉花产品的国际竞争力在逐渐丧失。

（四）我国棉花产品竞争力的国际比较

为了便于比较，发现差距，本书选择美国、澳大利亚、印度、希腊、巴西、乌兹别克斯坦、墨西哥、土耳其和布基纳法索这九个棉花出口大国作为国际比较对象，以2017年为例，利用RCA指数和EC指数来与中国棉花产品国际竞争力做对比分析。

1. RCA指标下各国棉花产品国际竞争力的比较

从表7-4可以看出，十个国家2017年棉花的显性比较优势指数从高到低的顺序依次为美国、巴西、印度、澳大利亚、希腊、乌兹别克斯坦、墨西哥、土耳其、布基纳法索和中国。除布基纳法索和中国外，其他八个国家的棉花产品均具有显性比较优势，其RCA指数均大于1。美国2017年棉花的显性比较优势指数高达6.188，是中国（0.014）的442倍。

表7-4　　2017年各国棉花产品的RCA指数与中国的比较

中国	美国	澳大利亚	印度	希腊	巴西	乌兹别克斯坦	墨西哥	土耳其	布基纳法索
0.014	6.188	4.045	4.332	3.372	4.491	3.083	1.675	1.046	0.813

2. EC指标下中国棉花产品的国际竞争力

从表7-5可以看出，十个国家出口竞争力指数从高到低依次为巴西、美国、澳大利亚、希腊、乌兹别克斯坦、印度、墨西哥、土耳

① 参见安德森·速水《农业保护的政治经济学》，天津人民出版社1996年版。

其、布基纳法索和中国。其中，巴西、美国和澳大利亚的棉花具有出口竞争力，其出口竞争力指数均大于0.5；而中国仅为-0.814，不具有出口竞争力。

表7-5　　2017年各国棉花产品的EC指数与中国的比较

中国	美国	澳大利亚	印度	希腊	巴西	乌兹别克斯坦	墨西哥	土耳其	布基纳法索
-0.814	0.524	0.503	0.105	0.372	0.601	0.314	0.016	-0.163	-0.215

（五）小结

从以上分析中我们主要得出以下三个结论：

（1）我国棉花在国际上完全不具有竞争力。不论是RCA指数、IIT指数还是EC指数，我国棉花的国际竞争力都排在世界主要棉花贸易大国的后面。

（2）加入世界贸易组织后的一两年内，我国棉花出口竞争优势急剧下降。加入世界贸易组织前两年，从三个指标来看，我国棉花具有一定程度上的竞争优势；加入世界贸易组织后尤其是2003年以后，就完全失去了竞争优势。加入世界贸易组织虽然促进了我国纺织产业的发展，但在很大程度上削弱了我国棉花的国际竞争力。

（3）美国、澳大利亚和巴西的棉花具有绝对的竞争优势。从三个衡量国际竞争力的指标来看，美国和澳大利亚都排在世界主要棉花进出口国家的首位，竞争优势明显。

二　我国大豆国际竞争力研究

大豆作为全球最主要的油料作物和植物油脂来源，具有一定的不可替代性。其产业链长、相关产品多，除豆油、豆制品、大豆蛋白、豆粕等直接产品外，还与养殖、保健、医药、化纤等上百个行业密切相关，并且随着科技的不断发展，应用范围也越来越广。作为世界第一大大豆消费国和进口国，我国对全球大豆生产和贸易格局有着重要影响。但受多方面原因的共同作用，目前我国大豆产业总体上属于对外依存度高、市场化程度高、产业链外资控制度高的“三高”产业，使我国在大豆国际贸易体系中处于被动位置。我国大豆生产迫切需要以高质量发展为主线，结合农业供给侧结构性改革要求，促进国内大豆国际竞争力的有效提升。

（一）我国大豆生产和贸易情况

我国的大豆生产曾在世界大豆生产格局中占有重要地位。1993年，我国大豆产量达到1530万吨，超过阿根廷成为世界第三大大豆生产国，占全球大豆总产量的比重约为13%，当年还出口大豆127万吨，是全球大豆市场上非常重要的生产国和供给方。但受种植收益、本土加工能力、耕地面积等方面的限制，之后的大豆生产规模一直未能实现较大幅度的增长。十多年来，产量始终保持在1300万—1600万吨的水平。2004年达到1740万吨的峰值后，产量逐年下降，2015年仅为1051万吨，跌至1992年的水平。近两年来，通过农业供给侧结构性改革，大豆实现了恢复性生产，2017年，产量达到1530万吨（见表7－6）。根据国家发展改革委、农业部和国家林业局编制的《全国大宗油料作物生产发展规划（2016—2020年）》，到2020年，我国大豆产量预计会达到1890万吨。

表7－6　　　　我国大豆生产情况和进口情况　　　　单位：万吨、%

年份	产量	进口量	进口依存度
2005	1635	2659	61.9
2006	1597	2827	63.9
2007	1273	3082	70.8
2008	1450	3743	72.1
2009	1405	4255	75.2
2010	1560	5480	77.8
2011	1410	5264	78.9
2012	1181	5838	83.2
2013	1275	6335	83.2
2014	1385	7140	83.8
2015	1051	8168	88.6
2016	1300	8391	86.6
2017	1530	9554	86.2

资料来源：根据万得数据库相关数据整理。

我国每年生产的约1500万吨大豆均为非转基因产品，这是国产大豆与从美国、巴西、阿根廷等国进口大豆的最本质区别。相对于转基因大豆，国产非转基因大豆具有亩产低、出油率低、脂肪含量低和蛋白质含量高的“三低一高”特点。因此，非转基因大豆在用量最大的压榨领域市场竞争力较弱，主要用于生产豆腐和各类豆制食品，从而限制了其种植和生产规模（2017年，我国大豆消费中，用作压榨用途的大豆占83%，食品消耗量占14%，饲料消耗量占比不到3%）。虽然各国无法证明转基因大豆对人体有害，但出于安全角度考虑，我国坚持种植非转基因大豆，严禁在国内开展转基因大豆种植，成为世界上最大的非转基因大豆生产国（目前，我国批准投入商业化种植的转基因作物，只有转基因抗虫棉花和转基因抗病毒番木瓜两种）。

近年来，我国大豆消费量快速增长，2017年首次突破11000万吨。而国内产量仅占12.5%左右，供需缺口越来越大，进口规模也快速增长。自2012年以来，我国大豆进口依存度一直保持在83%以上的高位，2017年进口规模首次超过9000万吨，创历史新高（见表7－6）。值得注意的是，我国大豆进口不但规模大，而且进口集中度非常高。多年来，从巴西、美国和阿根廷三国进口的大豆量之和，占我国大豆进口总量的比重一直保持在95%以上（见表7－7）。如果这三国中的一国或两国出现因气候变化减产或因贸易摩擦限制出口等情况，均会对我国大豆产业产生较大影响。

表7－7　　我国大豆主要进口国占比情况　　单位：万吨、%

年份	进口数量	美国		巴西		阿根廷		三国合计比重
		数量	比重	数量	比重	数量	比重	
2005	2659	1105	42	795	30	740	28	99
2006	2827	988	35	1164	41	623	22	98
2007	30812	1157	38	1058	34	828	27	99
2008	3743	1543	41	1165	31	985	26	99
2009	4255	2181	51	1599	38	374	9	98
2010	5480	2360	43	1859	34	1119	20	97
2011	5264	2235	42	2063	39	784	15	97

续表

年份	进口数量	美国		巴西		阿根廷		三国合计比重
		数量	比重	数量	比重	数量	比重	
2012	5838	2597	44	2389	41	590	10	96
2013	6335	2221	35	3181	50	612	10	95
2014	7140	3003	42	3201	45	600	8	95
2015	8618	2841	35	4008	49	944	12	95
2016	8391	3417	41	3821	46	801	10	96
2017	9554	3286	37	5093	42	651	8	96

资料来源：2005—2016 年数据来自万得数据库，2017 年数据来自中国海关总署数据库。

（二）我国大豆国际竞争力测定

为了便于比较，这里选取美国、巴西、阿根廷、印度、中国、加拿大和印度尼西亚七国为样本国家，以上七国为全球大豆的主产国，2017 年，七国大豆总产量占全球大豆总产量的 90. 5% 左右。本书选取的研究时间截面为 2017 年，在利用前文构建的评价指标的基础上，主要选择显性比较优势指数（RCA）、显性贸易优势（RTA）、产业内贸易指数（IIT）和国际市场占有率（IMS）四个较为典型的指标。以上指标不但能够同时兼顾产品的进出口贸易能力，而且能够反映一国贸易竞争力大小。以上各项指标数据的原始数据分别来源于联合国商品贸易统计数，将 2017 年我国与世界大豆主产国进行对比分析，以期对我国大豆国际竞争力作出较为全面的评价。

表 7 – 8　　2017 年七国大豆进出口指标比较

国家	RCA	RTA	IIT	IMS
阿根廷	20. 6916	0. 050047	0. 0011	0. 0725
巴西	38. 9165	0. 093679	0. 0111	04042
加拿大	1. 7065	0. 003825	0. 1422	0. 0335
中国	0. 0378	– 0. 0194	0. 0106	0. 0036
印度尼西亚	0. 0010	– 0. 00588	0. 0008	0. 0000
印度	0. 1120	0. 00027	0. 0117	0. 0015
美国	5. 6224	0. 013266	0. 0714	0. 3809

表7－8显示，与其他六国相比，中国的RCA指数为0.0378，仅高于印度尼西亚；IMS指数位居第五，仅高于印度和印度尼西亚；中国与世界大豆第一出口大国巴西的差距巨大，巴西大豆国际市场占有率是中国的112倍。同时，作为全球大豆进口总量第一的国家，中国大豆存在巨额的进出口贸易逆差，这表现为中国RTA指数则在七国中也很小；中国的IIT指数位居第五，仅次于加拿大、美国、印度和巴西，这表明中国产业内贸易较为活跃，但同样由于受到巨额进口的影响，IIT指数也相对较高。贸易竞争力指标表明，中国国内大豆消费市场巨大，但是，中国大豆对外依存度过高，进口远远高于出口，贸易竞争力有待进一步提升。

从国际市场占有率（见表7－9）也可以看出，中国的国际市场占有率非常低，远低于美国、巴西、阿根廷、巴拉圭和加拿大，说明我国大豆国际竞争力仍有很大的提升空间。

表7－9　　各国大豆国际市场占有率　　单位：%

年份	美国	巴西	阿根廷	巴拉圭	加拿大	中国
2002	54.8	24.4	7.3	4.9	2.6	0.7
2003	60.4	21.1	6.8	4.1	2.4	0.8
2004	58.0	23.9	8.5	3.1	1.9	0.7
2005	52.7	26.3	12.0	3.4	1.3	0.7
2006	52.4	28.3	10.4	3.2	1.5	0.7
2007	51.4	27.8	11.9	3.6	1.5	0.6
2008	43.1	34.8	11.2	3.7	1.9	0.9
2009	40.4	34.2	14.7	3.6	2.2	1.1
2010	43.0	35.2	11.1	2.6	2.6	0.9
2011	43.8	29.4	15.0	3.8	2.8	0.9
2012	44.2	31.2	13.0	4.2	2.5	1.0
2013	49.9	34.6	5.1	2.4	2.9	0.7
2014	46.9	27.8	12.6	4.0	3.4	0.3
2015	38.5	35.8	12.0	5.0	3.2	0.4
2016	46.6	32.5	6.0	3.0	4.1	0.5

续表

年份	美国	巴西	阿根廷	巴拉圭	加拿大	中国
2017	37.6	39.9	7.2	4.4	3.3	0.4
平均值	47.7	30.4	10.3	3.7	2.5	0.7

资料来源：根据联合国商品贸易统计数据库数据计算整理得出。

（三）结论与建议

通过对中国大豆国际竞争力现状的研究可以看出，2017年，巴西和阿根廷两个国家的大豆贸易竞争力相对最强，中国大豆贸易竞争力相对最弱，在七国中仅位居第七；同时，巴西与阿根廷的大豆产业规模相对最为庞大，中国大豆产业的规模仅高于印度和印度尼西亚，位居第五。在七国之中，美国和加拿大的宏观经济环境相对最好，中国位居第三。总体来看，美国、巴西和阿根廷显示出极强的竞争优势。不过，美国大豆的竞争优势有所弱化，巴西大豆国际竞争力逐步增强。中国作为世界第四大大豆生产国，其大豆国际竞争力非常弱，并且呈现持续弱化的趋势。但是，中国宏观经济环境较为理想，国内消费市场庞大，这为中国发展大豆产业奠定了良好的经济环境基础。所以，中国大豆产业总体规模偏小，国内日益增长的大豆消费需求需要依靠巨额大豆进口给予支撑；同时，政府扶持政策有限，国内大豆种植成本远超过其他同类农产品，以致大豆种植的利润率偏低，豆农生产积极性不高。这都阻碍了中国大豆种植规模的扩大，并形成了目前巨额的大豆产业贸易逆差，这也进一步降低了中国大豆产业的国际竞争力。

在与世界主要大豆主产国进行对比评价的基础上，为进一步提高中国大豆国际竞争力，可采取的政策建议有以下三个方面。

（1）加大政策扶持力度。美国政府通过贷款差额补贴、对大豆种植者给予直接补贴、利用反周期补贴对大豆价格进行直接补贴等各类补贴政策对大豆产业进行扶持，以促进本国大豆的出口及国际竞争力的提升。中国应将政府补贴扶持的地区进一步扩大，由目前的东北三省扩大到全国，使全国豆农均能受益，从而激发其种植大豆的积极性，扩大中国大豆的种植规模；制定合理的目标价格，一旦大豆市场价格低于目标价格，采用反周期补贴对形成的差价进行补贴，以稳定大豆的销售价格。

（2）积极学习和借鉴国外大豆生产先进的管理经验，逐步提升中国大豆在国际市场的影响力。可以借鉴美国大豆协会（ASA）和美国联合大豆协会（USB）的做法，逐步健全与完善中国大豆产业协会在大豆种植、加工、进出口的协调功能与信息传递等方面的服务职能。除此之外，还可以通过大力扶持农民合作组织的发展，推动大豆生产组织方式的创新，以此促进中国大豆国际竞争力的提高。

（3）推动科技创新，健全农业科技创新激励机制，增强中国非转基因大豆的国际竞争优势。当前我国经济发展进入新常态，实现稳粮增收，提高我国农业的国际竞争力，已经成为促进我国农业可持续发展的一个重大课题。中国是全球最大的非转基因大豆生产国，目前种植的大豆均为非转基因大豆。中国应进一步健全农业科技创新激励机制，以科研院所和高校研究为依托，依靠科技创新，进一步提高非转基因大豆的含油率，扩大非转基因大豆的种植规模。尤其要依靠科技进步提高大豆单产。受到土地资源制约以及大豆种植效益较低等因素的影响，未来期望通过扩大大豆播种面积带动大豆产量上升比较困难。与此同时，中国大豆单产水平有很大的提升空间。因此，依靠科技进步提高大豆单产是未来增加中国大豆产量的根本途径。一方面，要精心选育高产、优质、专用的大豆新品种；另一方面，要加快完善新品种及其栽培技术的推广体系建设。此外，通过科技创新，最大限度地挖掘大豆加工业的科技附加值，延伸大豆产业链，在促进农业增收的前提下，提高中国大豆国际竞争力。

三 我国水产品国际竞争力测定

（一）评价指标选择

除采用前文提到的显性比较优势指数 RCA、国际市场占有率 IMS 以外，需要增加一个指标来衡量水产品国际竞争力，那就是质量溢价及质量溢价率。质量溢价法是通过测算两个报告国之间或报告国与世界之间出口单位价值的差异来衡量同类产品质量差异，主要用于反映产品质量竞争力。在国际贸易中，世界相对各出口国来说都是一个较大的市场。在世界市场竞争中，信息充分的进口国在进口同类产品时会根据产品的品质高低支付相应的价格。如高价值、高品质水产品，其对应的出口价格也应较高。因此，同类产品或者替代性较强的产品，由于质量水平差异会导致其出口单位价值产生差异。质量溢价计算公式为：

$$p_iX = EUV_iX - EUVgX \tag{7-9}$$

式中，p_iX 表示 i 国家出口 X 门类产品的质量溢价水平；EUV_iX 表示 i 国家出口 X 门类产品的平均出口单位价值；$EUVgX$ 表示世界出口贸易中 X 门类产品的平均出口单位价值。若 $p_iX>0$，则表示 X 门类产品整体上具有正的质量溢价，可据此推断其整体质量高于世界同类产品平均质量，表示在世界市场中该国的 X 门类产品具有一定的质量竞争力。

质量溢价率是指在质量溢价基础上，因质量差异所带来的质量溢价相对于世界出口单位价值的平均溢价程度。质量溢价率的计算公式为：

$$\gamma_{ix} = \frac{EUV_ix - EUV_{gx}}{EUV_{gx}} \tag{7-10}$$

质量溢价率是一个相对量指标，当世界市场上的货币供给需求对产品价格影响较大时，该指标能更准确地推断出产品质量的实际变动情况。

$$RSCA_i^k = (RCA_i^k - 1) / (RCA_i^k + 1) \tag{7-11}$$

为进一步揭示和对比我国在主要水产品贸易伙伴国市场上的水产品贸易比较优势状况，本书测算了对称显示性比较优势指数（Reveal Symmetric Comparative Advantage Index，RSCA）。因为巴拉萨提出的RCA指数存在一个重要缺陷，即数值非对称问题，造成测算结果不满足正态分布（左偏），该缺陷可能导致结果不可比较（Nathetal，2015）。为修补该缺陷，达鲁姆（Dalum，1998）等将RCA指数进行了如上变换。该指数有效地弥补了巴拉萨提出的RCA指数的数值非对称和可能结果难以比较的缺陷问题。与RCA指数不同，RCSA指数的取值介于-1—1之间，正值（负值）代表中国水产品 i 在目标国市场 k 有（无）比较优势。为便于对国际竞争力水平进行比较，本书对 RCA 指标下评估国际竞争力强弱的数值进行调整，即若 RSCA 指数大于0.43时，表示出口产品具有极强的国际竞争力；若介于0.11—0.43，表示出口产品具有较强的国际竞争力；若介于-0.11—0.11，表示出口产品具有中等国际竞争力；若小于-0.11，表示出口产品的国际竞争力较弱。

（二）水产品国际竞争力分析

1. 水产品总体竞争力情况

由表7-10可以看出，中国出口水产品整体质量溢价呈现稳步上升趋势。这一变动趋势表明，相对于世界市场平均水产品出口单位价值而言，中国出口水产品单位价值在2007—2017年有了稳步提升，质量溢价水平由2007年的-0.72升至2017年的0.67，超过了世界平均水平，在一定程度上彰显了中国出口水产品在世界市场中的质量竞争力。

表7-10　　2007—2017年中国出口水产品各项指标

年份	p_iX	RCA	IMS
2007	-0.72	0.347	7.16
2009	-0.01	0.341	9.85
2011	0.20	0.379	11.63
2013	0.34	0.402	12.43
2015	0.61	0.385	13.73
2017	0.67	0.396	13.81

资料来源：通过 UNComtrade、《中国水产品进出口贸易统计年鉴》数据计算得出。

2. 主要出口品种国际竞争力分析

对水产品主要出口品种质量的衡量和分析主要以2017年的数据为基础。2017年，中国水产品出口按照占一般贸易出口额的比例从高到低排列，中国主要出口水产品品种依次为：墨鱼、鱿鱼及章鱼

(18.89%), 贝类 (11.59%), 对虾 (10.91%), 罗非鱼 (8.73%), 蟹类 (6.65%), 鳗鱼 (6.62%), 淡水小龙虾 (1.78%), 大黄鱼 (1.64%)。其中, 贝类主要包括鲍鱼、扇贝、蛤蚌、螺、贻贝。蟹类主要包括梭子蟹和中华绒毛蟹 (大闸蟹) 两个品种。

中国水产品主要出口品种质量普遍高于世界平均水平, 其中墨鱼、鱿鱼及章鱼主要以冻、干、盐腌、熏制形式出口。从表7-11可以看到, 2017年, 世界墨鱼、鱿鱼及章鱼出口单位价值为3.69美元/千克, 中国出口单位价值为5.87美元/千克, 质量溢价率达到了59.13%, 远高于世界平均水平; 中国出口对虾质量溢价为2.47美元/千克, 质量溢价率达到31.40%, 表明中国出口对虾质量已经较大程度高出世界平均水平。中国蟹类主要以初级加工品形式出口, 占蟹类出口总额的56.85%, 其余主要以冷冻或未冻的方式出口, 主要包括梭子蟹和中华绒毛蟹。在冷冻或未冻蟹出口中, 梭子蟹出口额占所有冷冻或未冻蟹出口总额的42.84%, 中华绒毛蟹主要以未冻形式出口, 出口额占所有冷冻或未冻蟹出口总额的17.61%。总体上看, 中国蟹类出口单位价值高于世界蟹类产品平均出口单位价值。

表7-11 2017年中国水产品主要出口品种质量溢价及质量溢价率

品种	世界出口单位价值(美元/千克)	中国出口单位价值(美元/千克)	质量溢价(美元/千克)	质量溢价率(%)
墨鱼、鱿鱼及章鱼	3.69	5.87	2.18	59.13
贝类	5.51	5.58	0.06	1.10
对虾	7.87	10.35	2.47	31.40
罗非鱼	3.30	3.05	-0.25	-7.49
蟹类	9.26	10.45	1.19	12.87
鳗鱼	8.33	17.69	9.36	112.45
淡水小龙虾	—	13.21	—	—
大黄鱼	—	6.66	—	—

贝类、罗非鱼出口产品质量与世界平均水平接近。在贝类出口方面, 中国出口单位价值与世界平均出口单位价值较为接近, 均在5.50

美元/千克左右，在此类产品上质量差异不大。罗非鱼出口单位价值略低于世界平均出口单位价值，质量水平与世界平均水平接近。

鳗鱼出口产品质量远高于世界平均水平。在鳗鱼出口方面，中国主要出口制作或保藏的鳗鱼占鳗鱼出口总额的83.84%；活鳗鱼出口额占鳗鱼出口总额的11.87%。从中国鳗鱼出口内部结构可以看出，鳗鱼产品主要是以初级加工、鲜活方式出口，以这类方式出口的产品品质明显好于以冷冻、盐腌、熏制等方式出口的产品品质，出口单位价值也更高。中国鳗鱼出口产品质量溢价为9.36美元/千克，质量溢价率高达112.45%，凸显了中国鳗鱼出口质量上的领先地位。

淡水小龙虾和大黄鱼是中国特有的名优水产品。淡水小龙虾主要以经过初级加工的虾仁形式出口，大黄鱼主要是以冷冻形式出口，这两类水产品在UNComtrade数据库中并未单独列项进行统计，所以，无法准确计算质量溢价，但是，参考2017年冷冻整鱼（1.87美元/千克）、甲壳类（8.69美元/千克）的出口单位价值，大黄鱼出口单位价值大约为6.66美元/千克，淡水小龙虾出口单位价值大约为13.21美元/千克，均分别高于冷冻整鱼、甲壳类平均出口单位价值。由此可见，淡水小龙虾和大黄鱼属于出口单位价值较高的高质量水产品，其出口规模扩大有助于提升中国水产品整体质量水平。

从表7-12可以看到，2017年，中国水产品主要出口品种均表现出较强的贸易市场竞争力。首先，竞争力最强的是罗非鱼，其贸易竞争力指数接近1，国际市场占有率高达66.29%，表明罗非鱼在出口环节具有较强的比较优势。其次，中国是淡水小龙虾和大黄鱼主要输出国，出口额远高于进口额，贸易竞争力指数均达到0.993，在进出口环节具有较强的贸易竞争力。其余品种的贸易竞争力指数及市场占有率均较高，如对虾的国际市场占有率相对偏低，仅为6.65%。

从表7-13可以看出，从总体水平来看，我国水产品市场具有较强的竞争力，但竞争优势水平呈下降趋势。除我国香港和美国外，我国水产品在主要贸易伙伴市场的RSCA指数均为正值，表明其具有很强的竞争优势，尤其在挪威、加拿大、俄罗斯和马来西亚等国水产品市场上均超过0.5，表明在这些市场上具有极强的竞争力。然而，如果从时间趋势来看，RSCA 的数值在各国市场上均呈现下降趋势，这表明虽然我国水产品仍具有竞争优势，但显示性竞争优势在弱化。

表 7－12 2017 年中国水产品主要出口品种贸易竞争力指数及国际市场占有率

品种	贸易竞争力指数 RCA	国际市场占有率 IMS（%）
墨鱼、鱿鱼及章鱼	0.746	38.17
贝类	0.516	24.04
对虾	0.711	6.65
罗非鱼	1.000	66.29
蟹类	0.415	18.13
鳗鱼	0.474	35.60
淡水小龙虾	0.993	—
大黄鱼	0.993	—

资料来源：通过 UNComtrade、《中国水产品进出口贸易统计年鉴》数据计算得出。

表 7－13 我国水产品对主要贸易伙伴国（地区）出口的 RSCA 指数

年份	亚洲国家（地区）					非亚洲国家				
	中国香港	日本	韩国	马来西亚	泰国	加拿大	德国	挪威	俄罗斯	美国
2000	－0.03	0.01	0.58	0.89	0.90	0.86	0.64	0.98	0.90	－0.10
2005	－0.18	0,02	0.43	0.78	0.84	0.76	0.46	0.97	0.74	－0.31
2010	－0.19	0.10	0.37	0.72	0.77	0.74	0.37	0.96	0.67	－0.32
2017	－0.31	0.13	0.32	0.61	0.70	0.73	0.45	0.97	0.56	－0.34

资料来源：通过 UNComtrade、《中国水产品进出口贸易统计年鉴》数据计算得出。

表 7－14 显示了我国水产品的对称显示性比较优势指数。总体来看，加入世界贸易组织以来，中国水产品 RSCA 指数均为正，表明相对于世界水产品平均出口水平而言，我国水产品的出口贸易具有比较优势，但是，RSCA 指数有减小趋势，由 2000—2001 年的 0.29 下降到 2016—2017 年的 0.08，说明优势程度呈下降趋势。出现这种情况

的重要原因之一是近年来国外众多绿色贸易壁垒的兴起。

表 7-14　　中国水产品对称显示性比较优势指数（RSCA）

年份	2000—2001	2002—2005	2006—2008	2009—2013	2014—2015	2016—2017
活鱼	0.60	0.56	0.49	0.41	0.42	0.38
鲜冷鱼	-0.30	-0.50	-0.75	-0.80	-0.82	-0.88
冻鱼	0.14	-0.21	-0.27	-0.09	-0.05	-0.05
其他鱼肉	0.41	0.35	0.31	0.33	0.28	0.24
熏鱼	-0.03	-0.12	-0.22	-0.19	-0.17	-0.23
甲壳动物	-0.10	-0.24	-0.54	-0.22	-0.21	-0.26
软体动物	0.44	0.21	0.05	0.26	0.31	0.37
水产品制品	0.56	0.48	0.46	0.34	0.34	0.30
总体	0.29	0.18	0.11	0.11	0.12	0.08

资料来源：通过 UNComtrade、《中国水产品进出口贸易统计年鉴》数据计算得出。

从分品种比较优势指数的测算结果来看，我国不同品种水产品出口的比较优势差异较大。与总体水产品竞争力变动趋势相似，除甲壳动物外，加入世界贸易组织以来，各品种水产品的 RSCA 指数均波动下降，进一步表明我国水产品竞争优势程度呈下降趋势。具体来看，活鱼、软体动物、水产品制品、其他鱼肉和冻鱼是我国具有较大比较优势的水产品品种，2016—2017 年 RSCA 指数分别为 0.38、0.37、0.30、0.24 和 -0.05；而熏鱼、甲壳动物和鲜冷鱼则出口竞争相对较弱，2016—2017 年 RSCA 指数分别为 -0.23、-0.26 和 -0.88。

（三）主要结论及政策建议

1. 主要结论

（1）我国水产品进出口贸易均呈增长态势，贸易顺差逐年增加，但整体竞争力水平正逐步降低；一般贸易仍是我国水产品贸易的最重要贸易形式，软体动物、冻鱼及甲壳动物在出口中的地位逐步提高。此外，我国水产品出口集中度仍然较高，主要输往日本、美国、中国香港及韩国等少数几个国家或地区。

（2）近十年来，中国水产品整体国际竞争力稳步提升。在质量竞争力方面，质量溢价从 2007 年的 −0.72 升至 2017 年的 0.61，表明中国出口水产品整体质量从原先低于世界平均水平，到现在已经高于世界平均水平，呈现稳步上升态势。在贸易市场竞争力方面，2017 年，中国出口水产品国际市场占有率相较 2007 年增长近一倍，贸易竞争力指数维持在较高水平，表明中国水产品具有较强的贸易竞争力，呈现稳步增长态势。

（3）中国出口水产品中各主要出口品种普遍具有较强国际竞争力。在质量竞争力方面，除罗非鱼和贝类外，墨鱼、鱿鱼及章鱼以及对虾、蟹类、鳗鱼的出口单位价值均较大程度超过同类产品世界平均水平，质量溢价和质量溢价率较高，表明这些产品在质量上具有显著竞争力；淡水小龙虾、大黄鱼出口单位价值均高于甲壳类平均单位价值和冷冻整鱼平均单位价值，表明这两个产品具有一定的质量竞争优势。在贸易竞争力方面，各主要品种贸易竞争力指数和国际市场占有率均比较高，表明各主要品种均有较强的贸易竞争力。

2. 政策建议

（1）加强对水产品及其具体品种综合效益及国际竞争力的调研。当前，对水产品国际竞争力的研究口径偏大、门类较宽泛，对具体出口品种的研究往往因为数据等方面的限制相对较少。基于具体品种国际竞争力、综合经济效益研究能够更加准确、有效地传递市场信号，应加强对相关企业产、供、销的调研，为促进中国水产品生产结构、出口结构优化升级夯实基础。特别地，需要摸清我国水产品竞争力状况以及伙伴国（地区）市场消费者需求特点，有计划、有目的地调整我国出口水产品的养殖结构和贸易结构，向亚洲国家（地区）多出口水产品制品、鲜活水产品、软体动物和甲壳动物，而对非亚洲国家则多出口罗非鱼、鲶鱼等鱼片或鱼肉，提高我国水产品的市场占有率。

（2）加强水产品质量监管，完善水产品质量标准体系。加强对水产品生产、加工、运输等环节的质量监管力度，进一步推动中国水产品质量标准与进口国进口标准及国际标准的有效对接，不断完善中国水产品质量标准体系，提升中国水产品国际贸易质量竞争力。

（3）加大对水产品加工企业的支持力度。促进水产品加工企业积极参与到全球价值链中，使其形成较高的溢价水平，提升企业的渠道控制能力，进而提高中国水产品国际竞争力。

（4）拓展水产品出口市场，减少对单一市场的依赖。目前中国水产品出口市场仍然集中在日本、欧盟、美国等发达国家和地区，但这些国家和地区对中国水产品的进口已经趋于饱和，应积极拓展水产品出口市场，促进中国水产品出口持续健康发展。应加强双边和多边的贸易磋商，拓展出口市场。结合"一带一路"倡议，通过双边和区域自由贸易协定的谈判，疏通水产品出口渠道，既可以争取更优惠的贸易安排，增加我国与贸易伙伴国（地区）之间的水产品贸易量；也可以降低我国水产品对单一市场的依赖，降低水产品出口集中度。

四　我国玉米国际竞争力研究

（一）我国玉米贸易现状

随着新兴能源的产生，生产效率的不断提高，玉米在能源发展、提升生活水平方面的影响越来越大。

从表7－15可以看出，中国玉米出口量在最近18年来出现了非常严重的下降。由2000年的10.51亿美元减少到2017年的0.18亿美元，减少了100倍。由表7－15发现，2008年以前，中国玉米出口额处于不停地上下波动的状态。分别在2003年、2005年、2007年达到小高峰。其中，2003年中国玉米出口额达到最高值，约17.67亿美元。2003年以后，开始大幅度走低，负增长率高达81.65%。2008—2017年，出口额再没有超过1亿美元。从2014—2017年的走势看，中国玉米出口贸易仍会维持在低水平线上，没有较大改变。

表7－15　　2000—2017年中国玉米出口数据　单位：百万美元、%

年份	出口额	出口增长率
2000	1051.816	—
2001	628.472	－40.25
2002	1167.827	85.82
2003	1766.848	51.29
2004	324.301	－81.65

续表

年份	出口额	出口增长率
2005	1096.582	238.14
2006	412.372	-62.39
2007	874.425	112.05
2008	73.562	-91.59
2009	31.733	-56.86
2010	33.38	5.19
2011	46.593	39.58
2012	101.227	117.26
2013	33.241	-67.16
2014	7.334165	-76.94
2015	4.853879	-36.67
2016	2.744686	-43.45
2017	18.357	568.81

注：根据 FAOSTAT 数据计算整理。

由表 7-16 可以看出，中国玉米出口市场一直集中于亚洲地区，占比至少达 85% 以上。甚至 2010 年、2011 年达到近 100% 的比值。而另外几大洲的出口额都极少，仅占比在 10% 以下。由此说明，中国玉米出口贸易对亚洲市场的依存度极高。

表 7-16　　2008—2017 年中国玉米出口市场结构　单位：万美元、%

年份	2017	2015	2014	2013	2012	2011	2010	2009	2008
亚洲	1710.1	415.8	757.3	3313.1	10077.1	4636.5	3333	3118.2	7040.4
比重	93.1	85.4	98.7	99.9	99.8	100.0	100.0	98.8	94.5
非洲	0	45.6	0.9	3.9	19.7	0	0.1	36.8	275.6
比重	0.0	9.4	0.1	0.1	0.2	0.0	0.0	1.2	3.7
欧洲	83.5	15.7	5.8	0	0	0.2	0	0	96.2
比重	4.55	3.2	0.8	0.0	0.0	0.0	0.0	0.0	1.3

续表

年份	2017	2015	2014	2013	2012	2011	2010	2009	2008
南美	36.9	6.1	0.2	0.1	0.1	0	0	0	0
比重	2.01	1.3	0.0	0.0	0.0	0.0	0.0	0.0	0.0
北美	4.9	3.8	3.3	0	1.2	0.5	0	0	34.2
比重	0.27	0.8	0.4	0.0	0.0	0.0	0.0	0.0	0.5
总量	1835.7	487	767.5	3317.1	10098.1	4637.2	3333.1	3115	7446.4

注：根据 FAOSTAT 数据整理计算。

由表 7－17 可以看出，中国玉米出口的国家主要集中在朝鲜、越南、日本等亚洲国家。其中值得注意的是，从 2009 年开始至 2015 年，朝鲜一直是中国玉米出口的最大对象国。2011 年、2012 年，中国对朝鲜的玉米出口比值达 99%。2010 年以后，中国对日本、韩国的玉米出口大大减少。日本不再成为中国玉米出口的稳定市场。从 2013 年开始，越南挤入前三位，成为中国玉米出口重要的新市场。

表 7－17　　2008—2017 年中国玉米出口国家和地区结构

单位：万美元、%

年份	项目	位次			
		1	2	3	—
2008	国家和地区	中国台湾	朝鲜	英国	—
	出口额	4181.4	2763.7	144	7356.2
	比重	58.98	38.99	2.03	100.00
2009	国家和地区	朝鲜	亚洲其他	日本	—
	出口额	1444.7	971.8	490.6	3173.3
	比重	49.70	33.43	16.88	100.00
2010	国家和地区	朝鲜	日本	韩国	—
	出口额	2350.9	662.3	272.6	3338.0
	比重	71.55	20.16	8.30	100.00
2011	国家和地区	朝鲜	巴基斯坦	老挝	—
	出口额	4571.2	22.7	21.6	4659.3
	比重	99.04	0.49	0.47	100.00

续表

年份	项目	位次			
		1	2	3	—
2012	国家和地区	朝鲜	厄立特里亚	巴基斯坦	—
	出口额	10057.9	18.2	11.7	10122.7
	比重	99.70	0.18	0.12	100.00
2013	国家和地区	朝鲜	越南	老挝	—
	出口额	3190.7	72.7	26.1	3324.1
	比重	97.00	2.21	0.79	100.00
2014	国家和地区	朝鲜	新加坡	越南	—
	出口额	566.2	65.6	60.2	733.42
	比重	81.82	9.48	8.70	100.00
2015	国家和地区	朝鲜	越南	美国	—
	出口额	301.6	106.7	41.9	485.39
	比重	66.99	23.70	9.31	100.00
2016	国家和地区	越南	朝鲜	俄罗斯	—
	出口额	150.9	100.9	9.33	274.47
	比重	54.99	36.79	3.40	100.00
2017	国家和地区	朝鲜	日本	越南	—
	出口额	768.8	454.1	193.1	1835.7
	比重	41.88	24.74	10.52	100.00

注：根据 FAOSTAT 数据整理计算。

表 7－18 的数据显示，我国玉米进口额从 2000 年的 5.67 亿美元上升到 2015 年的 11.07 亿美元，翻了一番。但是，在 2016—2017 年却属于下降通道。同时，细看每年的进口量可发现，数值并非平稳增长，而是处于不断波动变化中。在最近 18 年的时间里，中国玉米进口总量在 2012 年达到最高峰，约 31.06 亿美元。

表 7－18　2000—2017 年中国玉米进口数据　单位：百万美元、%

年份	进口额	进口增长率
2000	567.395	—
2001	683.207	16.95

续表

年份	进口额	进口增长率
2002	599.165	-14.03
2003	692.87	13.52
2004	832.797	16.80
2005	735.187	-13.28
2006	783.928	6.22
2007	940.424	16.64
2008	1174.12	19.90
2009	982.866	-19.46
2010	1601.304	38.62
2011	1972.788	18.83
2012	3106.738	36.50
2013	2123.728	-46.29
2014	729.0242	-191.31
2015	1107.806	34.19
2016	637.73	-42.43
2017	602.25	-5.56

注：根据 FAOSTAT 数据整理计算。

由表 7-19 可以看出，老挝、美国一直是我国玉米进口贸易最密切的国家。这两个国家都是玉米生产大国，常年有大量玉米对外出口。从 2013 年开始，乌克兰加大了对中国的玉米出口。从 2015 年开始，乌克兰成为中国玉米进口额最大的国家，2015 年占比高达 83.94%，这也极大地冲击了其他国家对中国玉米的出口。例如，从美国进口的比重从 2013 年以前长期占 90% 左右，跌落到 2017 年的 8.81%。

（二）我国玉米国际竞争力分析

如前所述，玉米作为世界上主要粮食品种之一，世界各国对其需求也是有增无减。近年来，国家玉米补贴政策实施的相关问题已经成为各界关注的焦点，面对国际贸易市场的变化以及日趋激烈的国际竞争，我国玉米如何抵御国际玉米市场的冲击，在保证国内需求的基础

表 7-19 2008—2017 年中国玉米进口国家（地区）结构

单位：万美元、%

年份	项目	位次			
		1	2	3	—
2008	国家和地区	老挝	美国	缅甸	—
	出口额	401. 3	349. 3	318. 5	1069. 1
	比重	37. 54	32. 67	29. 79	100. 00
2009	国家和地区	老挝	美国	缅甸	—
	出口额	809. 4	476. 3	337. 8	1623. 5
	比重	49. 86	29. 34	20. 81	100. 00
2010	国家和地区	美国	老挝	德国	—
	出口额	34897. 2	908. 3	383. 5	36189
	比重	96. 43	2. 51	1. 06	100. 00
2011	国家和地区	美国	老挝	缅甸	—
	出口额	57841. 6	830. 5	574. 1	59246. 2
	比重	97. 63	1. 40	0. 97	100. 00
2012	国家和地区	美国	老挝	泰国	—
	出口额	165464. 7	1312. 4	587. 9	167365
	比重	98. 86	0. 78	0. 35	100. 00
2013	国家和地区	美国	老挝	乌克兰	—
	出口额	82305. 1	2649	2617. 8	87571. 9
	比重	93. 99	3. 02	2. 99	100. 00
2014	国家和地区	美国	乌克兰	泰国	—
	出口额	28534. 5	24160. 9	8276. 4	60971. 8
	比重	46. 80	39. 63	13. 57	100. 00
2015	国家和地区	乌克兰	美国	老挝	—
	出口额	84156. 9	12175. 6	3930. 1	100262. 6
	比重	83. 94	12. 14	3. 92	100. 00
2016	国家和地区	乌克兰	美国	老挝	—
	出口额	36958. 0	15988. 2	4513. 5	637. 73
	比重	61. 37	26. 55	7. 49	100. 00

续表

年份	项目	位次			
		1	2	3	—
2017	国家和地区	乌克兰	美国	老挝	—
	出口额	50830.9	5620.1	4079.8	602.249
	比重	79.71	8.81	6.40	100.00

注：根据《中国出口月度统计报告——玉米》整理。

上，重新形成玉米的价格形成机制，改为由市场来决定价格，加快扭转我国玉米大量进口的被动局面已经刻不容缓。本部分将分析中国玉米国际竞争力，研究中国与主要玉米出口国的依存度关系，在“一带一路”倡议背景下，加强与经济带沿线巴西、印度、俄罗斯等国家的玉米贸易，从而更好地促进我国贸易发展。

由表7-20可见，从国际市场占有率来看，中国玉米的市场份额呈现逐年下降的趋势，在2014年IMR指数为0.000，近年来则略有回升。相比于美国等玉米种植发达的国家总体份额处于低位。对于“一带一路”沿线国家巴西、俄罗斯、印度等，其IMS数值虽然不及美国IMS指数高，但仍具有一定的国家竞争力，2004—2017年，巴西IMS指数稳定在0.03—0.1，俄罗斯稳定在0.0010左右，印度IMS指数在0.006—0.29。对中国而言，相较于向美国等国进口玉米，容易形成绝对的依赖性，所以，不妨发展与巴西、俄罗斯、印度等国的玉米贸易，同时加深两地的“一带一路”战略实施。此外，玉米是劳动密集型产业，中国是劳动密集型的国家，相对来讲，劳动力具有比较优势，如充分发挥资源优势，增加玉米种植面积与劳动力，可以进一步带动我国玉米的出口，扭转进口依赖美国、阿根廷等国家的困境。

表7-20　2004—2017年中国玉米与主要玉米出口国市场占有率（IMS）比较

年份	中国	美国	阿根廷	法国	巴西	俄罗斯	印度
2004	0.0277	0.5240	0.1020	0.1226	0.0510	0.0002	0.0161
2005	0.0978	0.4494	0.1220	0.1333	0.0107	0.0006	0.0065

续表

年份	中国	美国	阿根廷	法国	巴西	俄罗斯	印度
2006	0.0311	5.5082	0.0954	0.0997	0.0363	0.0007	0.0078
2007	0.0421	4.8636	1.0850	0.7336	0.9240	0.0053	0.1509
2008	0.0027	0.5102	0.1298	0.0855	0.0516	0.0011	0.0339
2009	0.0016	0.4588	0.0815	0.0935	0.0657	0.0095	0.0269
2010	0.0015	0.4529	0.1415	0.0828	0.0996	0.0019	0.0240
2011	0.0014	0.4195	0.1358	0.0766	0.0816	0.0047	0.0325
2012	0.0013	0.1246	0.0622	0.0308	0.0691	0.0073	0.0145
2013	0.0009	0.1967	0.1674	0.0757	0.1805	0.0168	0.0360
2014	0.0000	0.3797	0.1201	0.0725	0.1340	0.0238	0.2964
2015	0.0007	0.3703	0.1462	0.0686	0.1516	0.0212	0.3002
2016	0.0006	0.4031	0.1805	0.0743	0.1453	0.0196	0.2298
2017	0.0005	0.3983	0.1743	0.0821	0.1233	0.0117	0.2242

资料来源：根据联合国贸易统计数据库数据及计算得出。

由表7－21可知，从贸易竞争力角度来看，中国玉米的EC指数在2004—2009年均为正数且趋于1，具有较强的国际竞争力。在2009—2017年，中国玉米的EC指数均为负且趋于－1，竞争力减弱，在2017年EC指数为－0.9017，表明中国玉米的国际优势将趋于消失。而俄罗斯与中国情况正好相反，2010年前EC指数为负数，2010年后EC指数为正，其国际竞争力逐年加强。对于美国、阿根廷、印度、巴西从整体的EC指数上看，均是正值且接近于1，均具有较强的国际竞争力。

表7－21 2004—2017年中国玉米与主要玉米出口国市场贸易竞争力指数（EC）比较

年份	中国	美国	阿根廷	法国	巴西	俄罗斯	印度
2004	0.9949	0.9553	0.9924	0.7595	0.8908	－0.9408	0.9964
2005	0.9975	0.9452	0.9917	0.8192	0.3460	－0.6946	0.9846
2006	0.9438	0.9443	0.9808	0.8025	0.7128	－0.7694	0.9859

续表

年份	中国	美国	阿根廷	法国	巴西	俄罗斯	印度
2007	0.9847	0.9357	0.9849	0.6318	0.8703	-0.7080	0.9853
2008	0.7108	0.9402	0.9861	0.7890	0.8076	-0.7141	0.9910
2009	0.2148	0.9327	0.9823	0.6960	0.7782	0.5140	0.9767
2010	-0.8333	0.9339	0.9840	0.7565	0.9336	-0.1762	0.9596
2011	-0.8509	0.9401	0.9893	0.8066	0.9011	0.1896	0.9883
2012	-0.8870	0.8064	0.9850	0.7949	0.9383	0.7035	0.9968
2013	-0.9559	0.6087	0.9956	0.7707	0.9505	0.5705	0.9813
2014	-0.9791	0.8907	0.9935	0.6838	0.9419	0.5196	0.9851
2015	-0.9802	0.7975	0.9673	0.7043	0.9234	0.6853	0.9458
2016	-0.8574	0.7096	0.9324	0.7321	0.9326	0.6071	0.9732
2017	-0.9017	0.8211	0.9532	0.6983	0.9286	0.6345	0.9653

资料来源：根据联合国贸易统计数据库数据及计算得出。

此外，从显性比较优势指数RCA来看，中国与主要玉米出口国家的RCA指数从高到低的排名依次为美国、阿根廷、巴西、法国、印度、俄罗斯、中国。中国在2004—2017年RCA指数均小于0.8，表明竞争力水平较薄弱。2007年，美国RCA指数为5.5355，表明具有很强的竞争力，但之后竞争力减弱，稳定在0.5左右。阿根廷的RCA指数从2004—2017年处于0.25左右，除2007年外，其RCA指数为2.5736。除美国和阿根廷国家外，其他国家在玉米出口中也并不具有很强的国际竞争力。

（三）提高我国玉米国际竞争力的政策建议

1. 减少向美国、法国等国家进口玉米

目前，中国的玉米主要进口来源地中，美国、法国、阿根廷在中国玉米进口总额的比重非常大，造成中国玉米进口具有较强的依赖性。长期来看，从这些国家进口玉米具有一定的潜在风险，容易形成进口垄断，形成一种被动的局面。巴西、印度、俄罗斯玉米出口也有一定的潜力，且不易对我国玉米进口形成阻碍，可以有效地降低玉米进口风险，这种分散总进口额的做法无疑是可以被采取的最佳选择。此外，印度、俄罗斯和巴西同时也是我国“一带一路”的沿线国家，与这些沿线国家加强玉米贸易合作有利于提高我国“一带一路”沿线国家区域合作水平，为我国玉米贸易带来新的契机。

2. 形成我国玉米市场品牌

目前，我国玉米贸易进口额一直居高不下，国际竞争力薄弱，很大程度上由于我国玉米产业品牌意识低下。针对此问题，我国玉米产业必须大力发展玉米产品品牌特色，利用国际市场上的非转基因、绿色等食品优势，结合我国的地方特色，创建玉米市场品牌。同时，在种植面积、种植人数固定的情况下，利用科技水平实现高品质玉米的种植，提高单位玉米产量，形成自己的优质品牌，从而增加出口需求，提升国际竞争力。

3. 建立健全相关的农田基础设施与政策

2016 年，我国政府在东北三省和内蒙古自治区实施“玉米市场化收购”以及“玉米补贴”的新机制，代替了玉米临时收储政策，有关政策应该尽快在我国其他地区实行。目前，我国农田基础设施不完善，农产品很容易受到自然灾害的影响，造成产量低、收益小，一方面降低农民的积极性，另一方面不利于我国玉米出口。所以，政府应建设好农田的基础设施，提高其抗灾的能力；引进高新技术，采购新型的种植机器，提高玉米产量；加快修建国内外运输通道，降低玉米运输成本。

五　我国稻米国际竞争力研究

（一）中国稻米贸易现状分析

这里实证研究的稻米指的是 SITC 编码为 042 的稻米谷物。从表 7 - 22 可以看出，中国稻米出口量在 2008—2015 年逐年减少，2016 年开始迅速回升，到 2017 年已经超过 100 万吨，达到 119.6 万吨。从进口来看，我国稻米进口量逐年增多，到 2017 年进口已达 399.3 万吨。稻米贸易量顺差减少，2011 年开始出现逆差，最大年份的贸易逆差出现在 2015 年，达到 306.4 万吨。

表 7 - 22　　中国稻米近几年出口和进口总量　　单位：万吨

年度	出口	进口	贸易差额
2008	97. 2	33. 0	64. 2
2009	78. 5	35. 7	42. 8
2010	62. 2	38. 8	23. 4
2011	51. 6	59. 8	- 8. 2
2012	27. 9	234. 4	- 206. 5
2013	47. 8	224. 4	- 176. 6
2014	41. 9	255. 6	- 213. 7
2015	28. 6	335. 0	- 306. 4
2016	48. 4	353. 4	- 305
2017	119. 6	399. 3	- 279. 7

资料来源：根据 WTO 相关资料整理所得。

从中国稻米进出口市场结构来看，中国稻米进出口市场比较单一。稻米进口主要来自越南和泰国。从表 7 - 23 的数据来看，2017 年，从这两个国家进口的稻米占中国稻米进口总额的 85% 以上。稻米出口主要集中在韩国、科特迪瓦、土耳其、莫桑比克、日本和一些发展中国家。

表 7 - 23　　2017 年中国稻米主要出口市场和进口市场

单位：万美元、%

出口贸易伙伴	出口金额	比重	进口贸易伙伴	进口金额	比重
世界	596163814	100	世界	1828133093	100
韩国	120232020	20. 17	越南	1021704004	55. 89
科特迪瓦	96674200	16. 22	泰国	544373328	29. 78
土耳其	24872411	4. 17	柬埔寨	101125208	5. 53
莫桑比克	24424489	4. 10	巴基斯坦	93642029	5. 12
菲律宾	23251883	3. 90	老挝	32760489	1. 79
巴基斯坦	21845370	3. 66	缅甸	31773198	1. 74

(二) 中国稻米国际竞争力分析

1. 国际市场占有率 (IMS)

如前所述，国际市场占有率指标可以简洁地表明一个国家某种产业的整体竞争力。由表7-24可以看出，在所比较的中国、印度、越南和泰国四国中，泰国大米每年稳定地占据世界稻米出口市场的25%以上的份额。印度除了个别年份总体来看市场份额也稳定在20%左右。越南稻米的国际市场占有率每年变化不大，占世界份额的13%—17%。中国稻米国际市场占有率2000年占9.85%，随后几年锐减，2017年，只占世界稻米出口市场份额的6.87%，比重很低。因此，从国际市场占有率来看，中国稻米明显地处于劣势，尤其是与中国稻米的单位产量（第一位）和总产量（第一位）相比，中国稻米的商品率和出口率明显偏低。

表7-24　2000—2017年四国稻米国际市场占有率　单位:%

年份	中国	印度	越南	泰国
2000	9.85	12.16	12.41	27.47
2001	6.37	13.9	12.48	27.35
2002	6.42	21.89	13.21	27.35
2003	7.84	15.5	12.56	27.4
2004	2.47	19.71	12.93	32.23
2005	2.2	17.12	17.65	24.59
2006	3.9	17.06	14.58	25.17
2007	3.44	24.82	13.32	26.04
2008	3.11	25.12	14.23	26.42
2009	2.59	25.62	14.36	26.69
2010	2.52	20.02	13.22	31.03
2011	2.28	19.34	16.32	25.32
2012	2.86	18.57	16.03	25.39
2013	3.46	24.38	14.07	25.87
2014	3.26	25.13	14.56	26.34
2015	4.62	25.54	16.65	26.41

续表

年份	中国	印度	越南	泰国
2016	5.21	23.76	14.32	27.03
2017	6.87	20.21	13.08	26.45

资料来源：根据世界贸易组织统计资料计算所得。

2. 贸易竞争指数（EC 指数）

贸易竞争指数反映了一国某种产品生产效率在世界市场上的优劣和优劣程度。由表 7 - 25 可以看出，中国稻米的贸易竞争指数与其他三国相比明显低出很多。中国稻米 EC 指数在 2008 年为 0.644，2012 年为 -0.19，之后几年指数有所回升，但是，还是在 0.5 以下。而泰国、印度和越南的贸易竞争指数都接近 1，也就是说，三国稻米的进口量几乎为 0，稻米的出口额就是稻米的贸易额。

表 7 - 25　　2008—2017 年四国稻米贸易竞争指数（EC 指数）

年份	2008	2009	2010	2011	2012	2013	2014	2015	2016	2017
中国	0.644	0.522	0.590	0.599	-0.19	-0.08	0.088	0.237	0.391	0.419
印度	0.988	1.000	0.999	0.999	1.000	0.999	0.999	0.999	0.998	0.999
越南	1.000	0.997	0.985	0.998	0.999	0.999	0.999	0.998	0.999	0.998
泰国	0.999	0.999	0.999	0.997	0.999	0.999	0.999	0.998	0.999	0.998

3. 显示性比较优势指数（RCA 指数）

由表 7 - 26 可以看出，越南的 RCA 指数是最高的，大部分时间在 50% 左右，近几年有所回落，但也有 40% 左右。如此高的 RCA 指数表明越南的国际贸易出口以农产品为主，其出口优势也集中在农业上。泰国的 RCA 指数也很高，为 25% 左右且相对比较平稳。印度 RCA 指数多数年份在 20% 以上，且近几年还有所增长。从显示性比较优势指标来看，这三国在稻米的出口上都具有极强的国际竞争力。中国在 2008—2011 年间，稻米的 RCA 数值介于 0.8—1.25，说明这段时间中国稻米具有中等的竞争优势。2012 年及以后年份，RCA 数值均小于0.8，说明中国稻米国际竞争力较弱，实际上，已经变成了比较劣势的行业。

表7－26　　　　2008—2017年四国稻米RCA指数

年份	2008	2009	2010	2011	2012	2013	2014	2015	2016	2017
中国	1.57	0.99	0.90	1.00	0.29	0.24	0.39	0.33	0.42	0.37
印度	17.20	19.22	26.32	18.49	22.47	17.15	16.36	23.64	22.32	22.45
越南	54.88	50.87	50.93	43.93	44.46	56.41	43.69	38.38	39.34	40.25
泰国	25.76	26.55	24.86	26.41	30.86	23.30	23.45	23.97	25.34	24.63

（三）结论和建议

1. 主要结论

（1）中国稻米的出口量逐年减少，进口量逐渐增多，贸易顺差减少，甚至出现逆差。

（2）中国稻米的出口市场较单一，主要集中在科特迪瓦、土耳其、莫桑比克、韩国、日本、中国香港、朝鲜等国家和地区，出口依赖少数国家会影响中国稻米出口量的稳定性。

（3）中国稻米的国际市场占有率与其他三国相比明显偏低，与中国稻米单位产量（第一位）和总产量（第一位）的地位不相符。

（4）中国稻米贸易竞争指数也远落后于印度、泰国和越南三国。

（5）中国稻米的显示性比较优势指数显示我国的稻米出口的相对优势较弱。

（6）中国稻米的出口主要集中在中低端市场，出口稻米的质量不高。

综上所述，中国虽然是世界上最大的稻米生产国、最大的稻米消费国，但是，从稻米的国际市场占有率、贸易竞争指数、显示性比较优势指数指标来看，中国稻米的国际竞争力同印度、泰国和越南三国相比较，劣势是比较明显的。中国稻米实际上已经变成了具有比较劣势的行业。

2. 主要建议

稻米是我国农产品在加入世界贸易组织后为数不多的具有竞争优势的农产品，虽然稻米加工业有了长足的进步，正在向集团化、大型化和资源全利用方向发展，但优质稻米知名品牌少，在国际市场上仍没有质量优势，缺乏竞争力；同时，随着人民生活水平的提高，国内高档稻米进口却继续保持增长态势。从长远考虑，中国稻米不应停留在现有的市场结构上，必须要适应国内外市场的需求，大力发展优质稻米产业，使稻米产业向优质化、绿色化、品牌化方向发展。

（1）实施稻米产业化经营。在我国已经实现粮食丰年有余的历史性跨越之后，必须对稻米产业发展进行战略性调整，大力发展优质稻米产业。要发展优质稻米产业，一是必须组织科研院所、大专院校、种业集团及龙头企业等，瞄准高档大米的消费市场，加强优质高产多抗品种的选育协作攻关，培育出适应消费者、生产者、经营者需求的优质稻新品种，在良种的基础上，良法、良制配套，实行科学的农艺管理措施，切实提高稻谷的质量。二是实施优质稻产业化开发战略，以市场为导向，以企业为龙头，以基地为依托，实行产加销、科工贸紧密结合的一条龙经营，由单纯抓生产向生产、加工、销售一齐抓，由抓产品转向抓产业，由行政推动转向政府搭台、企业和农民唱戏，把生产优质转变为市场优质，把产品优势转变为产业优势。加快建立一个以市场为导向，以农户为基础，以龙头企业为依托，将产前、产中和产后诸环节联结为一个完整的产业系统。

（2）建立水稻田合理流转机制，促进耕地集中经营。我国人多地少，户均经营规模小，而且每户耕种的土地田块分散。这种超小型及分散的经营方式，既不利于农作物的田间管理，也不利于农户机械化操作及采用新的农业科技。同时，由于农业利益较低，有些农户选择了抛荒外出务工，这是对我国本身就不多的耕地资源的极大浪费。因此，有必要在农村建立起土地流转机制，促进土地的集中经营。

（3）大力发展稻米产业农民专业合作组织。我国稻米生产以家庭承包经营为基础，加上农民专业合作组织少，自我组织化程度低，导致稻米产业长期面临“小生产，大市场”的尖锐矛盾。因此，在农村要大力发展相关农民合作组织，增强农民抵抗市场风险的能力。

（4）优化稻米品质结构。中国稻米目前市场占有率低的一个重要原因在于中国稻米品质较低，对经济发达国家缺乏足够的吸引力。从未来的发展看，种植品质优良、消费者美誉度较高的稻米有助于我国扩大对发达国家的出口潜力。

（5）制定和完善稻米出口促进政策，加大稻米的国内支持力度。按照世界贸易组织规则和我国加入世界贸易组织的承诺，我国对农业支持的可能空间还很大。因此未来相当长的一个时期内，我国应加大对稻米的国内支持。加强农业科研和推广、加强对农民及相关企业的培训、加强稻米质量与安全标准体系及农业市场信息服务体系的建设；加大对农田基础设施投资，增加对稻米加工、储藏和运输等的补贴。

（6）开展稻米精深加工，延长稻米产业链。现阶段农民收入增长缓慢，一个重要的原因是农民卖的仅仅是初级产品，受益的产业链太短。通过开展稻米精深加工，延长稻米产业链，实现产加销一体化，扩大稻米的市场需求，是实现稻米生产发展、农业增效和农民增收相统一的一条行之有效的途径。我国加入世界贸易组织后，稻米面临的竞争已不是初级农产品和单个生产环节的竞争，而是包括稻米产前、产中和产后诸多环节在内的整个产业体系的竞争。大米是经济效益和社会效益并重的特殊商品，这决定了大米的初加工不可能有多大的利润，要真正实现稻米加工的增值、增效，必须延长产业链，对稻米资源进行深度开发和综合利用，以我国劳动力成本低和提高稻米加工科技含量的优势，来弥补自然资源条件较差和优质稻米生产成本较高的劣势，提高我国稻米产业的国际竞争力。

六　我国小麦国际竞争力研究

我国是世界小麦生产量和消费量最大的国家，小麦是实现我们国家发展，中华民族复兴，实现小康的关键，在国际金融贸易一体化背景下，小麦产业的发展关系到国家经济安全和政治安全。中国加入世界贸易组织后，按照“乌拉圭回合”相关约定，我们要逐步放开中国小麦的国际市场，小麦的价格水平要围绕在开放的国际市场所反映的均衡价格水平间变动。在科技化水平较高的国家，其小麦生产边际成本降低，边际收益提高，当 MR = MC 时，收益最大化，此时，我国的小麦价格相对下降，成本相对升高，农民种粮积极性下降，中国小麦产业的国际竞争力将会下降。本部分将运用收集到的有关小麦的数据整理后，利用相关指标，得出中国小麦产业的竞争力高低，并结合中国小麦产品的目前现状以及世界经济形势提出提升中国小麦产品国际竞争力的对策。

（一）我国小麦贸易现状分析

本部分实证研究的小麦的 SITC 编码为 041。由表 7 - 27 可以看出，中国小麦出口量在 2008—2013 年逐年减少。2014 年迅速回升，到 2017 年达到了 9.97 万吨，但依然没有恢复到 2008 年的出口水平。从进口来看，我国小麦进口量在 2008—2013 年逐年增多，到 2013 年，进口量已达到 550.67 万吨。2014 年小麦进口下降较多，2015 年进口量开始回升，到 2017 年已达 429.65 万吨。小麦贸易量逆差减少，2009 年开始出现逆差，最大年份的贸易逆差出现在 2013 年，当年几乎没有出口，因此都是逆差。

表 7 - 27　　中国小麦近几年出口和进口总量　　单位：万吨

年份	出口	进口	贸易差额
2008	12.59	3.19	9.4
2009	0.84	89.37	-88.53
2010	0.001	121.87	-121.869
2011	3.98	124.88	-120.9
2012	0.0001	368.86	-368.8599
2013	0.00025	550.67	-550.6698
2014	0.096	297.12	-297.024
2015	0.53	297.18	-296.65
2016	1.05	337.43	-336.38
2017	9.97	429.65	-419.68

资料来源：根据世界贸易组织相关资料整理所得。

从中国小麦进出口市场结构来看，中国小麦进出口市场比较单一。小麦进口主要来自澳大利亚、美国、加拿大和哈萨克斯坦。从表7－28的数据来看，2017年，从这几个国家进口的小麦占中国小麦进口总额的99%以上。小麦出口市场则更为集中，99.99%集中在埃塞俄比亚和哈萨克斯坦。

表7－28　2017年中国小麦主要出口市场和进口市场　单位：万吨、%

出口贸易伙伴	出口金额	比重	进口贸易伙伴	进口金额	比重
世界	4115250	100	世界	1031376394	100
埃塞俄比亚	4114187	99.97	澳大利亚	421466227	40.86
哈萨克斯坦	775	0.02	美国	390935561	37.90
匈牙利	188	0.00	加拿大	157807733	15.30
乌兹别克斯坦	100	0.00	哈萨克斯坦	56597345	5.49
			俄罗斯	4514658	0.44
			匈牙利	43720	0.00

（二）中国小麦国际竞争力分析

1. 国际市场占有率（IMS）

表7－29显示了近十年美国、加拿大、中国和澳大利亚小麦的国际市场占有率。中国小麦的国际市场占有率远远低于发达国家小麦的国际市场占有率，除2010年和2014年国际市场占有率超过了1%，其他年份均不到0.8%，澳大利亚占有率除个别年份基本都在6%以上，加拿大近十年都在12%以上，而美国除了2016年，小麦国际市场占有率都在20%以上。

表7－29　小麦的国际市场占有率（IMS）　单位:%

年份	美国	加拿大	中国	澳大利亚
2007	23.92	17.57	0.0017	15.67
2008	23.13	17.43	0.325	15.32
2009	23.77	12.85	0.4586	14.72

续表

年份	美国	加拿大	中国	澳大利亚
2010	24.81	12.68	1.6614	9.87
2011	26.84	13.93	0.5807	16.00
2012	24.90	12.68	0.2088	12.89
2013	20.60	15.70	0.786	12.38
2014	27.41	14.32	1.5794	5.28
2015	25.60	15.23	0.691	5.75
2016	17.33	17.04	0.0073	8.91
2017	20.71	13.91	0.0034	11.80

2. 出口竞争力指数 EC

出口竞争指数 EC 衡量一个国家某类产品净出口与该类产品贸易总额的比率。EC 的正负，表示该国这种产品是净出口还是净进口，它的取值范围是［-1，1］。根据比较优势理论，当 EC=0 时，说明该国这种产品的生产效率与国际平均水平相当；当 EC>0 时，说明该国这种产品的生产效率高于国际平均水平，出口竞争指数越接近 1，国际竞争力越强，出口竞争指数等于 1，该国该产品几乎没有进口。当 EC<0 时，说明该国这种产品的生产效率低于国际平均水平，贸易竞争指数越接近 -1，国际竞争力越弱，贸易竞争指数等于 -1，说明该国该产品几乎没有出口。

表 7-30 显示了近十年中国以及国际主要小麦出口国历年 EC 值。加拿大和澳大利亚的贸易竞争指数基本为 1，说明该国的小麦基本没有进口，具有很强的国际竞争力，美国的贸易竞争指数除了 2016 年，都大于 0.80，说明美国小麦产业国际竞争力也比较强。中国小麦贸易竞争指数除了 2014 年，全都是负值，说明除了 2014 年，我国其他年份的小麦国际贸易处于逆差状态，并且都小于 -0.5，中国小麦国际竞争力相当得弱。

表 7-30 中国以及国际主要小麦出口国历年 EC 值

年份	2007	2008	2009	2010	2011	2012	2013	2014	2015	2016	2017
中国	-1	-0.73	-0.61	-0.06	-0.88	-0.92	-0.38	0.09	-0.89	-0.8	-1
美国	0.87	0.84	0.86	0.94	0.94	0.92	0.86	0.88	0.82	0.76	0.81
加拿大	1.00	1.00	1.00	0.99	1.00	1.00	1.00	1.00	1.00	0.99	1.00
澳大利亚	1.00	1.00	1.00	0.96	1.00	1.00	1.00	1.00	1.00	1.00	1.00

3. 显示性比较优势指数 RCA

如前所述，显示性比较优势指数是指一个国家某种出口产品占其出口总值的比重与世界该类产品占世界出口总值的比重的比率，该指标反映出该国此种产品出口贸易强度和专业化优势。一国 RCA 指数越大，该国该产品的国际竞争优势就越大；反之，RCA 指数越小，该产品竞争力越弱。一般认为，若 RCA 指数大于 2.5，表明该国该产品具有很强的国际竞争力；若 RCA 指数小于 0.8，则表明该国该产品的国际竞争力较弱。

表 7-31 显示了中国及国际市场主要小麦出口国显性比较优势。澳大利亚与加拿大的显示性比较优势系数远远高于 2.5，说明两国小麦产业具有很强的国际竞争力。澳大利亚的显示性比较优势系数最高，但是呈下降趋势；加拿大的显示性比较优势系数呈现上升趋势。美国小麦显示性比较优势系数在 1.9—3.1 波动，显示美国小麦产业具有较强的国际竞争力。我国小麦显示性比较优势系数在 2010 年和 2014 年分别为 0.21 和 0.15，其他年份几乎为零，说明我国小麦产业竞争力极弱，小麦出口占我国总出口额的比重远远低于世界平均水平。

表 7-31 中国及国际市场主要小麦出口国的显性比较优势指数 RCA

年份	2007	2008	2009	2010	2011	2012	2013	2014	2015	2016	2017
中国	0.00	0.05	0.06	0.21	0.07	0.02	0.09	0.15	0.01	0.01	0.00
美国	1.98	1.91	2.22	2.58	3.02	2.90	2.40	3.11	3.14	1.93	2.00
加拿大	15.84	14.58	14.68	1.41	17.02	12.81	12.12	11.77	6.19	9.46	9.78
澳大利亚	4.10	4.5	3.30	3.51	4.05	3.69	4.89	4.44	5.27	6.34	7.13

综上所述，通过上述三个指标的分析，我国小麦产业竞争力与世界主要小麦出口国相比具有明显的劣势。

（三）政策建议

在经济全球化的今天，作为中国战略性粮食物资的小麦，提高国际竞争力，既具有经济意义又具有国家战略意义。所以，提升中国小麦的国际竞争力优势和维护中国的经济安全，要做到以下几点。

（1）要大力加强农业科技推广工作，提高小麦科技成果转化率和推广效率。要发挥市场在资源配置中的决定性作用，同时要用信息化来武装推广机制，建立起农业研究所和农村小麦种植试验田的桥梁，政府给予农户以试验补贴，鼓励农户种植新品种。

（2）要改变农业发展的目标，从重视数量到重视质量的提升。中国要提高小麦的国际竞争力，就必须提高小麦的质量，鼓励新品种的培育和栽种，实现竞争力质的提升，进而提高市场占有率。

（3）要促进农业企业的发展。农业企业是农产品和消费者之间的桥梁，实现农业的产业化经营必然要求农业企业的良性发展。

第八章　大宗农产品价格波动的实证分析

第一节　国际大宗农产品价格波动现状

一　国际大宗农产品价格波动的整体趋势

国际大宗农产品价格一直处于不断的波动状态，整体趋势呈现出在波动中不断上升，同时也存在着阶段性调整。大体来讲，根据2002—2017年的国际大宗农产品价格的波动状态，可以大致分为四个阶段。

第一阶段：2000—2006年，国际大宗农产品价格波动幅度不大，一直处于缓慢稳步的上涨阶段，同时，这一阶段也出现了大宗农产品的历史最低价，其中，小麦、玉米在2000年2月与7月分别出现最低价，接着，在9个月后，大豆也出现价格低谷。

第二阶段：2006—2019年为震动调整阶段。世界主要大宗农产品品种的价格自2006年下半年就开始普遍上涨，小麦涨幅最大，达到112%；其次是大豆，涨幅为75%，玉米和大米的涨幅分别为47.3%和3.1%。国际大宗农产品的价格仅在2007年就上涨了40%多，然而到2008年下半年，大宗农产品价格却出现了迅速回落，到2008年11月、12月，价格已经下降到2007年下半年的水平。

第三阶段：加速上升阶段。在2009—2011年的这段时间里，大宗农产品价格又处于加速上升阶段，但总体上涨幅度没有2008年显著。

第四阶段：震荡下行阶段。自2012年开始，大宗农产品价格总体处于震荡下行阶段，部分农产品价格处于小幅下跌阶段。

二 不同品种大宗农产品近年波动现状

（一）国际小麦价格波幅较大，近年来价格较为平稳

国际小麦价格主要是在波动中不断飞升，其价格波动幅度最大。小麦价格在继 2008 年历史高位后，接着，在 2010 年出现连续三个月小麦价格继续新一轮的攀升，2011 年创下了自 2009 年以来最高水平的上涨幅度。到 2012 年，恶劣的天气使全球大宗农产品供应紧张，玉米和大豆市场出现价格暴涨，带动国际小麦价格的上涨。从图 8－1 可以看出，自 2012 年的高位（2012 年 11 月为 877 美分/蒲式耳）以后，2013—2017 年国际小麦价格开始出现较为急剧的下降，2017 年 3 月已跌至 422.25 美分/蒲式耳。此后，国际小麦价格在震荡中出现小幅反弹，2019 年 7 月为 506.25 美分/蒲式耳。

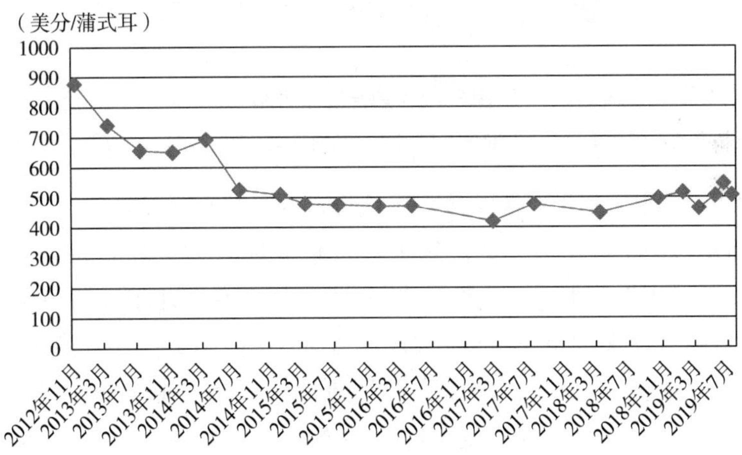

图 8－1 国际小麦价格

资料来源：国际小麦月度价格来自芝加哥商品期货交易所。

（二）国际玉米价格走势总体较为平稳，近期价格平稳上涨

从图 8－2 可以看出，国际玉米价格一直处于较为平稳的运行状态。其中，2010—2015 年年初，玉米价格处于相对高位的运行状态，2015 年 3 月达到了 2524 美分/蒲式耳。2015 年 4 月到 2016 年年底，玉米价格就从高位迅速回落，2016 年 9 月为 1799 美分/蒲式耳。2017 年以后，在生物能源化的发展，乙醇行业需求强力带动的新形势下，

玉米供应出现紧张，因而价格也随之波动，呈现了快速平稳上涨的趋势，2019 年 5 月回到了 1972 美分/蒲式耳。

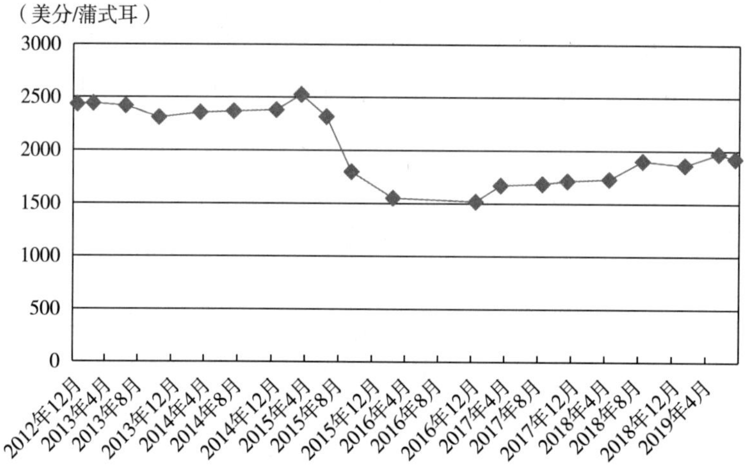

图 8－2　国际玉米价格

资料来源：国际玉米月度价格来自芝加哥商品期货交易所。

（三）国际大豆价格波动频率较高，且总体处于下降态势

从图 8－3 可以看出，国家大豆价格波动较大，且总体处于下行状态。从 2012 年 12 月到 2016 年 4 月，大豆价格处于震荡下降的格局，2016 年 2 月已降为 856 美分/蒲式耳，比 2013 年 6 月的 1546 美分/蒲式耳低了不少。在 2016 年 7 月到 2018 年 4 月则处于缓慢回升阶段，但之后价格又呈现小幅下降的状态。总体来说，自 2012 年年底开始，大豆价格一直处于不断波动状态，只是波幅较小。

第二节　国际大宗农产品价格波动成因与特征

一　国际大宗农产品价格波动成因分析

国内大宗农产品市场上的价格波动成因，不仅受国际大宗农产品市场价格波动的影响，也受国内市场上大宗农产品自身生产成本变化的推动。既有经济扩张和经济衰落引起市场上农产品供需平衡等传统

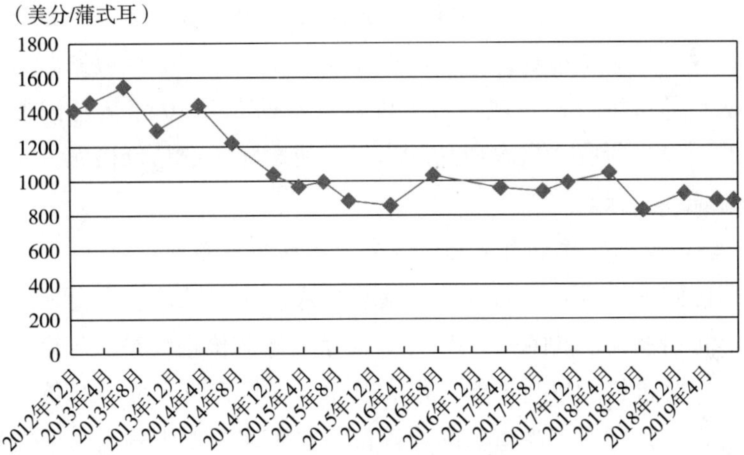

图8－3　国际黄豆价格

资料来源：国际黄豆月度价格来自芝加哥商品期货交易所。

的因素影响，还有随着经济发展粮食金融化、能源化等新型因素的影响。此外，心理预期以及其他市场对于农产品市场价格的传导也会对大宗农产品价格波动造成影响。近年来，国际大宗农产品价格波动的影响因素更为复杂，大宗农产品价格波动更加频发，除传统因素外，本节主要从非传统性影响因素分析。

（一）石油、新型生物能源的发展带动了大宗农产品价格的上涨

自2004年以来，国际原油价格大幅上涨，导致生产、运输以及加工大宗农产品供应成本的增加。近年来，利用大宗农产品来生产汽车所需的燃料是增加大宗农产品需求的一个显著特点。这使市场对能源作物的直接需求增加。以美国为例，美国通过用玉米来生产乙醇，2005—2008年三年间，美国乙醇的产量就翻了一倍多，导致市场上用于饲料和食物消费的谷物减少，大宗农产品价格也因而大幅飙升。

（二）天气对大宗农产品价格波动的影响

气候对大宗农产品价格的波动的影响不容忽视。天气恶劣不仅影响农作物的产量，也会因为发生洪涝灾害等对耕地质量造成影响。天气对大宗农产品市场价格的影响具有区域性，一般对全球市场不会产生太大影响，若气候灾害发生在主要农产品产区，就会推动整个世界

大宗农产品价格的上涨。2011 年，美国、欧洲以及中国等地区出现的高温以及干旱导致市场上大宗农产品尤其是粮食产品供应紧张，全球大宗农产品市场价格随之大幅上涨。俄罗斯在 2010 年 7 月因遭受旱灾而暂时停止所有大宗农产品的出口，使国际农产品价格尤其是小麦价格恐慌性上涨。

（三）投机、货币因素对大宗农产品的短期影响

国际游资投机农产品贸易以及基金持仓等投机、炒作会加剧大宗农产品价格波动。2007—2008 年，大宗农产品价格的暴涨与市场上对大宗农产品价格投机与炒作有很大关系，投机行为主要引起价格的短期变动，使大宗农产品市场的均衡价格在短期内发生偏离，但在较长时间内投机、炒作不能持续特别高或者低的价格。美元是最普遍的国际商品标价和交易结算的单位，而美元本身就具有波动性，美元的波动就可能带来商品价格的波动。美国作为世界最大的大宗农产品生产国和出口国，国际大宗农产品价格的波动与美元波动以及美元走势呈明显的负相关关系，美国的货币量化宽松政策与美元的不断贬值，直接导致了大宗农产品价格的上涨。

（四）国际市场上农产品价格波动的传导

随着全球经济一体化的发展，国内外市场联系更加紧密，因而国际市场上大宗农产品价格的波动对国内大宗农产品价格具有传导作用。国际大宗农产品的价格波动大多通过贸易的进出口传导至国内市场，由于我国大豆市场对国际市场的依赖性很高，受国际市场影响明显，以国外转基因大豆为例，价格低廉、品质较好的转基因大豆进入我国市场后，对我国国产大豆造成很大冲击。

二 国际大宗农产品价格波动特征分析

（一）国内外大宗农产品价格波动的联动性

在经济全球化的背景下，国内大宗农产品市场逐步和国际大宗农产品市场相接轨。我国逐渐成为国际市场上较为主要的大宗农产品消费国之一，大宗农产品价格波动是一个特征性事实。国内外大宗农产品价格的变动趋势出现了一致性和联动性，并且会进一步增强。选取国际粮食价格指数的波动与国内粮食价格指数的波动的趋势作为国内

外大宗农产品价格波动的代表（见图 8－4），通过近二十年国内外大宗农产品价格的变化情况，可以看出，国际市场与国内市场价格关系越来越密切，彼此之间相互影响，走势逐步趋于一致。

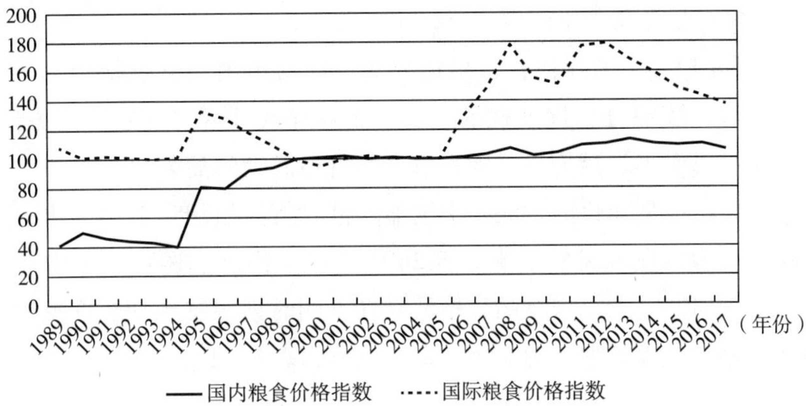

图 8－4　国内与国际粮食价格指数波动

资料来源：国内粮食价格指数来自《中国统计年鉴》（1990—2018 年统计年鉴），国际粮食价格指数来自世界银行。

如图 8－4 所示，自 1989 年以来，国际与国内粮食价格均呈现出显著的波动特征。从时序图的波谷与波峰来看，以 2002 年为界，2002 年以前，粮食国内外两个市场的价格波动相关性较低，且出现峰值的时间彼此互相独立；特别年份出现国际粮食价格指数的上涨，国内市场价格向下波动的状况，即国内粮食价格波动走势与国际粮食价格波动走势呈现反向关系。

2002 年以后，国际与国内粮食市场的价格开始转为相一致的波动趋势，并且这种联动性逐渐提高，尤其是 2004—2011 年和 2014—2017 年，国内粮食价格均比国际粮食市场价格滞后，一般为滞后一个月后达到峰值；从峰值高度与峰值数量来看，国内粮食价格的波幅和次数都小于国际市场价格的波动性。国际与国内两个市场价格具有相似的变化趋势，尤其 2006 年以后表现出高度的联动性。

不同的大宗农产品种类，国内价格与国际市场价格的关联度有所不同。例如，国内外市场上，玉米的关联度近几年逐步提高，差价在渐渐缩小。大豆进口较多，对国际市场依赖度较大，国内外大豆市场价格关联度较为明显。但是与国际大豆市场价格波动相比，具有一定的滞后性。

（二）大宗农产品价格波动的周期性

根据图 8 -4 国际粮食价格指数的波动与国内粮食价格指数的波动的趋势，按照分析周期性的波谷—波谷（或波峰—波峰）的方法，我们还可以看出，周期性是大宗农产品价格波动的显著特征。

随着经济全球化的发展，中国加入世界贸易组织后与国际市场关联度进一步增强，我们主要分析 2002 年以来国际和国内大宗农产品价格波动周期。大宗农产品价格波动在不同时期根据周期长度及波动幅度的差异，大致划分为 5 个周期，具体如表 8 -1 所示。

表 8 -1　　2002 年以来国际和国内农产品价格波动周期分析

国内农产品价格波动周期			国际农产品价格波动周期		
起止时间	周期（年）	波幅	起止时间	周期（年）	波幅
2002—2004 年	3	1.0481	2002—2004 年	3	1.1412
2005—2008 年	4	1.2416	2005—2008 年	4	1.2614
2009—2011 年	3	1.2280	2009—2011 年	3	1.2875
2012—2015 年	4	1.2304	2012—2015 年	4	1.2931
2016—2018 年	3	1.2324	2016—2018 年	3	1.2989

国内外大宗农产品价格波动的第一个周期大体都在 2002—2004 年，持续时间为 3 年，在 2004 年出现峰值，波动幅度分别为 1.0481 与 1.1412。第一周期内国内外两个市场价格波动出现时间大致对应，且峰值时点出现的时间十分接近，但国际市场波动的峰值和波幅均大于国内市场。

2005—2008 年是大宗农产品价格波动的第二个周期，2007 年 11 月、2008 年 3 月以及 2008 年 6 月达到峰值，其中 2008 年 6 月峰值最高。国内外市场农产品价格波动幅度在这一时期相差不大，国内市场的波动幅度要小于国际市场 1.2614 的波动幅度。并且国内外两个农产品市场的波动趋势较为一致。

国际国内大宗农产品市场价格波动在 2009—2011 年的第三周期以及 2012—2015 年的第四周期、2016—2018 年的第五周期中，农产品市场价格波动较为频繁，国际农产品市场与国内农产品市场的波动的关联性也较为明显，根据第三周期峰值出现的时间来看，国内市场价格波动的时间比国际市场价格波动的时间有一定的滞后性。

第五周期到 2018 年年底，可以看出，国际市场农产品价格的波幅要大于国内市场农产品价格的波幅。同时，国际市场农产品价格由波谷到波峰变化的速度要远远快于国内市场，相比较国内市场大宗农产品价格平缓的波动幅度，国际市场价格波动则较为陡峭。

第三节　我国大宗农产品价格波动分析

一　我国大宗农产品价格波动的主要特点

自改革开放以来，我国大宗农产品价格波动轨迹呈现出明显的阶段性。我们可以将大宗农产品价格波动分成以下六个阶段。

第一阶段（1978—1984 年），大宗农产品价格在波动中上升。在这个时期的早期实行政府全面垄断，大宗农产品的价格在短期内波动比较小，总体来说，是随着我国经济的发展而上升。在陆续开放几个农村大宗农产品初级市场之后，在保证收购之余，允许农民与政府进行议价交易，自此大宗农产品价格开始呈现波动态势。在这个时期，大宗农产品价格虽有涨跌，但总体趋势是上升的。

第二阶段（1985—1991 年），大宗农产品价格波动幅度有所增大。主要原因是 1985 年政府对大宗农产品市场进行改革，由原来的统购制改为合同订购制，适当开放市场，粮食类大宗农产品由国家订购 30%，另外 70% 允许自由出售。由于合同订购价比原有的统购价降低达 10%，大大打击了农民的生产积极性，产量大幅度降低为之后的价格大幅上涨埋下隐患。再加上“双轨制”的确立，开放市场之后价格必然会有所波动。总的来说，在这个时期，大宗农产品价格波动呈现倒“V”形特征。

第三阶段（1992—1996 年），大宗农产品价格大幅度上涨。从 1992 年开始，政府决定加快大宗农产品市场改革的步伐，从而刺激农业生产者、经营者的积极性，尽早走出“卖粮难”的困境。1993 年以后，全国大部分地区放开对大宗农产品价格管制，从“双轨制”向“单轨制”转变。但是，由于宏观调控不当，市场体制又很不成熟，各地区对放开农产品市场的理解不同，从而造成大宗农产品价格在供求均衡的情况下也大幅上涨，市场盲目性充斥。中国农业发展银行就是在这种情况下成立起来的，目的是对农产品收购资金进行封闭式的管理。

第四阶段（1997—2002 年），大宗农产品价格持续下滑。1997 年以后，宏观经济形势不景气，而大宗农产品却连年丰收造成供大于求，导致大宗农产品价格持续走低。虽然政府采取了一系列补救措施，大宗农产品价格仍免不了在波动中持续下滑。除 2001 年出现小幅上涨外，在这个时期内的其他年份大宗农产品价格变化趋势都是下降的。这期间大宗农产品的生产价格下降趋势明显，其中大豆价格下降 31.3%，小麦价格下降 29.6%，而稻谷跟玉米的价格也大幅降低。

第五阶段（2003—2007 年），大宗农产品价格恢复性上涨。受前期大宗农产品价格市场持续低迷的影响，再加上国际粮食安全问题日益突出，我国农产品价格开始出现恢复性上涨，自 2003 年年末开始，全国大宗农产品基本上都有所上涨，此后几年在不断震荡中持续走高。

第六阶段（2008 年至今），大宗农产品价格波动幅度又进一步增大。2008 年受国际经济环境的影响，我国大宗农产品价格出现史上较大一次跌幅，农产品生产价格指数从 108.47 跌至 101.61，其中大豆、玉米及油料作物等与国际市场关系密切的大宗农产品价格影响最大，大豆生产价格指数从 119.7 跌至 92.3，油料作物更是下跌 34 点之多，可见，这个波动幅度非常大。自 2009 年年末以来，由于通货膨胀预期增强，自然灾害以及冲突战乱频发，导致大宗农产品生产价格从低谷一直走高，稻谷、玉米等粮食类作物以及棉花这种经济作物价格持续上升，仅2010年一年，棉花的生产价格指数从111.8一直走到157.7，创历史新高。2011年，农产品价格总体上涨明显，其中糖料、棉花涨幅更为明显。2014年以来，随着全球经济的动荡，农产品价格起伏比较大，波动相当明显。

二　我国大宗农产品价格波动的影响因素分析

根据上述关于我国大宗农产品价格波动的主要特点，可以清楚地了解历年来主要影响大宗农产品价格波动的影响因素主要为供求因素、金融因素以及其他突发因素，详见图8-5。

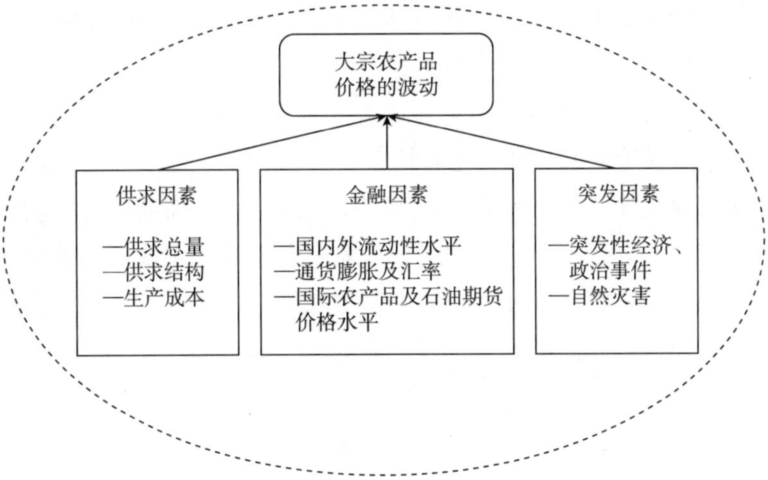

图8-5　我国大宗农产品价格波动的影响因素分析

（一）影响大宗农产品价格波动的传统供求因素

1. 农产品供求关系变化与农产品价格波动

在一般市场条件下，大宗农产品的价格会受供求总量、结构失衡等供求矛盾运动的影响。通常情况下，大宗农产品价格波动与产量增减呈反向变动，在1978—2007年期间，我国的大宗农产品始终围绕着“上期产量增加—当期价格大宗农产品价格的波动金融因素—国内外流动性水平—通货膨胀及汇率—国际农产品及石油期货价格水平突发因素—突发性经济、政治事件—自然灾害供求因素—供求总量—供求结构—生产成本价格下降、上期产量减少—当期价格上升”的规律变动，继而形成“产量增加—价格下降—产量减少—价格上升—产量再增加”的循环运动轨迹。

此外，大宗农产品价格会受供求结构的影响。随着工业水平的发展，城乡居民生活水平的提高，对大宗农产品的需求结构正在发生改变，但是，由于认识不足，其供给结构还未能跟上需求结构转变的步伐。例如，在现今社会，大宗农产品用于制造生物燃料的需求越来越旺盛，比如在2006年，玉米用于燃料乙醇的需求量达到2300万吨，占国内玉米产量的17%，但是，玉米的供给结构没有及时调整，导致玉米价格持续攀升，仅半年的时间，玉米价格就从每吨1300多元涨到1600多元。

2. 农产品生产成本与大宗农产品价格波动

除基本供给因素之外，随着社会经济的发展，农产品的生产成本也在不断地改变。市场经济条件下，生产成本是制定商品价格的主要依据。所以，大宗农产品的生产成本大小会引起大宗农产品价格上下波动。从历年的数据中可以看出，大宗农产品生产成本上升导致成本收益率下降，从而价格上升；反之价格就下降。例如，从2008年年初至2009年年末的两年间，农产品生产价格指数首先由于农业技术的发展足降7个百分点，其次受自然灾害影响又重新回升，又出现了一段标准的“V”形反转。

（二）金融因素及其他突发因素在影响大宗农产品价格波动中的地位

大宗农产品价格波动受金融因素影响日益显现。特别是近几年来，大宗农产品的价格波动比较频繁，数据证明供给状况良好，那么矛头只能指向期货市场。因为期货价格与现货价格相互引导，而期货市场除受现货供给状况的影响之外，还会受很多经济因素的影响，使期货价格不断波动，从而引起现货价格不断波动。在我国，期货市场价格变动受很多金融因素的影响，主要有货币政策、通货膨胀、汇率、国际期货市场以及全球流动性水平等。

这里需要指出的是，由于我国的农产品期货市场起步较晚，相对国际农产品期货市场而言，缺少自身完善的期货市场，加上企业和政府还不善于利用期货工具和期货价格进行农产品贸易流通与投资，因此，国际期货市场上的价格变动会直接带动我国期货市场上大宗农产品价格的波动，所以，在考察大宗农产品价格影响因素的时候一定要将国际因素放进去。

除金融因素之外，还有一些突发性经济因素也会带动大宗农产品价格的上涨，或者这些突发性经济因素与金融因素的互动对短期大宗农产品价格波动造成剧烈影响。具体表现在：这些短期突发因素造成大宗农产品短期的供需发生变化，金融市场上的投机性交易又在短期内放大这种变化，扰乱市场秩序，引发短期大宗农产品价格出现剧烈波动；同时，突发的政治、经济事件以及自然灾害等也会间接或者直接影响大宗农产品的短期价格剧烈波动。

第九章　我国大宗农产品的国际定价权现状分析

第一节　成功案例

——国际定价权逐步转移到中国的天然橡胶

天然橡胶是经过凝固、干燥等工艺后制作而成的一种固状物，也是大宗农产品的一种。天然橡胶有着良好的物理特性，具有较好的弹性、塑性、较高的机械强度、电绝缘性能及耐屈挠性。此外，天然橡胶还有良好的耐碱性能。新中国成立以后，为保障我国战略物资安全，我国尝试种植天然橡胶，分别在海南、云南西双版纳等北纬18—24度地区逐步建立了橡胶种植基地。

受自然条件限制，我国适宜种植天然橡胶的区域十分有限，我国政府一直从保障国家战略资源安全的角度，以多种产业支持政策来推动天然橡胶行业的发展。

一　我国天然橡胶产量

天然橡胶的主要产地分布在亚洲、非洲和南美洲，而亚洲地区占据总产量的93%，其中，东南亚主要产胶国占据全球总产量的90%，全球主要的产胶国有泰国、印度尼西亚、越南、中国、马来西亚和印度。

如图9－1所示，我国天然橡胶产量自2008年后，产量逐年稳步上涨，2013 年已达到 86. 48 万吨。近年来，我国天然橡胶产量比 2013 年略有下降。国家统计局数据显示，2018 年，我国天然橡胶产量为 83. 70 万吨。天然橡胶生产国协会（ANRPC）的统计数据显示，2018 年，全球天然橡胶产量为 1379. 4 万吨，增长 4. 5%，我国天然橡胶产量仅占全球产量的 6%。

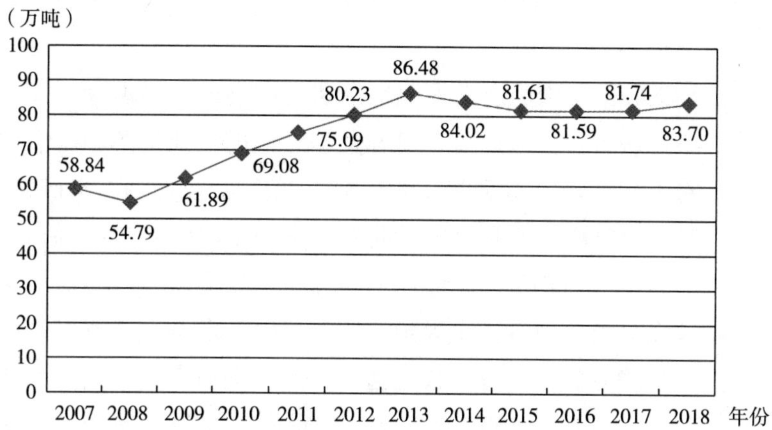

图 9－1　我国天然橡胶产量变化趋势

资料来源：中国期货业协会。

智研咨询发布的《2019—2025 年中国天然橡胶市场运行态势及战略咨询研究报告》显示：目前我国橡胶种植业主要集中在云南省及海南省，2018 年海南省天然橡胶产量为 33. 91 万吨，产量居全国第二位；云南省天然橡胶种植主要分布在西双版纳、普洱、临沧、红河、德宏、文山和保山等地区，在农垦的示范带动下，云南省民营橡胶发展迅速，云南省成长为全国第一大天然橡胶产区，2017 年云南省天然橡胶产量为 43. 79 万吨，2018 年云南省天然橡胶产量增速在 2. 2% 左右，2018 年全年云南省天然橡胶产量约为 44. 75 万吠。

二　天然橡胶国际定价权的变化历程

天然橡胶的价格形成方式有两种：一种为直接买卖双方直接进行谈判，另一种为通过期货交易所形成期货合约价格，再通过一定的升贴水来确定最终现货交割价格。随着期货市场的发展，期货交易所具有价格发现、套期保值、投资等作用，生产商、贸易商及用料企业各方的共同参与，使期货市场定价逐步成为天然橡胶价格形成的主要方式。1994 年以前，天然橡胶是我国国家战略储备物资，实行统购统销；1994 年开始，国家让天然橡胶销售权下放，由企业自主销售。到今天 20 年的时间，天然橡胶国际定价权呈现出较为明显的阶段性变化。

（一）第一阶段：1997 年亚洲金融危机以前，为日本及西方欧美国家所控制

日本是天胶期货交易所的发源地，期货市场最早可追溯到江户幕府时代。第二次世界大战以后，随着日本经济的快速复苏和工业的迅猛发展，对天然橡胶的需求也日益增加。为了规避天然橡胶价格变动风险，1951 年 12 月，日本设立了世界上第一个天然橡胶交易所——神户橡胶交易所[①]。随后东京商品交易所、大阪交易所、新加坡交易所、吉隆坡交易所等相继推出天然橡胶期货合约。随着日本经济的快速发展，天然橡胶的消费也增长迅猛，日本国内对期货交易的法律保障也日渐完善，再加上 1992 年开始，东京商品交易所允许外国交易商以本国会员为代理进行交易，并且对其进行较高优惠，吸引了国际上大批投机商、中间贸易商等广泛参与进来，东京商品交易所迅速成为全球天然橡胶期货交易的定价中心。一直到 20 世纪 90 年代后期，日本经济泡沫出现，日本经济开始长期低迷，东京商品交易所的地位才受到冲击。在这个阶段，日本及欧美等消费大国具有对天然橡胶的国际定价权，东京商品交易所是全球公认的天然橡胶定价中心。

（二）第二阶段：1998—2009 年，国际橡胶联盟获得天然橡胶国际定价权

由于在亚洲金融危机期间，欧美消费大国对天然橡胶价格的大力打压，各个橡胶出口国严重受挫。例如，马来西亚在金融危机时转产、停产现象普遍，产量从 110 万吨速减至 53.4 万吨，以致整个橡胶产业难以为继。基于此，2003 年 11 月 15 日，印度尼西亚、泰国和马来西亚三个产胶大国成立国际橡胶联盟，并宣布以后天然橡胶的价

---

① 参见易马占《从市场结构看我国的棉花定价权》，《期货日报》2012 年 7 月 9 日。

格由生产商决定。不久以后，越南、印度的加入使国际橡胶联盟天然橡胶出口占据了近 90%，天然橡胶的国际定价权由消费国决定转为由生产国决定。

新加坡由于其处于三大产胶大国中心的独特地理位置，以及区域经济中心的缘故，新加坡交易所逐步成为生产商定价中心，从而形成了以东京商品交易所的消费商定价中心和新加坡交易所的生产商定价中心及泰国中央市场的现货报价的格局，而上海期货交易所仅是国内天然橡胶贸易的价格标杆。

（三）第三阶段：2010 年至今，我国逐步取得天然橡胶国际定价权

更早时候就有这个迹象，天然橡胶国际定价中心逐步由东京商品交易所向上海期货交易所过渡。上海期货交易所起步较晚，1993 年才推出天然橡胶期货合约，然而，由于国内天然橡胶消费增长迅猛，上海期货交易所也迅速发展。到 2009 年，上海期货交易所天然橡胶已累计成交 1.78 亿手，成交量 7.5 万吨，是东京市场的 27 倍，在 2003 年以后，其持仓规模每年至少在数十万手，是东京市场的十倍，并且在库存方面，2010 年上海期货交易所库存已是东京的近五倍，可以说，上海期货交易所从市场规模、流动性及库存等各方面均已远超东京商品交易所。

陈衍（2014）实证分析了 2008—2012 年上海交易所同东京商品交易所套期保值比率，数据显示，上胶指数套期保值比率明显优于日胶指数。韩民（2015）用计量的方法分析 2011—2014 年上海交易所同东京工业交易所的数据关系来探讨我国天然橡胶的话语权问题，分析表明，上海期货交易所数据对东京商品交易所数据具有单向传导关系，而东京商品交易所数据变化对上海交易所影响甚微，数据表明，我国已经逐步取得天然橡胶国际定价权。

值得注意的是，天然橡胶的国际定价权由日本转向中国，现在上海期货交易所对东京商品交易所具有单向传导关系，部分原因是与我国消费量的增长、期货市场更加健全有关，更大的原因可能是日本自身的原因，致使其期货规模大幅萎缩，包括日本政府对期货市场的多头管理、岛国资源稀缺的限制导致现货基础薄弱、日本为了刺激期货

市场进行的期货交易制度改革不合理等，因为天然橡胶的生产、交换、消费更多地集中在亚洲，美国插手余地不大，再加上中国自2000年以来对天然橡胶的需求及交易量猛增，期货制度日益完善，致使其天然橡胶国际定价权旁落。

第二节　失败案例

——“授人以柄”的
中国大豆产业

一　世界大豆生产情况

美国一直是（2012/2013年度除外）世界大豆产量最多的国家，巴西、阿根廷、中国分居第二、第三、第四位（见表9－1）。

表9－1　世界主要国家大豆产量　单位：万吨

年度	世界	美国	巴西	阿根廷	中国	其他国家
2000/2001	17518	7506	3900	2780	1540	1792
2001/2002	18487	7867	4350	3000	1541	1729
2002/2003	19678	7483	5250	3550	1651	1745
2003/2004	19889	6580	5950	3650	1620	2089
2004/2005	21432	8548	5100	3900	1800	2084
2005/2006	21678	7596	5200	3900	1800	2084
2006/2007	22685	8677	5600	4250	1620	2538
2007/2008	21822	7036	6100	4650	1350	2686
2008/2009	21062	8054	5700	3200	1600	2508
2009/2010	24394	8832	6200	5100	1500	2762
2010/2011	26474	9061	7550	4900	1510	3453
2001/2012	23603	8317	6500	4100	1350	3336
2012/2013	26046	7327	8100	5500	1260	3859
2014/2015	31300	9893	8660	5540	1150	6057
2016/2017	35000	11336	11010	5580	1530	6625
2018/2019	36300	12000	11300	5610	1600	6418

资料来源：联合国粮农组织。

二　我国大豆国际贸易情况

中国素有“大豆故乡”之称，大豆栽培历史有5000多年，世界上的大豆几乎都是直接或间接从中国引种的。大豆也是中国进口量最大的农产品，近年来，国内大豆产业整体形势日趋严峻：本土生产下滑、需求持续快速增长、进口依存度过高。据海关统计数据，2014年我国大豆进口总量为7140万吨，2015年进口总量为8174万吨，2016年进口总量为8323万吨，2017年进口总量为9556万吨（见图9－2），已经连续七年创历史新高，中国已经成为名副其实的全球头号大豆进口大国，大豆对外依存度进一步保持在80%以上。

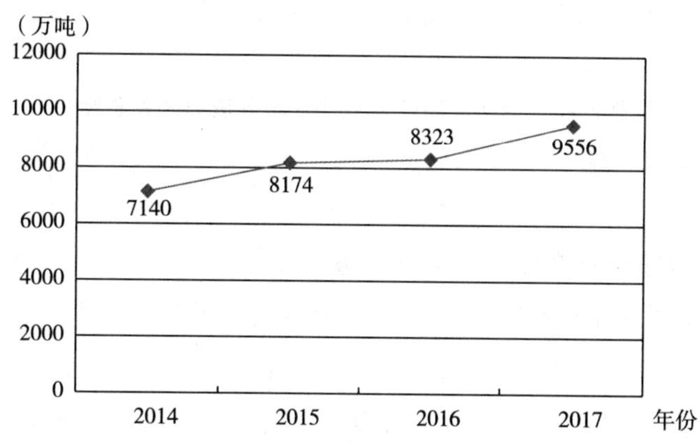

图9－2　2014—2017年我国大豆进口总量

资料来源：农业部。

多年来，我国大豆一直大量依赖进口，并且国内的压榨企业多数都为外资所控制，大豆产业全面丧失主导权，大豆完全成为“看人脸色”的农产品，国内对于大豆价格的影响极为微弱。从图9－3可以看出，2014—2017年，我国从美国进口大豆数量在3000万吨左右，占当年我国大豆进口总量的30%以上。不仅如此，大豆一般压榨为豆粕和豆油，豆粕一般作为工业及畜牧业的原料，豆油则是我国主要的食用油，大豆定价权的全面丧失，也导致豆粕及豆油定价权的缺失，对我国工农业的发展和人民的日常生活有着重大的影响，在很大程度上说，人们日常吃油的价格，完全由外国决定。

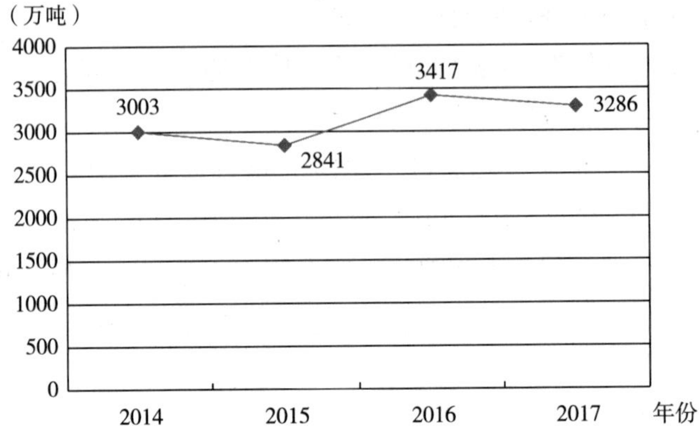

图9－3　2014—2017年我国从美国进口大豆总量

资料来源：农业部。

三　中国大豆产业的“两次风波”

中国对大豆的定价权是怎样一步步丧失的呢？中国是大豆的故乡，大豆也曾经是中国在国际市场上最具竞争力的农产品。1996年，中国开始对大豆进口实行配额管理，之前中国是大豆的净出口国。2001年，中国对外开放大豆市场，外国企业不断涌入中国，国际粮食巨头四大粮商（ABCD①）开始瞄准中国大豆产业。在这之后，中国出现两次“大豆风波”，中国的大豆加工业全面受控于外国，进口配额管理是指一国政府在一定时期内对某些商品的进口数量采取直接限制的一种方式，是世界各国管理对外贸易的一种非关税措施。事实上，中国进口大豆八成以上货源来自四大粮商，国内七成以上大豆加工企业都是外商合资或独资（李宝柱，2005）。从而逐步形成“南美种植大豆，美国决定大豆价格，中国购买大豆”的奇怪畸形格局。

① ABCD即控制中国进口八成以上货源和实际加工能力的国际四大粮商：美国ADM（Archer Daniels Midland）、美国邦奇（Bunge）集团、美国佳吉（Cargill）集团和法国路易达孚（Louis Dreyfus）。

第一次大豆危机发生在2001年左右。20世纪末期，转基因技术得以商业化应用，逐步应用在发酵、酶、制药、环境保护、农作物生产等领域，大豆和棉花是转基因技术应用的重点领域。然而，转基因食品对于人类健康和社会生态究竟影响好坏，社会上也是众说纷纭，但没有明确的结论。在这样的背景下，为了保证国内粮食安全和农业产业发展，2001年5月23日，国务院颁布了《农业转基因生物安全管理条例》，对转基因农作物的进口做出限制。国内大豆进口商及压榨企业预计未来国内大豆供给将下降，加大各自的进口量，在短时间内，进口需求激增。再加上1999年中国恢复对豆粕征收进口增值税的影响，客观地说，对进口豆粕征收增值税将抬高进口豆粕价格，从而有利于控制豆粕进口，使国内大豆压榨企业利润上升，在暴增的利益驱动下，各个压榨企业和进口商大量采购国外大豆。2000年，大豆进口量首次突破1000万吨，达到了1041万吨，同比增加141%，2001年7—8月，大豆进口又迅速增加，全年大豆进口量1394万吨，同比增加39.4%，港口积压库存量达到150万吨，全国开始出现严重的大豆供应过剩。与此同时，美国基金以在欧洲暴发的口蹄疫、疯牛病等瘟疫为题材，在CBOT大盘上对美国大豆大肆做空炒作，再加上美国大豆协会及芝加哥期货交易所宣布美国及南美大豆丰收，外盘起伏波动顺势下滑。2001年5月，芝加哥期货交易所9月期货价格出现419美分/蒲式耳的历史低点，其后虽然小有反弹，到2002年1月，又出现436美分/蒲式耳的历史次低点，进口大豆的成本价格逐步下跌，最低点达到175美元/吨的价格，而在原先国内企业进口大豆价格在225美元/吨，现货交割时，货到口岸每吨跌了50美元，国内企业损失惨重，濒临破产。在第一次大豆风波后，国内大豆压榨企业开始逐步被外资控股，出现大量中外合资、外资压榨企业，外资企业逐步成为大豆行业主力军。

第二次大豆风波出现在2003—2004年。此次大豆风波的出现，很大程度上是美国自导自演，针对中国大豆产业的一场阴谋。2003年8月，美国农业部以天气高温干燥对大豆产量造成极大影响为由，在月度报告中大幅调低本土大豆产量，预期全球范围内大豆及油脂油料将供应紧张，反映到 CBOT 市场上，大豆价格一路上涨。同时，自第一次大豆风波过去两年之后，国内大豆压榨行业经过整合，大豆压榨能力进一步提高，国内总的有效压榨能力达到了每年 6000 万吨的水平，已经严重过剩，对大豆的需求大幅增加，并且价格成交方式由过去的一口价交易改变为更为流行的点价形式，中国企业决定派出代表团到美国采购大豆。世界大豆协会和 CBOT 也发布消息，中国对大豆油脂油料需求大幅增加。国际投机基金闻风而动，同贸易中间商一起在市场上肆意放出多种虚假需求信息，放大需求效应，大肆做多。CBOT 上大豆价格从 2003 年 8 月的 540 美分/蒲式耳一路上涨到 2004 年 4 月的 1040 美分/蒲式耳。中国采购团的合同大多在高位处签署，大豆到岸价达到 4300 元/吨。然而，在签署合同之后，大豆行情突变，美国大豆协会及 CBOT 发布报告称，美国大豆播种面积增加及南美大豆丰收的多个利空消息，整个美国市场及世界大豆价格迅速跳水，在不到一个月内大豆价格下跌超过 50%，中国大豆加工业全行业亏损，最终发生“中国大豆危机”。

少数幸存的本土压榨企业之一黑龙江九三油脂公司指出，此次危机较上一次危机更为严重，影响也更为深远，全国 90% 的大豆压榨企业严重亏损，一半的企业濒临破产倒闭。随后，跨国粮商马上“雪中送炭”，对本土企业趁机低价兼并，从而控制了中国大豆实际加工总量的 85%。

张晶（2013）测算了 2011 年以前大豆进出口贸易在不同上海运费用情况下的勒纳指数（见表 9 - 2），用于表明跨国粮商对我国大豆进出口贸易的垄断影响。

表 9 - 2　　2000—2011 年不同海运费用情况下的勒纳指数

年份	CT = 40 时 L1	CT = 50 时 L2	CT = 60 时 L3	CT = 70 时 L4
2000	- 0. 0715	- 0. 01176	- 0. 1637	- 0. 20984
2001	- 0. 0535	- 0. 0997	- 0. 1459	- 0. 19216
2002	- 0. 0701	- 0. 1178	- 0. 1655	- 0. 021324
2003	- 0. 0531	- 0. 0903	- 0. 1275	0. 16468

续表

年份	CT = 40 时 L1	CT = 50 时 L2	CT = 60 时 L3	CT = 70 时 L4
2004	0. 2429	0. 21257	0. 18219	0. 15181
2005	0. 1629	0. 12794	0. 09301	0. 058089
2006	0. 056	0. 01951	0. 1703	-0. 05356
2007	-0. 0189	-0. 0462	-0. 0735	-0. 10084
2008	0. 2711	0. 25286	0. 23458	0. 216303
2009	0. 1373	0. 11399	0. 09065	0. 0673
2010	0. 1161	0. 09531	0. 07448	0. 053651
2011	0. 1171	0. 09736	0. 07767	0. 057984

资料来源：张晶：《跨国垄断对我国大豆市场价格影响的研究》，博士学位论文，浙江大学，2013 年，第 58—60 页。

如表 9 -2 所示，海运费（CT）的不同变化，并不影响勒纳指数的变化趋势。国际粮食自 2004 年开始，获得进出口贸易的垄断势力，而在这一年正是第二次大豆危机发生的时候。随后数年，勒纳指数除了 2007 年，其他时间都为正，说明跨国粮商在华大豆进出口贸易中已经获得垄断势力，并在 2008 年达到最大值。2008 年以后，勒纳指数下降，这是由于跨国粮商在中国的市场份额分布由过去的美国一家独大转为美国、巴西和阿根廷三家共存的格局所致。

四　大豆产业的“沦陷”导致大豆贸易定价权的缺失

由图 9 -4 可知，大豆的产业链较短，从贸易到最终的食用或工业用途，中间仅有一个压榨加工为豆油及豆粕的环节，当西方企业控制了中间的加工环节，在上游，可以影响国外大豆贸易及国内大豆收购。占据国内“大半江山”的外资企业自然更加愿意使用国外更为便宜的转基因大豆，并大肆宣扬我国非转基因大豆含水量高、蛋白质含量低，打压国内大豆种植业，再加上近年来我国大豆生产成本的上升，国内豆农种植大豆越来越没有利润可言。如前文所述，我国大豆产量自 2005 年开始，就逐年下降，这与其是分不开的，我国对国内种植大豆的收购价及国外贸易价格的定价权全面旁落。在下游，豆油是我国食用油的主要来源，也是重要的工业原料，控制了中间压榨加工环节，外资企业基本上也就把住了两者的命脉，对于我国的粮食安全及国家稳定是个重大威胁。

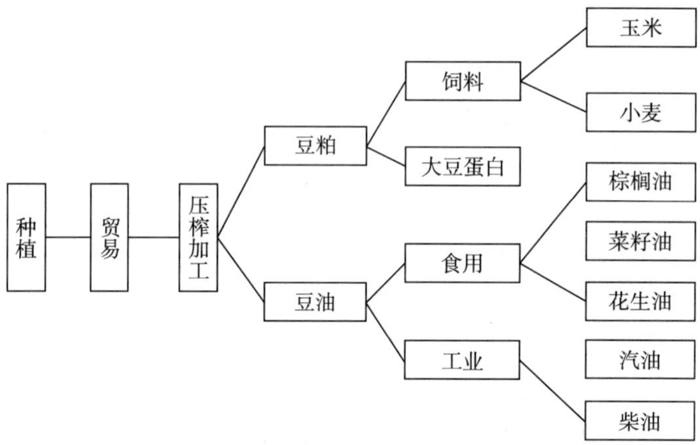

图 9－4 大豆产业链

第三节 我国大宗农产品国际定价权缺失的原因分析

从前面的案例与数据分析结果我们知道，中国大宗农产品国际定价权存在缺失，中国大宗农产品期货市场并不具备国际定价中心的地位。究其原因，有以下四个方面。

一 CBOT 传统农产品定价中心的地位短期内难以撼动

美国早在 19 世纪中期就在芝加哥创立了农产品期货市场。随着市场的不断完善，芝加哥很快成为美国农产品尤其是粮食的集散中心，从此，农产品价格也就历史性地成为美国及其他国家和地区农产品定价的价格基础。由于人们固定的交易习惯和集聚效应，各国农产品的生产者、贸易商和其他机构投资者愿意参与农产品交易，也愿意将农产品期货价格作为现货贸易的基础参考价格。各国政府对农产品市场非常重视，美国也不例外。美国政府在促使成为国际定价中心扮演了重要角色，有时甚至是不光彩的角色。美国农业部定期发布有关数据来影响农产品期货价格，并引导世界各地农产品生产者和贸易商的行为，从而使农产品定价中心的地位不断得到巩固。

二　我国有些大宗农产品严重依赖进口

中国虽然是农产品生产和消费大国，但是，很多大宗农产品不能自给，需要从国外进口。如前所述，中国的大豆产量远远不能满足消费的需要，需要大量从国外进口，尤其是从美国进口。因此，大豆期货价格严重影响我国大豆价格就不足为怪了。问题是，我国有无考虑食品安全问题，有无考虑改变严重依赖从美国单一进口途径进口大豆。比如，我国政府有关部门不允许农民生产转基因农产品，却允许进口美国转基因大豆。玉米和小麦也是如此，我国也过多地依赖从美国进口。

三　我国期货市场国际化严重滞后

目前，在中国经济平稳和迅速发展的同时，我国经济国际影响力不断提高。但是，我国期货市场的发展却远远偏离国际化发展的方向和轨道，从而使国家经济安全受到严峻挑战。美国芝加哥期货交易所因其优越的地理位置、强大的经济实力，吸引了全世界众多的参与者，集中大量的交易资金，已发展为全球化的国际期货交易所，但是，由于中国资本和金融账户并未放开，期货市场国际化的进展非常缓慢。中国期货市场不允许外国投资者进入，所以，无论在参与交易的人数还是成交金额上都无法与之相提并论。实际上，参与人数众多、交易金额大的期货市场的定价更具影响力。在境外交易者中，政府只允许几家大企业可以参与交易。比如，中国只有几家企业参与农产品期货交易，而且要求必须是套期保值。而且来自中国的期货交易还都要靠别人的平台和跑道才能完成，交易方向、交易量和资金来源及相关交易策略等商业秘密自然暴露无遗。由于中国没有自己的交易平台，很多时候受控于交易对手，中国农产品企业和国外企业处在不对等的地位，很难有竞争优势。而国际炒家和国际投机基金正是抓住了这些机会，以赢取巨大利润，并且给国内企业造成巨大损失。

四　政府监管还需加强

大宗农产品尤其是粮食关系到国计民生，在农产品期货市场成立之初，强化政府监管是必要的，但是，在市场经济不断完善发展的中国，政府在市场中的作用不断淡化，监管方法需要变革。虽然近年来农产品上市品种不断增加，郑州和大连两大期货交易所也在加大农产品期货的研究与推出力度，但是，要强化我国农产品国际定价权，很多问题还有待于解决。比如，如何扩大中国农产品期货市场在国际上的影响。美国政府（农业部）对农产品期货市场的影响力很大，而中国在国际大宗商品交易中屡受挫折，政府没能及早出面采用宏观手段采取行动，却对境外交易限制颇多，限制企业利用期货市场规避价格风险。

第三篇

大宗农产品贸易的政策建议

第十章　提高我国大宗农产品国际竞争力的对策

第一节　国际上提高大宗农产品国际竞争力的主要经验

一　美国“精准农业”与大宗农产品生产效率的提高

美国农业已不再是传统意义上的劳动密集型产业，已经转变为资本和技术密集型产业，其从业人口少、产量高、生产效率高，体现着现代农业强国的特征。美国农业也存在供需矛盾、高库存、农民收益缺乏稳定性等问题，为此，《美国农业法案》提出了一系列推进农业供给侧改革的政策措施，包括对水土保持储备（CRP）、农业保险（ARC）、出口扩张（EEP）、目标价格制（TPS）、反周期支付（CCP）、农作物实物补贴（PIK）等。为了进一步提高农业效率，美国农业生产经营者从生产、销售等各个环节同时着力，努力打造现代化“精准农业”。在农业生产方面，美国通过现代化农机设备对土地、种子、农药和化肥等生产资料进行精准定位和准确配套使用，这种精准的生产方式既能减少生产资料浪费，使土地资源发挥最大效应，同时又能够节省人力和时间。在大宗农产品销路方面，美国采用以农业合作社为核心的供应链模式，保障农产品销售顺畅，降低了交易成本，提高了流通效率。与此同时，农业合作社因掌握了多年产销数据，对大宗农产品销路市场熟悉，更有利于在与进货商洽谈农产品供销协议时掌握主动，保障了农户的利益。

二 印度农业“三色革命”与大农业跨越式发展

印度农业“三色革命”分别是指20世纪60年代的“绿色革命”、70年代的“白色革命”和80年代后期的“蓝色革命”。这三次革命是印度农业供给侧改革的重要举措，使印度农业实现了跨越式发展。“绿色革命”解决了粮食问题，“白色革命”解决了奶业问题，“蓝色革命”力图发展水产养殖业并取得了很大成效。其中最值得称道的是印度农业“白色革命”，通过“白色革命”，印度牛奶产量和消费量得到大幅度提高，并为印度成为世界最大产奶国地位奠定了基础。目前，印度牛奶年产量达1亿吨，占世界产量的17%以上。实际上，印度的大型奶牛养殖场很少，主要是农户个人饲养，奶牛养殖很分散。虽然奶牛分散养殖会有一系列的弊端，但是，印度政府并没有力图改变这种养殖模式，而是通过运营机制创新，建立完整的牛奶产销三级合作社网络，对牛奶产业链各个环节进行专业化管理，从而实现牛奶生产经营效率的大幅提高。印度牛奶产销三级合作社网络是以奶农为中心，奶农是股东，除了销售收入，还能够获得分红。同时，这种统一的经营模式最大限度地避免了行业内部竞争，形成了强大的竞争合力和整体竞争优势。

三 澳大利亚“绿色农业”与农业可持续发展

发展农业需要以减少林地、草地、湿地为代价，还会导致地下水超采、农业面源污染及生态环境恶化等问题，为此，只有发展绿色环保农业，才能实现农业持续发展。澳大利亚在进行农业供给侧改革过程中，强调将农业发展和环境保护结合起来，特别重视环境保护责任的落实和监管。澳大利亚政府在农业环境保护管理方面，职责清晰、分工明确：澳大利亚联邦政府负责制定重要的国家环境法律；州政府担负环境保护和管理的责任；市政府提供废弃物处理等公共事业服务，从而在农业发展中取得了很好的环境保护效果（康逸，2016）。例如，墨累达令盆地是澳大利亚最主要的粮食作物和纤维作物产地，过去由于过度开采与废水废料污染，影响了下游城市的生活用水状况，并带来农业、环境和城市之间用水激烈竞争。为此，澳大利亚成立了墨累达令盆地管理局，实行水资源统一管理，并建立水资源产权制度和完善的水资源交易系统，从而兼顾和提高了水资源的经济与生态效益。目前，澳大利亚将生态农业作为农业供给侧改革的重要方向，制定了一整套严格的生产标准体系和监管制度体系，其生态农业种植面积处于世界前列。

四　相关启示

大宗农业和农产品的发展与创新，是当前和今后一段时间我国农业农村经济工作的重要课题和任务，对于农业提质增效、增强农产品竞争力，以及推进农业现代化建设，都具有重要意义。今后，我们需要以市场化、国际化和生态化发展思路，推进农业供给侧改革和大宗农产品的发展，同时可借鉴世界农业大国、强国的改革经验，使打造农产品供给更加有利于资源优势发挥和生态环境保护，更好地满足农业转型发展的要求和人们不断升级的消费需求，努力实现农产品供给效率效益不断提高，为加快建设中国特色农业现代化夯实基础（张卫，2016）。当然，还需要及时把握世界对大宗农产品需求变化的趋势，不断改善和升级大宗农产品供给，提高我国大宗农产品质量和品质。

第二节　推进农业技术创新

改善大宗农产品质量，提高其国际竞争力，要依赖于科学技术的进步。邓小平同志在20世纪80年代就指出：“农业的发展一靠政策，二靠科学。科学技术的发展和作用是无穷无尽的。”[①] “将来农业问题的出路，最终要由生物工程来解决，要依靠尖端技术。”[②] 当前，中国大宗农产品市场疲软，技术含量低的大宗农产品价格不断下跌的现实及农业、农村经济发展的基本趋势表明：技术进步与技术创新在农业

---

① 《邓小平文选》第三卷，人民出版社1993年版，第17页。

② 《邓小平文选》第三卷，第275页。

的发展中发挥着越来越重要的作用。中国能否日益增多地运用新的现代农业科技，使之转化为现实生产力，这是提高大宗农产品品质与质量，增强其国际竞争力，创造现代农业物质文明的关键。所以，中国应该借鉴其他国家的经验，加大科研力度，发展新型农业，这是提高中国大宗农产品国际竞争力的重要途径。

一　正确选择适合国情的农业技术类型

（一）探索适合国情的农业科技发展道路

与世界先进国家相比，中国农业科技发展具有自身的特殊性：人多地少决定农业技术必然选择以提高土地生产率为主的集约化技术路线，国际上的“低收入持续农业技术”以及“自然农业技术”不适合中国国情，只能将中国农业拖入不可持续的死胡同。中国人均农业资源日益紧缺的现实，又决定着农业科技必须建立资源高度节约型的农业体系，并逐步形成“高投入、高产出、低成本、低污染”的集约持续农业技术体系。受分散的小规模农业经营体制的制约，加之缺乏大型农业企业主体，中国只能选择国家是农业技术创新与开发投入主体的策略。

（二）正确选择适合中国的农业技术类型

由于缺乏农业科技进步的支持，中国大宗农产品增长远远慢于生产成本的增长，大宗农产品的技术含量也处于较低水平。因此，目前要重点研究和推广提高大宗农产品产出和降低要素投入成本的关键技术。根据中国农业发展的现状，目前应该选择以下三种适合中国的农业技术类型。

1. 农业生物技术

农业诱导技术变革理论认为，在市场经济条件下，不同农业技术类型的选择主要取决于农业资源的相对稀缺性。在土地比较稀缺的经济中，农业技术偏向于采用节约土地的农业生物型科技进步的模式；在劳动比较稀缺的经济中，农业技术偏向于采用节约劳动力的农业机械型科技进步模式。受人口众多、土地资源短缺的刚性约束，中国对于农业技术类型的理性选择应是生物型技术。在农产品商品化程度逐步扩大的情况下，良种、种植和养殖等生物技术对提高农产品产量和质量、增加农民收入起着重要作用，是农户农业技术需求最多的。而且，按照前文的分析，由科学技术决定的大宗农产品质量是农业国际竞争中的主导因素。

2. 产后技术

抓好大宗农产品的保鲜、储藏、流通和精深加工环节，延长生产链条，真正形成产加销、贸工农一体化的现代农业体系，这对于解决大宗农产品的出路问题、提高农业经济效益、提升大宗农产品国际竞争力和增加农民收入具有十分重要的意义。

3. 劳动密集型技术

由于中国农村劳动力向城市的转移受到各种条件的约束，所以，中国农村剩余量最大的经济资源就是劳动力。从国际比较看，凡自然资源和资本密集的大宗农产品，中国皆不具备比较优势。因此，应加强劳动密集型农业技术的研发。

二　深化农业科研体制改革

提供满足农民和市场真正需要的技术是成功实施农业技术创新战略的基础和前提，为此，必须改革现有的远离农民、远离市场的农业科研体制。早在2002年，中国农业科研机构体制改革就已正式启动。总的来看，中国应继续进行以下四个层面的农业科研体制改革。

（一）应制定符合实际需要的可持续农业技术创新政策

政策应着眼于三个方面：一是制定农业科学研究政策。包括对从事可持续农业科技研究的机构和人员，建立专项科研基金予以重点资助和扶持，对重大可持续农业技术创新成果予以奖励等政策。二是农业科技推广政策。其政策目标主要放在完善农业技术推广体系培育技术市场，鼓励民间农业技术协会壮大发展，以扩大可持续农业技术扩散渠道。三是农村文化教育政策。包括政府扩大农村教育投资、建立和完善农村教育体系、开展可持续农业技术培训和示范推广、绿色证书制度等方面的政策。

（二）改革农业科技体制

首先，在机构上要彻底打破行政体制所造成的部门分割、地区分割、学科分割的重复设置局面，建立起科技资源能集中体现区域优势、能为农业可持续发展提供科技保障的新型科技创新体系。

其次，在研究方向和任务的确定上，改变由科技管理部门确定或科研人员选定的局面，建立起由市场和社会需求导向确定的新型立项机制。

最后，由于技术成果转化要涉及行政、科研、教育、推广等各个部门，因此，必须建立起促进研究、教育、推广、行政等部门共同协作联合技术攻关、生产与研究横向联系、人才合理流动的新型协调机制。

（三）改善农业科技投资体制

一是明确农业技术创新活动为国家的公益性事业，应继续保持政府对农业科技财政拨款的主渠道地位。

二是确定农业科研投资的最低增长幅度，政府应采取切实可行的措施，迅速缩短中国农业科研投入与其他国家的差距。尽管中国已把科技投资增长高于财政经常性收入增长的条款写入《中华人民共和国农业法》和《中华人民共和国科技进步法》中，但科技投资持续下降的局面并未改观。

三是合理确定科研投资比例逐步制度化，使基础研究、应用研究和开发研究三者在农业科研系统内保持合理的比例。

（四）稳定和壮大农业科技队伍

一是进一步加强农业院校的改革和建设，国家要对农业院校的学生实行更为宽裕的优惠政策，对农业院校的学生在学费及补助方面予以较大程度的优惠，以吸收有志青年投身于农业科技中来，从而形成一支强大的农业科技后备队伍。

二是进一步稳定现有的科研队伍。在这个问题上，关键是要创造一种有利于农业科研人员生活、学习、工作的宽松、自由的学术环境、社会环境和健全的人才激励机制。

三　建立可持续农业科技创新体系

可持续农业技术创新是一项涉及因素众多的系统工程，它的形成和发展仅靠技术创新本身的支撑是无法实现的，必须要形成一个强有力的创新体系，来推动其自身的发展。这个农业科技创新体系应包括以下五个方面的内容。

（一）建立可持续农业知识创新体系

当前，一个以知识和信息为基础的竞争与合作并存的全球化市场正在逐步形成，农业技术创新必须以农业知识的不断更新为基础。因此，建立农业知识创新体系是形成可持续农业科技创新体系的前提条件。根据中国现有条件，应重点建设一批类似陕西杨陵的国家农业知识创新基地，并形成网络和体系，将农业高等院校和各科研院所等方方面面的力量集结起来，对一些重大的，具有全局性、基础性和创新性的前沿领域进行研究。

（二）建立可持续农业科学管理体系

要对已有的或即将出台的重大农业技术政策进行持续性评估，对技术政策的落实和执行予以监督、管理、负责解释等，因为政策上的失误远比技术上的失误影响大。

（三）建立可持续农业生产技术体系

农业生产技术体系的组合应实现降耗型技术与增效型技术的结合，传统技术、常规技术与高新技术的结合，生物化学技术与机械工程技术的结合，组装配套与引进、研发、改造相结合，以现有技术的组装配套标准化为重点，彻底改变资源、数量、速度型的传统农业生产技术体系的特征，建立技术、质量、效益型的与生态经济协调发展的可持续农业生产技术体系。

（四）建立可持续性农业技术扩散体系

对现有技术进行可持续性综合评价，保证应用的技术适于农业可持续发展的特性，并对现有的技术推广体系进行改革，加速可持续农业技术的扩散。

（五）建立可持续农业知识和技术培训体系

宣传可持续农业思想，加深农民对可持续农业技术的认识，鼓励农民自觉地参与可持续农业技术的示范推广活动。通过多种途径，提高农民科技文化素质。

此外，根据中国的现实情况，在国际“技术势差”客观存在的情况下，为发挥“后发优势”，中国可以在更广的范围内引进国外的先进农业技术，即进行“二次创新”，以全面提高农产品质量和农业的经济效益。因为技术都具有一定的地域性和民族性，只有通过二次创新，才能适应中国的现实。此外，农业生产对自然环境和气候条件的变化比较敏感，尤其应进行二次创新。受国外先进农业刺激，各地政府政策制定者引进了不少国外技术项目，但往往引入的先进技术依托的经营规模条件、机械化条件、资金、信息条件等，在我国广大的农村根本不具备这些条件。国外先进技术与我国农业生产条件之间，有一个不小的差距，所以需要进行二次创新，使之成为农户真正可用的技术。但是，我国的这个环节十分薄弱，这就使政府的许多农科推广项目建设日益与农户的现实需要脱节。如果将政府因大量的重复引进而浪费的资金集中起来，专门用于国外技术的消化、引进和本土化的研究推广，效果无疑要好得多。

四 形成有效的农业技术扩散机制

可持续农业技术扩散机制是建立在现有的农业技术扩散推广体系及机制的基础之上，并按照可持续农业技术特点和扩散要求对其进行进一步的改进。就中国的实际情况来说，这些改进措施有以下六个方面。

（一）强调可持续农业技术创新成果的市场导向和整体

要求科研系统了解目前农民的分散化现象及需求层次，研发适用不同地区、不同部门、不同产品及不同类型农民的适用技术，提供综合的信息咨询服务。按照现代市场营销学的观点，可持续农业技术成果的内容应当包括核心产品、形成产品和延伸产品三个层次，可持续农业技术成果的转化过程中要特别注意开发形成产品和延伸产品，并通过综合服务来提高技术成果的价值。

（二）建立健全可持续农业技术扩散体系

技术扩散渠道要多元化，针对当前农业技术推广中存在的问题应继续抓好以下三个方面：一是稳定并加强政府支持的各级推广机构，实行“三定”（定编、定岗、定任务）、“五有”（有场所、有基地、有设备、有项目、有经费）。二是积极发展各类农民专业技术协会和民营科技企业，发展各种形式的农业科技企业，把技术推广与扩散工作变成社会行为，变成农民的自觉行动。三是建立农业科技信息网，加速有关可持续农业技术信息的传播。

（三）完善扩散机制

探索适宜不同类型农业技术创新成果推广扩散的运行机制，采用政府行为与市场机制相结合的机制。各级政府着重抓好大宗农产品及农业可持续发展中重大的、关键的、普遍的技术成果的转化工作，以及公益性强、物化程度低、社会效益明显的技术成果的转化。对于物化程度高、经济效益外显、产权可以明确界定的技术成果，可以推向市场，通过市场机制鼓励企业和个人进行推广。现有的政府所属的农业科技推广机构应在深化改革中转变机制，在国家加强支持的同时，可以通过技术咨询、技术承包、技术培训、技术服务等形式进行有偿服务经营。此外，要在人事、职称、考核及奖惩上形成一套健全机制，使推广人员特别是基层推广人员能安心工作。

（四）开拓与完善农业技术市场

农业技术市场是指农业技术成果以商品形态进入流通领域，进行有偿交易，由潜在的生产力转化为现实生产力的全过程。农业技术成果直接进入农业技术市场流通，可以缩短成果的转化周期。农业技术市场作为农业科技推广体系的有益补充，可以发挥拾遗补阙的作用，使农业技术创新与农业生产体系切合得更加紧密。应该以知识产权法和技术合同法为核心，制定和完善农业技术市场管理条例、规章制度，加强农业技术合同管理和仲裁工作，打击假冒伪劣和侵权行为，制止不正当竞争，切实维护交易当事人的合法权益，保证农业技术交易与扩散的正常进行。

（五）促进金融机构介入农业技术扩散过程

解决农业技术扩散中的资金短缺问题，是加速技术扩散的重要措施。除国家增加财政投入外，还需要通过金融渠道广为筹集资金，为农业技术扩散提供资金支持和信贷保证，为可持续农业技术的应用设立保险基金，转嫁新技术的应用风险。

（六）提高农民的科技文化素质，培植其对可持续农业技术的吸纳能力

可持续农业技术的扩散和农业可持续发展的最终实现，需要具备较高科技文化素质、较强的接收科技信息的能力、掌握科学经营管理方法、敢于承担风险并能熟练掌握现代农业技术操作的新型农民来推动。中国农民科技文化素质普遍较低，对先进技术的吸纳能力不强，将成为可持续农业技术扩散和应用的主要障碍之一。

因此，必须大力开展多形式、多渠道、多层次的农民科技文化教育活动，尽快提高中国农民科技文化素质，有必要依靠政府推动、舆论引导和社会参与的共同行动，共同关心促进农民科技文化教育事业。应继续提高国家财政的教育经费支出比重，使教育费用支出增长率高于国家财政支出增长率。鼓励社会增加教育投入，具体的形式一是吸引海外华侨捐资办教育；二是积极鼓励各种社会团体办教育；三是强化农业科研机构和农业科技推广机构的技术培训职能；四是鼓励和宣传一部分富裕农民集资、捐助教育。在加强正规教育、切实普及九年义务教育的同时，开展成教、职教、函授和培训等多种形式的非正规教育以及函授、业余进修、自学辅导等教育办学形式，聘请专家、技术人员现场示范指导，使农民通过边干边学积累人力资本和新知识，逐渐适应现代农业发展的要求。

第三节 加快大宗农产品结构调整

伴随着人们生活水平的不断提高，人们的健康意识也不断增强，人们对农产品的色、香、味、形以及营养价值的要求越来越高。因此，大宗农产品优质与否已成为影响人们选择的主要因素之一。同时，大宗农产品质量安全是制约大宗农产品优质化的主要因素，已成为社会关注和全球瞩目的热点问题，也是我国“十三五”时期实施农业和农村经济结构战略性调整、大力发展现代农业、推进城乡一体化协调发展、全面建成小康社会的重要任务。

大宗农产品的品质结构调整应从以下五个方面着手。

一　以市场需求为导向，加快农产品结构调整

目前，随着人们生活质量的提高，大宗农产品的优质化生产、产业化经营已被推进市场竞争的新阶段。如何生产优质的大宗农产品，应当遵循市场需求，牢固树立“市场第一”的意识，把农业增效和农民增收的结合点聚焦到市场上，依据对国内、国际市场供求状况的科学分析和预测，立足实际、因地制宜地打造自主品牌，切实把调结构落到实处。因此，各有关部门应经常向农村合作社、龙头农资企业提供最新的国内外农产品市场供求信息，引导和鼓励农民根据市场供求调整种植计划，并提供相关技术支持，这对于调整和优化大宗农产品品质结构至关重要。

二　以资源优势和区位优势为基础，实施品牌战略

经过十几年来的农业结构调整实践，以区域农业资源为基础的优势特色农业产业，正逐渐成为大宗农产品品质结构调整的主要形式：一是以特色为先机调整农产品品质结构，就是要发展“名、特、优、新、稀”新品种，取代原有销售不好或销售不出去的品种，即用优质品种取代低档品种，用专用品种取代普通品种，如黑龙江的大米、内蒙古的乳制品、福建的茶叶、山东的蔬菜等。二是以科技为依托调整农产品品质结构，就是要紧紧围绕“优质、高产、高效”这一战略目标，培育和引进推广适应性广、抗性强、产量高、加工用途多样的粮、茶、果、蔬等新品种，大力发展绿色、有机、无公害食品，实施大宗农产品品牌发展战略，提高或创造大宗农产品的品牌附加值，以调整大宗农产品品质结构，优化农产品生产布局。

具体的区位大宗农产品调整布局建议有以下两个方面。

1. 作物区域布局优化

（1）水稻南恢北稳。东北地区井灌区水稻种植面积逐步收缩，重点提升江河湖灌区水稻集约化水平，提升产品质量；西北地区减少水稻种植；未来重点建设长江中下游、西南水稻优势产区，恢复水热资源匹配度较高的华南区水稻种植。

（2）小麦北稳南压。稳定黄淮海小麦主产区生产能力，提升长江

中下游稻茬麦区单产水平，适度恢复东北强筋春麦区生产能力；适当调减黄淮海地下水超采区小麦面积。

（3）玉米稳优控非。稳定东北和黄淮海玉米优势区面积，调减北方农牧交错区、西北风沙干旱区、西南石漠化区等非优势区的玉米面积。扩大青贮玉米面积，为畜牧业提供优质饲料来源；调减籽粒玉米，特别是非优势区籽粒玉米生产。

（4）大豆粮豆轮作。因地制宜开展粮豆轮作，逐步恢复和提高大豆面积。东北地区扩大优质食用大豆面积，稳定油用大豆面积；黄淮地区以优质高蛋白食用大豆为重点，适当恢复面积；南方地区发展间套作，实现种地、养地相结合。

（5）油料稳油菜增花生。加强长江流域油菜优势区建设，发展南方冬闲田和沿江湖边滩涂地双低油菜种植；北方地区适当扩大春油菜面积。扩大花生面积，主攻黄淮海榨油花生，发展粮油轮作。

（6）棉花稳北增效。稳定新疆棉区，推广耐盐碱、抗性强、宜机收的高产棉花品种和机械化生产技术。巩固沿海沿江沿黄环湖盐碱滩涂棉区。

（7）糖料提蔗稳甜。甘蔗重点发展桂中南、滇西南两个优势区建设。稳固新疆、内蒙古、黑龙江等北方甜菜主产区，压缩南方和黄淮海地区甜菜面积。

2. 区域作物结构调整

（1）在东北区，稳定水稻，扩种大豆、杂粮、薯类和饲草作物，构建合理轮作制度。稳定三江平原、松嫩平原等优势产区的水稻面积，调减黑龙江北部、内蒙古呼伦贝尔以及农牧交错带玉米面积，扩种大豆、杂粮、薯类和饲草作物，改变种植方式，推行粮豆轮作、粮草（饲）轮作和种养循环模式，逐步建立合理的轮作体系。

（2）在华北区，以稳定为主，适度调减，三元统筹。稳定小麦面积，完善小麦或玉米、小麦或大豆（花生）一年两熟种植模式，稳定蔬菜面积；在稳步提升粮食产能的前提下，适度调减华北地下水严重超采区小麦种植面积；扩大青贮玉米面积，适当扩种花生、大豆、饲草。

（3）在长江中下游区，稳定双季稻面积，稳定油菜面积，提升品质。稳定双季稻面积，重点推广水稻集中育秧和机插秧；稳定油菜面积，加快选育推广生育期短、宜机收的油菜品种；提升品质，选育推广生育期适中、产量高、品质好的优质籼稻和粳稻品种，高产优质的弱筋小麦专用品种；开发冬闲田扩种黑麦草等饲草作物。

（4）在华南区，稳定水稻面积，稳定糖料面积，扩大冬种面积。稳定双季稻面积，选育推广优质籼稻，因地制宜发展再生稻；稳定糖料面积，推广应用脱毒健康种苗，加强“双高”蔗田基础设施建设，加快机械收获步伐，推广秋冬植蔗；充分利用冬季光温资源，扩大冬种马铃薯、玉米、蚕豌豆、绿肥和饲草作物。

（5）在西南区，以地定种，稳经扩饲，增饲促牧。稳定水稻、小麦生产，发展再生稻，稳定藏区青稞面积，扩种马铃薯和杂粮杂豆。推广油菜育苗移栽和机械直播等技术，扩大优质油菜生产。调减云贵高原非优势区玉米面积，改种优质饲草，发展草食畜牧业。

（6）在黄土高原区，挖掘降水生产潜力，建立高效旱作农业生产结构。稳定小麦等夏熟作物，积极发展马铃薯、春小麦、杂粮杂豆，因地制宜发展青贮玉米、苜蓿、饲用油菜、饲用燕麦等饲草作物。发展特色杂粮杂豆，扩种特色油料，加强玉米、蔬菜、脱毒马铃薯、苜蓿等制种基地建设。

（7）在西北区，以水定地、以地定种，建立节水型农业生产体系。积极推进棉花机械采收，稳定棉花种植面积。发展饲草料生产，推行草田轮作，保护山区草场，促进牧业发展。

（8）在内蒙古中部地区，以草定畜，加快优质人工饲草料发展，扩大植被覆盖，改善生态环境。扩大马铃薯、谷子、高粱等耐旱粮食作物和人工牧草种植，鼓励休耕轮作制。

（9）在青藏高原区，发展粮、饲、草兼顾型农业，推进农牧结合。保障藏区粮食（青稞）自给水平，同时注意农牧结合，在农区种植牧草。在保证畜牧业发展和生态安全的基础上，发展高原特色农业。

三　以产业化经营为方式，搭建优质大宗农产品销售平台

产业化经营是通过加强优势大宗农产品基地建设，扶持产业化龙头企业发展，提高优质生产组织化程度和产业化经营水平，扶持壮大龙头企业、农村合作社、基地型生产经营公司等产业化经营主体，推行产业一体化经营模式。同时，鼓励由企业和合作社建设具有一定规模的现代化大宗农产品生产基地，借助移动电子设备、二维码标志、互联网等大数据技术，实现全程监控大宗农产品生产和源头管理，从大宗农产品生产、加工、流通等方面建立标准化生产体系，把大宗农产品资源“引流上线”，打通大宗农产品进城的流通渠道，完成“区超对接、农超对接”，或打造大宗农产品的网上交易平台，实现大宗农产品的按需种植、定制化生产。通过产业化经营不仅可以实现产业化经营、规模化种植、标准化生产，还可以实现“源头可追溯、流向可跟踪、信息可查询”的质量安全产业链，确保大宗农产品的质量安全。

四　以管理政策为依托，生产优质大宗农产品

提高大宗农产品品质，调整大宗农产品品质结构，是一项综合的系统工程，它包括培育优质品种，加强大宗农产品质量检测，建立质量追溯系统，实行产品质量安全责任追究制，改善农业生态环境，制定财政政策，对优质特色农产品和无公害绿色农产品实行税收优惠政策，并为这一类农产品的开发提供有效的技术支持等。刘彦雷（2016）认为，应当实施农产品品牌发展战略，提高或创造农产品的品牌附加值，从实现产业化经营方面调整农产品品质结构。李龙先（2017）认为，改善农业生态环境是提高农产品品质最重要的措施，并从减少污染物排放、推广低碳农业、减少化学农药使用量，大力推广病虫草害综合防治技术等方面进行了分析。还有部分学者认为，可采取多种杠杆工具加以引导，如制定财政政策对“名、优、特、绿”等无公害农产品实行税收优惠政策（如在一定期限内减免农林特产税），并为这一类农产品的开发提供有效的技术支持等。因此，我国从2001年开始，原农业部作为农产品质量安全管理主管部门，相继出台了《关于全面推进“无公害食品行动计划”的实施意见》《关于

加强农产品质量安全检验检测体系建设的意见》和《全国农产品质量安全体系建设规划》等加强农产品质量安全监管工作的规范性文件，这些规范不仅对优质大宗农产品生产经营的各个环节进行切实有效的管理和控制，而且也为大宗农产品品质结构的调整与优化提供了有力的依据。

五　实施绿色农业补贴改革试点工程

当前，我国农业生产补贴制度已经不适应形势变化，特别是补贴主体、补贴范围与实际需求错位，客观上阻碍了农业生产力的提高和资源环境的改善。为此，必须全面推开农资综合补贴、种粮农民直接补贴和农作物良种补贴“三项补贴”改革，将农业补贴改革与绿色农业结构调整、农业转型升级连接起来，扩大农业生产领域的生态补贴，协调好“生态”与“高效”的矛盾，推进用养结合、资源节约、环境友好的农业体系建立。因此，绿色农业补贴改革的原则包括：一是补贴重点是口粮；二是补贴必须有明确的地域指向，即条件好、生产规模大、比较优势明显的主产区；三是补贴对象是实际种植者，通过补贴保障农民的种粮收益；四是补贴要符合农业绿色发展要求。

第四节　加大政府支持力度

农业生产由于受自然条件的影响较大，因而与其他行业相比在竞争中处于弱势地位。但是，农业是国民经济的基础，对一个国家经济发展至关重要，因此，历来各国均对农业加以支持和保护。世界各国农业发展的历史也表明，农业的发展和壮大离不开政府的支持。应充分发挥中国政府的宏观协调作用，以提高农业国际竞争力为出发点，加大政府对农业的支持力度，从而有效地提高大宗农产品的国际竞争力。

一　切实有效地增加国家财政的农业投入

中国的国情决定了政府始终是农业投入的重要渠道，而财政对农业的支出则是政府支农的重要手段。因此，强化政府支农职能作用，完善财政支农政策手段，首当其冲的就是要增加财政对农业的投入，这是促进农业生产稳定发展，从而提高中国大宗农产品国际竞争力的必要条件。

（一）加大对农业的直接投资和对农业的扶持补贴力度

这是一条很重要的措施，它还可以带动社会资本投资农业的热潮，这一政策也是西方发达国家发展农业的共同政策。但值得注意的是，对农村、农业和农民扶持补贴资金要真正落实到位，切不可大量用于农村事业单位及其工作人员的支出。

（二）加快农村防治自然灾害基础设施建设，完善防治自然灾害的救助系统

预防和救助自然灾害能力的增强，有利于吸引资金投资农业。而中国农村的自然灾害主要是旱涝灾害，因此主要需要新修农村小型水利工程和重修农村原有农田水利设施，真正实现其原有的防洪灌溉功能与完善人工降雨系统。此外，中国山区农村也不时发生泥石流、山体滑坡等水土流失性自然灾害，因此也必须加强山体护坡工程建设。另外，无论设施如何完备，自然灾害在现阶段是无法完全防治的，救灾则是必然，因此各级政府都要有高速的自然灾害应急救助系统。

（三）加快农产品非疫区，尤其是家禽非疫区建设，完善农村兽医体系和队伍建设

建立非疫区不仅有利于大宗农产品出口，而且可以减少因疫情而造成的农业损失。农村家禽疫情严重，与当地兽医发展状况有关。尤其是2004年的禽流感疫情，严重影响了农村家禽业的投资。因此，需要加快农产品非疫区，尤其是家禽非疫区的建设，并完善农村兽医体系和队伍建设。实际上，这一条也是配套政策，是通过减少投资农业的损失来吸引资金投资农业。

（四）各地政府对投资农业的个人和企业给予一定的优惠政策

这是吸引外资（主要是指城市资金和海外资金）投资农业和吸引固定资金投资农业的一项重要辅助政策。外资进入中国已是历史潮流，在这股潮流下，中国各地政府主要将外资吸入城市，鼓励外资投资非农业，这也是造成外资投资农业少的一个原因。富裕农民不愿在

家乡投资农业，与政府政策是分不开的，因此，各地政府可以适当地对投资农业的个人和企业给予一定的政策优惠。但是，需要注意的是，政府给予的优惠政策只能在减免税收、精简审批手续和完善政府服务质量等范围内，绝对不可以损害农民合法合理的权益。

二　明确农业财政支持的方向和重点

农业支持政策调整的基本取向是充分利用世界贸易组织的农业规则，加强政府对农业的支持力度，用足“绿箱”政策，用好“黄箱”政策，从根本上提高我国农业的国际竞争力。

（一）加大“绿箱”政策支持力度

结合中国的实际情况，加大政府对农业的“绿箱”政策投入，需要改变支持方式，调整补贴环节，从削减和取消农村税费着手，逐步实行对农民的直接补贴，改革我国对农民的征税制度。

（1）逐步实行对农民收入的直接补贴，加快税费改革步伐，减轻农民负担。例如，可以采用在税费改革的基础上减税，将税费改革的计算基础（常年产量和规定价格）作为直接补贴的基础，然后根据国家财力确定直接补贴率。在具体操作上，不是向农民发放补贴，而是直接表现为税收的削减。当然，也可以采用直接减免农村税费。在没有实行税费改革的情况下，也可以采取变通的办法，即按项目直接削减农业税费。可按先后步骤，分别取消现行的农业税、农业特产税和屠宰税。同时，为了避免地方政府加重农民的负担，国家可以对地方政府实行转移支付。

（2）加大对农业科研和技术推广的支持力度。由于知识产权保护程度的加强，引进国外技术将付出更为昂贵的成本，这对加强中国农业科研力量提出了更高的要求。因此建议，把增加对农业科研的投入作为增加农业投入的重点，把对农业科研的投入向产前和产后部门拓展。这就需要加大优良农作物品种的选育，尤其是出口优势产品品种选育，例如蔬菜、水果、花卉等。同时，要加快对高新技术的研发。选择一批重点高产、优质农产品生产技术和资源高效利用及生态保护等可持续发展的技术，进行推广应用和产业化开发，重点建设一批新型、专项现代农业科技园区，推动农业技术推广和成果转化。

（3）加强农业基础设施建设。调整农业投资结构，大幅度增加农村小型基础设施建设投入。加强粮棉生产基地、节水农业示范基地、农村能源示范基地、优势农产品出口基地建设，加强退耕还草、围栏草场、人工种草、治虫灭鼠的草原保护工程，加强以发展无公害农产品为重点的生态农业示范区建设。

（4）加快农业服务机构的建设。建立科学、完备的农产品质量标准体系，逐步改变农产品无标生产、无标上市和无标流通的状态；健全产品质量检测检验机构，完善检测手段，提高检测能力，逐步与国际接轨；完善农业信息收集、整理、发布制度，提高准确性和权威性，建设全国性农业信息网，加强县级和乡镇信息服务建设，促进农业信息进村入户。这是市场经济条件下政府所应担当的重要职能，也是提高农产品质量和农业国际竞争力的重要途径。其中，实行大宗农产品的免费检验制度，将会起到积极的效果。

（二）调整“黄箱”政策支出方向

调整和改革的目的是提高财政支出的使用效率，使有限的财政资源尽可能发挥较大的作用，尽量减少中间环节的损失。因此，需要对“黄箱”政策的支持目标和支持结构做较大调整，由主要对农产品流通领域的补贴转向对农业生产者的直接补贴，并重新确定“黄箱”政策支出的重点。

（1）继续对农用生产资料给予价格支持和政策优惠，对农民专业合作经济组织和农产品加工企业投资进行补贴。另外，减少乃至停止对粮棉流通企业的补贴，将国有粮食流通企业推向市场，提高国有粮棉流通企业的经营效率。

（2）对符合国家支持方向的农业投资给予补贴。如对规模经营的农户投资补贴，对农民销售农产品补贴，对农业产业化龙头企业补贴等，以及对农业生产、农产品加工和流通贷款给予利率优惠。

（3）加大大宗农产品出口基地建设投入。按我国不同的优势大宗农产品类别，划定若干区域，在区域内建设专门面向国际市场的出口基地等，以实现区域化统一品种种植，更好地满足市场需求，并有利于实现大宗农产品的优质优价。

三　鼓励适度规模经营，发挥农业财政的导向功能

(一) 鼓励大宗农产品生产适度规模经营

生产规模经营是影响单位产品生产成本高低的一个主要因素。中国农村实行家庭经营为基础的经营体制，这种分散经营无论是在规模、效率上还是在竞争能力上，都不能适应国际竞争日趋激烈的挑战，无法与国外大粮商、畜牧商、园艺商、食品加工商竞争，其根本原因是农业劳动生产率低下。近几年来，国际市场大宗农产品价格持续走低，我国的价格优势已经不复存在，但是，法国等西欧国家的农产品生产者仍然有利可图，其主要原因并不是农业生产中的技术进步，而是农场的生产规模不断扩大。荷兰是一个人多地少的国家，但荷兰每一农业劳动力经营的耕地平均达 4 公顷，而我国每一农户（不止一个农业劳动力）经营的耕地规模还不到 0.5 公顷，日本专业农户的经营规模平均在 5—10 公顷。因此，制约中国农民的最基本的弱势是经营的土地规模小。如果这种分散、小规模的经营方式凝固化，则中国农业就难以走出“小规模、高成本、高价格、低竞争力”的困境。

因此，政府应该鼓励大宗农产品生产的规模经营，以提高农业劳动生产效率。中国农业生产是以家庭经营为基础的，政府鼓励扩大规模经营并不是要破坏家庭经营这个基础，而是扩大家庭经营的规模。当然，这在我国有很大难度，但并不是完全不可能的。根据中国的国情特点，实行农业适度规模经营，可以选择如下四条途径。

(1) 在家庭经营的基础上，政府可以允许土地使用权租赁或转包，使土地从一部分农民手中向另一部分农民手中转移，实现相对集中经营。

(2) 鼓励农民实行股份合作制，兴办股份合作农场，农民可以带土地入股。

(3) 鼓励农民开发和规模经营尚未利用的农业资源。例如，湖北省现有宜农荒地 28 万公顷，宜林荒山 183 万公顷，宜牧草山草坡 300 多万公顷，开发这些资源，可以吸收农业劳动力，也有利于扩大经营规模。

（4）提高家庭经营的社会化水平，将农户经营中的许多经济活动（尤其是产前和产后活动）从农户中分离出来，以市场为导向，以农户为基础，以龙头企业为核心，实现产供销、农工商一体化经营，实现农业产业化经营，使农户家庭经营具有生产专业化、交易规模化、服务社会化的特征，从而提高农户的专业化和规模化水平。

（二）发挥农业财政支持政策的导向功能

农业财政支持政策的运用，其意义不仅仅在于直接增加农业投入，还在于有利于吸引和带动全社会的农业投入。农业是一个弱质产业，是各国政府投资和保护的重点产业，但并不是说对农业的全部投入都属于公共财政的范围，都要由国家来投资。要鼓励城乡企业、上市公司、外商和各种基金公司投资农业。今后对于公益性的、非营利性的水利基础设施、农业生态建设、农业科技服务、农村扶贫事业、粮食安全储备等，应当由国家来投资；对于营利性的农业产业化经营、农产品加工等，应当以市场筹资为主，由农户、各类企业投资。

为了提高社会农业投资的吸引力，需要通过发挥农业财政支持的导向功能，进一步建立农业投入的激励机制。其一，要调整和优化农业财政支出结构，强化农业基础性投入，为社会投资主体增加农业投入创造良好的外部环境；其二，国家要在税收、补贴、贴息等方面对农业投资给予优惠和奖励，以吸引社会资金投向农业；其三，要改变财政投入方式，减少政府直接办项目，加大对农民和社会办项目的补助，还要通过税收优惠等政策措施鼓励农业利润用于农业再投资。

四 充分发挥政府协调作用，健全农业财政投入的管理监督机制

（一）充分发挥政府的服务和协调作用

1. 完善政策性农业保险和各种农业产业发展基金

（1）完善政策性农业保险，用于抵御农业结构调整中可能发生的风险。

（2）建立各项农业产业发展基金、结构调整基金，提高产业自身的抗风险能力，以帮助农业成为适应市场经济和国际竞争的自主产业。这些基金可由政府有关部门设立，也可由金融机构设立，专门用于扶植农民种植业结构调整、发展多种经营及发展农产品加工业。

（3）建立对受损农民的利益补偿机制，包括减轻农民负担，推进农村税费改革，使农民有更多的财、物投向农业生产，使他们从生产发展、结构调整中得到好处。

（4）健全农业科技推广体系，使农民能够及时得到进行结构调整所必需的先进技术。国际通行的做法是：对公共性科技成果的应用和技术推广仿照公共物品供给的机制运行，仅对部分科技成果和技术服务实行有限度的商品化和有偿化，这种做法既符合世界贸易组织规则，又提高了高度分散的个体农民的利益，使他们在结构调整中能够以较低成本及时获得农业新技术。

2. 加强对大宗农产品的质量安全管理

（1）加强农业标准化生产能力建设。要通过大力推进农业标准化工作，提高农业生产全过程监管能力。切实加大农业标准化示范、推广、宣传和培训工作力度，普及农业标准化知识，引导农产品生产者和经营者按标准组织生产、加工和销售。各级农业技术推广机构应及时调整工作重点，扩展工作领域，把推广种养业生产、加工、储运、包装等标准化技术作为新时期农业技术推广的重要内容。积极推进农产品标准化示范区、无公害农产品生产示范基地、示范农场、优势出口农产品生产基地、农产品非疫区和无规定动物疫病区建设，进一步扩大标准示范区的辐射力和影响力。

（2）加强农业投入品监管能力建设。要严格农业投入品的市场准入管理。深入开展农药及农药残留、兽医及畜禽产品违禁药物滥用和水产品药物残留三个专项整治工作，将农业投入品监管与农产品质量安全管理有机结合起来。进一步健全农药、兽药、饲料及饲料添加剂等重要农药投入品的质量监测制度，完善标签、标识等监管手段，依法对农业投入品进行质量安全检查，坚决打击制售和使用假冒伪劣农业投入品的行为。普及化肥、农药、兽药、饲料及饲料添加剂和植物生长调节剂等农药投入品的安全使用知识，指导农民科学用药、合理施肥。

（3）加强大宗农产品质量安全例行监测能力和追溯能力建设。要建立健全大宗农产品质量安全例行监测制度，定期发布农产品农药残留、兽药残留等质量安全监测信息。强化大宗农产品质量安全追溯管理工作，逐步实现生产记录可存储、产品流向可追踪、储运信息可查询。结合优势农产品生产基地、标准化生产基地和无公害农产品生产示范基地建设，探索推广农产品生产档案登记制度。要积极创造条件，逐步实现在农产品生产、加工、包装、运输、储藏及市场销售等各个环节，建立完备的质量安全档案记录和农产品标签管理制度，把产品标签与农产品认证标志、地理标志、产品商标等结合起来，逐步形成产销区一体化的农产品质量安全追溯信息网络。

3. 发挥政府在大宗农产品流通体制改革和农业市场体系建设中的作用

农业市场体系的建设最重要的是要尽快建立起现代化的农产品物流和信息体系。对于物流体系，关键是尽快建立起以城乡大型农产品批发市场和专业批发市场为重点，以联系广大农村的市场网点建设为支撑，以资金、信息、技术、劳动力等要素市场建设相配套的城乡统一的市场体系，确保农产品在城乡之间物畅其流。可以在中心城市、重要商品集散地或交通枢纽地区建设大型农产品专业批发市场和综合批发市场，形成辐射面广、凝聚力强的农产品产销集散中心、价格形成中心。除此之外，还要围绕地方生产、消费的市场要求，建设若干个具有地方特色的农产品市场分体系，形成多层次农业市场结构，以更广阔的空间、更多样化的产品满足国内外市场的多样化需求。另外，我国要充分利用现代信息技术，加大信息基础设施建设力度，积极发展网上农业、网上贸易，建立向外能够与国际农产品信息网和国际农产品期货市场、拍卖市场连通，向内能与全国各省区市及全国性农产品中心批发市场联通，向下能与各市、县以及各重点农产品批发市场、特色农产品基地联通的信息流体系。这不仅能够为农民提供国内外市场农产品供给、需求、价格变动趋势的信息，还能为政府宏观决策提供依据。发展农业信息化，还应注意利用各种媒体为农业、农村和农民提供有效的信息服务，引导农民发展生产，优化结构，开拓市场，提高效益。

（二）健全农业财政投入的管理监督机制

农业财政资金有限，更要管好用好，充分发挥资金使用效益。因此，要不断完善管理制度，引进科学的分配方式，制定符合实际的支出标准，实行公开透明的管理机制。近几年，财政部编制并实施了部门预算，进行了国库集中支付改革试点，并对所属农业专用资金进行了调整改革，推行了农业项目资金申报的标准文本、专家评审和项目库等改革试点，提高了管理的科学性，加强了人民代表大会等方面的监督，取得了积极的成效，对这些好的经验和做法要加以总结和推广。今后，还要对农业项目引进推广招标投标、项目预算、集中支付、政府采购、报账制、公告制、专家或中介机构评估等科学管理措施，引进公式法、因素法等客观分配办法，推广环保工程、退耕还林等资金让农民直接得益的做法，使农业财政资金落到实处，产生实效，让农民和农业真正得到实惠。

第五节　提高农业劳动者素质

一　狠抓农村扶贫工作，注重人才队伍建设

科技扶农就是依靠科技进步，综合开发利用现有自然资源，启动自身发展活力，最大限度地提高劳动生产率；加大科技投入力度，普及农业科技知识，推广先进适用技术，不断提高农作物及畜产品的产量和质量；因地制宜地发展多种经营，培植和建立一批产业基地，促进农产品的转化和增值，逐步实现由救济型扶贫向开发型扶贫的战略转变。这不仅能从根本上消除贫困，达到脱贫致富的目的，而且能提高农业劳动者素质，提高农业国际竞争力。

（一）强化基础教育，切实提高贫困地区广大干部群众的整体素质

《中共中央、国务院关于尽快解决农村贫困人口温饱问题的决定》指出："贫困地区落后的一个重要原因，就是科技教育滞后，劳动者素质低下，要把扶贫开发转移到领先科技进步，提高农民素质的轨道上来。"人才短缺、劳动者素质低下是制约贫困地区经济发展的关键

性因素。科技扶贫的首要任务就是治愚扶智、攻心扶志，其核心是提高劳动者素质，从思想上挖掉“穷根子”，从根本上解决问题。素质教育要坚持“标本兼治、以人为本”的原则，列宁曾讲过：“在一个文盲充斥的国家内，是建成不了共产主义社会的。”毛主席有一句名言：“严重的问题是教育农民。”诚然，毛主席所说的“教育农民”不是针对扶贫工作而言的，但从一定意义上讲，“教育贫民”将成为现阶段扶贫工作面临的“严重问题”。针对以往扶贫工作中在发展农村教育、提高农民素质方面的“软投入”较少，重物轻人、重硬件轻软件，把扶贫资金几乎全部用于“上项目”而很少用于人的素质提高的误区，今后扶贫工作应在进行物质扶贫的同时，着重抓好“精神扶贫”。通过加大投入力度，综合开发农村智力，培养和造就一批农业科技人才，变潜在生产力为现实生产力，增大科技在贫困地区的覆盖面，提高科技在扶贫开发中的含量和入户率，全面落实扶贫攻坚各项措施，加快扶贫开发进程。

（二）建立科技示范基地，加快产业开发进程，引导贫困户进入市场

贫困地区的扶贫开发，仅仅依靠国家财政“输血”是没有出路的，要通过挖掘内部潜力，充分依靠科技力量，立足当地资源，培育自身“造血”机能。按照中央提出的“扶持的方式，主要支持能带动贫困户脱贫的龙头企业，把贫困户脱贫致富与发展农业产业化结合起来”的方针，通过科技示范基地建设，引导农民调整经济结构，大力发展种植业、养殖业和以农副产品为原料的加工业，通过加工增值，提高农产品的转化率，解决农产品与市场脱节、销售不畅的问题。基地建设要以科技为先导，以资源为基础，以市场为导向，以效益为中心，按照“建立一个基地、带动一批产业，复活一批企业、致富一方人民”的原则，因地制宜地抓好洋芋、畜牧、药材、果菜等基地建设。产业开发要以基地建设为依托，以大中型加工企业为龙头，以典型示范户和小型加工点为骨干，以科技服务为手段，走“资源—产品—市场—开发”的路子，把支柱产业逐步培植成为为财政“输血”、为企业“造血”、为农民“生血”的源头，实现由计划经济向

市场经济、由粗放经营向集约经营的转变，逐步形成“公司+基地+农户”的农业产业化格局。

（三）引进推广农业先进实用技术，将潜在生产力转化为现实生产力

随着扶贫开发步伐的逐步加快，科学技术在农业生产中的应用越来越广泛，依靠科技进步，依靠产品创新将成为促进农业产业结构调整及产业化经营的有效手段。一是要积极引进推广一批动植物良种，按照“试验、示范、推广循序渐进”的原则，有重点地引进一批高产、优质、高效的种、养业新品种，从源头上实现新的突破，努力提高农产品的质量。二是要引进转移一批农业高新技术成果，重点引进农作物良种选育及种子产业化开发等技术，不断提高新技术成果转化率。三是努力建设一批高效农业示范园区，逐步改变农业的地域性、季节性和可控程度差等传统农业面貌，发展设施农业、园艺农业，让有限的土地发挥更大的效益。与发达地区相比，贫困地区农业生产仍处在低投入、低产出，低科技、低收益的现状。要充分发挥农技部门和农技人员在农技推广中的作用，全力抓好各类农业适用技术的推广应用，推广普及良种良法，不断提高农技在农业生产中的含量。在种植业上，要在大力推广地膜覆盖、良种引进、种子包衣、间作套种、科学施肥、药剂拌种、日光温室等一系列农业适用技术的同时，还要抓好双垄沟覆盖、施水沟播、节水灌溉等新技术的示范推广工作，提高土地的产出率和回报率。在养殖业上，要大力推广品种改良、暖棚养畜、配合饲料、疫病防治等技术，降低生产成本，提高养殖效益。另外，要学习引进农产品的储藏保鲜、精深加工技术，促进农产品的转化增值，提高农业生产综合效益。

（四）建立健全服务体系，优化科技扶贫环境

科技扶贫的关键在于及时地把先进适用技术送到千家万户，送到田间地头，送到各个生产环节，把龙头企业的主导产品推向市场，使一家一户的小生产与千变万化的大市场有机地结合起来。建设协调、完善、高效的服务体系，对科技扶贫工作的顺利实施起着纽带和桥梁的作用。

首先，要在健全政府职能机构的同时，积极发展民办组织，逐步形成以县级专业化服务为主导、以乡镇服务组织为纽带、以村级服务组织为基础、以民间服务组织及农户联合服务为补充的四级配套服务网络。县级要有一个集科研、试验、示范、培训、推广于一体的农业科技推广中心；乡镇农技推广站要有队伍，有基地，有设施，有培训场所；村级有农民技术员；社有科技示范户，同时要大力发展县、乡、村、社及农民之间的各种专业技术协会和民间科技组织，作为媒介，加快农业科技的推广，使农业科技全方位服务于农业、农村和农民。

其次，要积极推进以产业开发为依托、服务于产业开发和区域经济开发的服务体系建设，开展产前、产中、产后的社会化、系列化服务。逐步形成科工贸一体化、产供销一条龙，具有全方位、多领域、多层次、多功能、上下相通、左右相连、纵横交错、相互配套的社会化服务体系。

二 加大科技和教育投入力度，提高农民科技文化素质

当前农村劳动力素质不高已成为影响我国农村社会经济持续稳定发展和农村全面小康建设的重要因素。同样，要提高农业国际竞争力，需要进一步提高农民的科学文化素质。邓小平同志曾经说过："对科学技术的重要性要充分认识。科学技术方面的投入、农业方面的投入要注意，再一个就是教育方面。"①

（一）动员全社会力量关心和支持农村教育事业

提高农民的文化科技素质，首要的是充分利用、整合有限的教育资源，健全完备的教育体系，保证农民学有其所、学其所需、学有所用。不仅要加强国家办学力量，而且动员和鼓励社区、企业、私人等全社会力量来关心和支持农村教育事业，实现办学主体多元化；不仅要加强基础教育，而且要大力普及农村职业教育和成人教育，加快农村科技知识的普及，从本地实际出发，允许各地自主创新，采取半日制、半工半读、函授、广播、网络等多种方式办学，形成一个全方位

① 《邓小平文选》第三卷，人民出版社 1993 年版，第 275 页。

的育人环境；不仅要为城市培养人才，而且要更多地培养适合农村、热爱农村、建设现代化农村的高中初级优秀人才。通过一系列体制改革和制度创新，构建起由基础教育、职业技术教育、成人继续教育和科技知识培训教育、道德素质教育、健康教育等组成的完整的农村教育体系。

（二）加大财政投入，普及高中义务教育

党的十六大报告就明确提出，“人民享受接受良好教育的机会，基本普及高中阶段教育，消除文盲。形成全民学习、终身学习的学习型社会，促进人的全面发展”是全面建设小康社会的奋斗目标之一。中国农业劳动者素质较低的一个重要表现就是我国高中学历的人力资源比重过低，因此，要提高新增农业劳动者的文化程度，需要各级政府尽快出台相关的政策、法规和改革措施，切实加大教育投入，努力改善办学条件，在确保经济欠发达地区实施九年制义务教育所需各项经费、确保贫困地区有钱办学和所有适龄儿童能够上学的同时，将义务教育逐步由九年制向十二年制过渡、由目前的中小学向高中阶段延伸，从而保证更多的农村学生能够接受更好的文化教育。

（三）扩大职业教育，着力培养专业技术型农民

从中国农村劳动力科技文化素质的现状特征来看，当务之急是要结合目前我国农村经济发展所处的阶段，有重点、有目的、有步骤地培养一大批懂科技、善经营，能从事专业化生产和产业化经营的新型知识农民。要实现农业现代化中的产品标准化、生产规范化和经营产业化，必然要求劳动生产知识化、专业化。所以，需要重点抓好农牧民的文化教育和科技教育工作，创新农民科技教育培训体系。由传统的推广示范培训模式向实用技术系统学习转变，由单纯学历教育培训向教育与职业培训相结合转变，充分发挥职业技术学院、农业广播电视学校等教育资源，组织实施“农牧民科技文化素质工程”“绿色证书工程”“新型农民创业配置工程”“跨世纪青年农民科技培训工程”，培训大批初级、中级和高级农牧民技术人员。

（四）加快农村劳动力转移，增强农民自我提高意识

随着农业科技更新周期的不断缩短，农业机械化程度的不断提

高，农村的剩余劳动力越来越多。所以，加快农村剩余劳动力向非农产业转移的必然趋势与各行各业对劳动力的素质要求越来越高的矛盾也日益突出。劳动力整体素质低下既制约了现代农业的发展，也影响了农村劳动力转移的规模、速度和层次的提高。但是，令人欣慰的是，每一次劳动力的转移，都不同程度地促进了劳动者素质的提高。这主要是因为在向非农产业或城镇的转移过程中，劳动者不得不主动地学习掌握相关的新知识、新技术，以不断适应新的工作岗位，从而在一定程度上促进了农民文化素质的提高。因此，作为地方政府，应该抓紧制定有利于加快农村城镇化建设的一系列政策，着力优化经济环境，推动第二、第三产业的迅速发展，更多地吸纳农村剩余劳动力。

（五）实施“示范工程”，使农民素质不断得到巩固和提高

在加强对农民科学文化培训的过程中，不能照本宣科，搞空对空式的说教，应通过创建不同类型的科技示范基地，定期组织农民现场观摩。也就是说，不仅要组织群众学，还要领着群众看，带着群众干，使农民看到实实在在的效果。一方面，要因地制宜选择具有地方特色、效益好、辐射面广的龙头项目和技术产业，加快示范基地建设，用事实说话，靠效果促动，使农民种养技能和科学素质得到全面提高；另一方面，要充分发挥“科技示范户”的带动作用。“科技示范户”是新形势下的农村经济大潮中涌现出来的先进典型，相比较而言，他们的文化科技素质较高，收入水平普遍高于当地农民，说服力和感召力很强。因此，要大力培养、扶持“科技示范户”当样板、作示范，传授技能，以收到一户带多户的效益。

三　确立以人力资源开发利用为中心的农业可持续发展战略

（一）要逐步形成人力资源开发利用与农业经济发展、资源环境保护紧密联系、相互促进的宏观决策机制

在出台重大经济政策和产业政策时，要特别注重人力资源因素，同时制定充分开发利用和合理配置人力资源的政策及相应调整就业结构的政策；制订改革总体方案和实施各项重大改革措施时，应评估其对人力资源开发与就业的影响，并同时制订促进就业、控制失业、保

持社会稳定的方案。还应根据国家经济发展状况和人力资源开发与就业工作的需要，在国家财政中，按一定比例列出专项经费，与社会各方面的投入相结合，建立人力资源开发与就业基金。在设计城乡基本建设蓝图时，应为开发人力资源和扩大就业做出场所和设施等方面的专项安排；国家政策性信贷资金中也应列出专门额度用于扶持劳动者集体组织就业和自谋职业；在税收政策中，应对扩大就业容量提高知识技能水平，降低物耗能耗，减少环境污染的生产项目和产业、行业给予优惠扶持。

（二）要采取有力措施，切实推进人力资源开发工作

（1）要适应社会主义市场经济和以人力资源开发为核心的新的发展战略的要求，改革传统的人力资源统制式管理体制，从根本上改变传统体制下微观经济层次中缺乏开发人力资源内在冲动的状况。要加快与人力资源及其要素密切相关的市场制度建设特别是劳动力市场、培训市场、知识产权市场、技术市场、信息市场等制度建设，在全国统一的全方位的大市场体系中形成包括人力资源开发、流动、使用在内的健全的子系统，为大市场体系的发育和完善创造有利条件。

（2）要建立人力资源开发的法律政策保障体系，把人力资源开发纳入法制化轨道，依法行政，严格执法，依法规范人力资源开发市场，促进人力资本积累和市场需求的良性循环，推动人力资源开发市场健康发展。

（3）要构建人力资源开发投资与回报的合理机制，依法规范、保护投资者的利益，调动人力资源投资主体的积极性。要建立人力资源开发评估制度，转变以社会公益事业为标准来评价人力资源开发工作的传统观念，积极与国际评估标准接轨，不断提高人力资本投资效益，最大限度地减少无效投资和损失。

（4）要积极推动企业技术进步与企业人力资源开发同步进行，以改进产品质量，扩大市场占有率，提高经济效益，用人力资源所拥有的无形资本来促进企业有形资本的增长。

（5）要大力提高乡镇企业人力资源的知识与技术含量，将人力资源开发工作覆盖到整个城乡范围，构成城乡一体化的人力资源开发体

系，为乡镇企业开发利用人力资源提供标准、规范、教材、鉴定、信息等全方位服务，构建城乡一体化的人力资源开发体系，增强乡镇企业的竞争能力和发展后劲。

（6）要注重贫困地区的人力资本投资，建立适应其经济发展水平和生产技术需要的人力资源开发系统，从根本上改善这些地区人力资本投资严重不足、人力资源质量极其低下的状况，使贫困地区人民能够真正有效运用他们最主要的财富，即自身劳动能力。

四 发展农村职业教育，坚持政府统筹

在新的形势下，推进职业教育改革和发展，是实施科教兴农和农业可持续发展战略的一项重大任务。大力发展农村职业教育是适应农业产业结构调整的需要，是适应企业提高产品质量和效益的需要，是适应扩大就业和再就业需要的重要举措。职业教育是教育事业中与经济社会联系最直接、最密切的部分。新形势下加快职业教育改革和发展，加快人力资源开发，不仅势在必行，而且非常紧迫。

因此，要站在实践“三个代表”重要思想的高度，充分重视职业教育工作，切实加强领导，把职业教育工作纳入我国农村经济发展的总体规划，列入政府重要议事日程，把职业教育作为实施科教兴农战略，促进经济和社会发展的大事抓紧抓好；要进一步推动《中华人民共和国职业教育法》《中华人民共和国劳动法》等法律法规的贯彻落实，完善执法监督机制，加大执法力度，提高依法治教水平；要强化政府对职业教育的统筹管理，通过管理体制改革，促进职业教育与区域经济和社会发展紧密结合，与其他各类教育协调发展；进一步组织动员企业、行业和各种社会力量参与职业教育发展；打破部门界限和学校类型界限，优化职业学校结构布局；要大力宣传职业教育和高素质劳动者在现代化建设中的重要作用，创造有利于职业教育健康发展的改革环境，在全社会弘扬“三百六十行，行行出状元”的风尚，树立正确的教育观、职业观、人生观，提高生产、服务一线劳动者特别是高级技工和技师的经济收入和社会地位，努力营造有利于职业教育改革与发展的社会氛围；要多渠道筹措资金，努力增加职业教育的投入，大力改善办学条件，确保用于职业教育的财政性经费和平均事业

费的逐年增长；严格实施就业准入制度，加强职业学校学历教育和职业标准的衔接，充分发挥职业学校在推进职业资格证书和就业准入制度工作中的作用。

对农业劳动者的教育应考虑我国农村地区发展特点和农业就业人群的分化趋势，以西部地区、少数民族地区、贫困地区人群，农村党员和乡村级干部及其后备干部，农业企业厂（场）长、经理及其后备管理人员，农村科技人员和后备技术人群，农村劳动妇女，农村在校的青少年学生，农村各种专业大户、示范户，农业劳动力向非农领域转移的人群等为基本对象，满足他们对生产和经营基本素质的要求。

西部地区、少数民族地区、贫困地区农业劳动者是教育培训和科普教育的重点。由于历史和自然的原因，我国西部地区、少数民族地区等经济社会发展相对滞后，因此，农业劳动者教育培训和科普教育必须把这些地区作为重点来抓，通过科技素质培训、科普教育等形式，提高这些地区干部群众科学文化素质，提高劳动技能，改善生活质量。

对农村党员和乡村级干部及其后备干部的教育培训和科普教育。发展农村经济不仅要引入现代科学技术，还必须用现代市场经济观念来组织和管理。他们所拥有的知识水平、管理方式、技能水平，对于制定当地农业发展规划和科学决策、开辟生产门路、调整产业结构、实施管理等具有决定性的作用。所以，要非常重视农村党员和乡村干部科技素质的提高，要促使他们不断紧跟时代步伐，刻苦钻研科学技术，学会经营和管理。

对农业企业厂（场）长、经理，农业技术经济合作组织管理人员的教育培训和科普教育。农业企业和中介组织的管理人员来源于农村，尽管他们对小农生产过程比较熟悉，但是，对企业管理、经营决策、经济技术合作、国际贸易等商品生产和经济方面知识则普遍缺乏。农业企业和中介组织管理人员决策、管理水平的高低，直接影响到企业、农户的生存发展和效益。如果企业、中介组织的管理人员是行家，就可以选择生产适销对路的产品，能保证产品质量过硬，降低生产成本，不断扩大市场空间，降低和抵御市场风险，不断提高企业的经济效益。

重点加强对农村妇女的教育培训和科普教育。农村妇女是我国农业劳动者中的最主要力量，既从事农田耕作，又操持家务。目前从事农村种植业和养殖业的劳动力中有70%—80%是妇女，操持家务的妇女比例达到80%—90%。在农村的许多家庭中，农业生产和经营水平以及家境的好坏在相当大程度上取决于家庭主妇的素质。要在对农村妇女经常进行农业科技知识教育的同时，开展农村妇女保健和农村家政方面的科普教育。

对农村各种专业户、示范户的教育培训和科普教育。农村专业户、科技示范户是农村新生产力的代表，也是农村扩散新技术成果、帮助农民运用新技术的二传手。他们在促进农村深化改革，推动农村生产走向专业化、社会化、商品化方面发挥了很好的作用。抓住对农村专业户、示范户和生产骨干的科普教育和培训，将会对整个农业生产和经营水平的提高，增强我国农业在世界的竞争能力产生不可低估的作用。

推进农业劳动力向非农领域转移的教育培训和科普教育。加速农民的从业分化，让更多的农业劳动力实现“农转非”，是我国农业实现规模化生产、提高劳动生产率、增强农业国际竞争力的必然趋势。农业劳动力的转移不只是数量比例上的变化，从根本上说是劳动力素质的变化。因为这些已转移出的劳动力从事的行业只有通过一定的科普教育和训练，提高他们的文化科技素质和职业技能，才能胜任工作，实现合理地转移，使农村劳动力结构得到优化。

第十一章　稳定我国大宗农产品价格的方法及策略

第一节　建立规范高效的农产品期货市场

由前文分析可知，在大宗农产品价格的形成机制中，期货市场扮演着关键角色，所以，期货市场的变化会直接导致大宗农产品价格波动。因此，要使大宗农产品价格波动保持稳定，就必须从期货市场下手。

一　加快大宗农产品期货市场整体建设

农产品生产经营者只有在一个体系相对完善、信息相对畅通的市场中，才能根据价格变动迅速作出反应，以平抑价格波动，将价格波动带来的损失降到最低。美国拥有世界上最完备的市场体系，不仅具有完善的初级产地市场、批发市场、网络型现货市场，还有发达的农产品期货市场（芝加哥期货交易所，是全球最大的农产品期货交易所）及期权市场。美国的农产品定价是以期货市场为中心，在期货市场中，能够提供最全面的农产品价格信息和国内外市场农产品供求变化情况，正是有了如此完善的市场，合理地控制并转移农产品生产经营中的价格风险，使美国的农业发展稳定。而在我国，农产品期货市场发育不健全。虽然经过 20 多年的建设，我国期货市场自身发展有所改进，服务经济发展方式也有所转变，但是，与发达市场相比仍显得相对滞后，主要是市场价格指引体系及价格避险体系不够完善，跟不上国民经济发展的步伐，从而也无法满足实体经济发展方式转变及结构调整的要求。

目前，我国 GDP 在世界经济排名中位居第二，很多大宗商品和战略商品如石油、钢材、农产品特别是大豆、玉米等的进出口量很大，因此，我国必须通过期货市场掌握大宗战略商品的定价权，这样，才能防止国际价格剧烈波动对我国造成的巨大损失。可是，当今全球大宗商品定价权还是在欧美发达国家手中，我国期货市场的国际定价权仍然较弱，这种境况与我国大宗商品消费大国的定位很不相符，受国际价格变动带来的损失是非常巨大的。

因此，面对大宗农产品日益凸显的金融属性，我国应逐步掌握全球重要金融资源的定价权，使中国因素纳入世界大宗商品交易的基础信息考虑范围内，而这必然要求我们大力发展期货市场，目前，我国期货市场的法律法规以及相关的制度、期货合约及其衍生的相应要素等已逐步为国际所接受，成为国际惯例的有机组成部分，这是一个良好的开端与基础。而期货市场的定价能力除以实体经济为基础外，机构投资者的相互博弈也是重要因素。所以，在发展我国期货市场的时候，要特别鼓励壮大机构投资者的规模。同时，期货中介结构在整个期货市场体系中也有举足轻重的作用，因此，我国必须从维护国家金融安全和取得国际定价权的高度，加速促进我国期货中介机构快速发展，政府可以推出一系列优惠政策，鼓励期货中介机构的发展，同时又要监管到位。这里需要指出的是，目前我国在国际上最有影响力的仍然是实体经济，期货市场要在国际上站稳脚跟，必须与实体经济的发展捆绑在一起，牢牢抓住期货是为实体经济服务这条主线。

二　优化和创新期货市场结构

第一，借鉴美国期货市场成功发展的经验，重要是期货市场发展规模和品种上市数量应适应于国民经济的发展，与国家经济总量高度相关。有关数据显示，美国在相当于我国目前 GDP 总量的时期已经在期货市场上市了 74 个新品种，而我国目前仅有 28 个期货品种。再看期货市场比我们还晚发展的印度，在短短十年左右的时间内，印度上市的期货品种已近 60 个商品。面对瞬息万变的内外部环境，我国的期货市场无论从广度还是深度上都需要进一步拓展，特别是适应经济发展方式转变及企业经营模式转型的要求，需要利用期货产品及相关价格信息对企业进行科学、专业、精细化的管理。大宗农产品期货品种当然也应该随之精细、专业，使其更好地为农产品行业服务。笔者认为，随着期货市场的不断完善，期货交易所可以适当放宽期货品种上市条件，甚至让市场自由决定期货品种，以便更好地服务企业。

第二，我国的期货投资主体以散户为主，行业客户对期货市场的利用和参与程度不充分，从而制约了期货市场价格发现功能的有效发挥。与国外发达期货市场相比，我国的期货市场结构中套期保值所占比重比较低，这主要是由投资主体造成的，因为在所有的投资者中有95%是中小个人投资者，他们多以投机方式参与期货市场交易。而成熟的期货市场应该是以法人机构为主，在美国，有一半以上的农产品生产经营企业参与套期保值，政府更是以财政补贴、低息贷款等方式，鼓励和引导农场主参与期货市场进行套期保值，因为这样做，可以使期货市场发现价格的功能得到发挥，更好地服务农场主。所以，在我国的期货市场上，经常出现价格炒作现象，这都是由于散户短期投机心理较强而造成期货价格偏离现货价格走势，期现价格缺乏关联性，从而导致期货市场的价格发现功能难以发挥。

因此，应努力创新期货投资结构。争取将我国期货市场的投资者结构转变为以机构投资者为主体，如银行、期货投资及对冲基金、信托公司、期货公司及证券公司等机构都是潜在的重点机构投机者。

此外，期货交易所在证券监督上扮演着重要角色。为了顺应国际潮流，加快市场发展，提高国际竞争力，我国的期货交易所应当建立现代企业制度。在这一点上，我国的期货交易所已经勇敢地迈出了第一步：公开选拔交易所副总经理，希望今后能有更加重要的举措，如全面实行市场化人才选拔，优胜劣汰，或许更能提高职员的积极性与创新力，更好地为期货市场服务。

三 加强监管体系建设，确保商品期货市场安全运行

在当前期货市场面临重要改革机遇与挑战的情况下，首先要进一步加强监管体系建设，确保商品期货市场安全运行，在做深现有品种的同时，稳步推进期货品种创新，促进金融期货市场平稳起步，不断推动

我国期货市场持续稳定健康发展，从而促进期货市场更好地服务于国民经济平稳健康发展。下一步，我们应重点做好以下八项工作。

第一，进一步加强对新形势下期货市场内在规律的探索和把握，强化对期货市场运营的监管。加强跨市场合作，同时，期货交易所要按照三公原则，严肃市场纪律，维护市场秩序，防范市场风险，不断提高期货市场内在运行质量。根据社会经济和现货市场的发展状况，不断调整和完善现有期货品种的合约和相关业务规则，创新交易、结算和交割机制，使期货市场更加贴近现货市场，便于现货企业进行套期保值。

第二，进一步完善期货市场产品结构。这次美国次贷危机主要是场外衍生品市场出现了问题，对此，我们要有清醒的认识和判断，要根据我国经济发展的具体情况，结合国际期货市场的经验，稳步推进期货品种创新，使期货市场的覆盖面更广，在国民经济中发挥更大的作用。积极稳步推进国民经济发展需要的商品期货和新品种上市，要加强金融期货研发，深化完善股指期货上市的各项准备工作，为适时推出股指期货积极创造条件。深入探索农产品期货运作模式，同时要加强对现有期货品种定价功能和套期保值发挥情况的全面评估，深入分析研究影响现有产品功能的因素，做深现有品种。

第三，适时启动期货公司分类监管工作。根据期货公司风险管理水平和抗风险能力，对其进行分类，对不同类别公司，实行差异化监管政策；通过分类监管，加大对资本实力强、风险管理能力强、经营管理规范的期货公司的扶持力度，加快期货公司结构调整。

第四，进一步明确期货公司功能定位，引导期货公司发展成为专业的期货经纪商，研究探索期货公司中介模式，支持期货公司服务现货产业、服务企业套期保值。在风险控制制度完善、监管可覆盖的前提下，鼓励优质期货公司围绕主营业务开展业务创新、产品创新、技术创新，探索改善期货公司盈利模式的有效路径。

第五，研究期货市场相关法律政策，进一步完善市场结构，提高市场定价效率。培育期货市场机构投资者，改善投资者结构，进一步提高期货市场的定价效率和流动性，以更好地满足企业套期保值的需求，满足广大现货企业利用期货市场发现价格和套期保值的需要，并且探索适应期货市场发展需要的中介服务体系。

第六，继续加强期货市场的宣传培训，加强对新闻舆论的引导，全面、公开、客观地对期货市场所特有的发现价格、套期保值功能进行报道，消除对期货市场的误解，逐步树立起期货市场的指导生产、规避风险的理念。

第七，全面开展对外开放政策成效的分析和评估，完善并有效实施对外开放等战略，有序推进我国期货市场和期货行业对外开放，积极研究各类资质较好、经营规范的期货公司开展境外期货代理业务的途径和办法。

第八，加强与有关部委的沟通和协调，解决相关企业参与期货市场的“瓶颈”问题，例如，涉农企业参与农产品期货交易进行套期保值面临的资金缺乏的突出问题。

四　增加大宗农产品期货上市品种

期货交易品种创新是各个期货市场交易所都非常重视的活动。根据大宗农产品自身的特质，我国正在着力研发生猪和稻谷，使之成为我国新的农产品上市品种。

首先，我国地理位置优越，稻谷在我国是第一大粮食作物，我国不仅具有成规模的稻谷种植面积，还拥有世界一流的稻谷培育技术。稻谷自身品种方便划分、质量标准体系健全、方便运输和仓库储藏不易腐烂变质的优良特点，非常适合进行期货交易。此外，稻谷的价格波动不稳定，近几年来，国内稻谷价格涨跌幅度近20%，广大农民和粮食企业饱受市场价格大幅度变化之苦，迫切需要寻求有效的手段来规避市场风险。因此，将稻谷作为新的期货品种是切实可行的。

其次，根据我国国情来说，国民大多喜食猪肉，我国是猪肉生产、消费以及贸易的大国。生猪的年产量占全世界总产量的一半以上。生猪养殖与消费范围广泛，我国现已有很完善的质量标准与检验检疫法规体系，而且品种、等级易于划分，比较适合作为新的期货交易品种。

此外，我国地大物博，水果产量相当高，对于一些易于保存和运输的水果如大产量的苹果、橘子等也完全可以作为农产品期货的上市品种。多种多样的农产品期货种类，不仅能够满足市场参与者的投资需求，更能为农民提供更广阔的交易平台。

在世界范围内的期货交易，大多数上市的农产品都有与其相对应的期货期权交易，顺应世界期货发展的潮流，我国必须加快完善农产品的期货期权品种的交易的步伐。农产品期货期权的完善可以较好地用来分散农产品市场的风险。以美国为例，目前其有大概 27 种农产品期货合约和 23 种期权合约，包含所有上市的农产品期货种类，覆盖范围十分广泛。多种类型的选择能够让农产品生产者在农产品市场价格不稳定时，能够有更多的选择，可以更好地将生产风险控制到最低。

美国作为当今世界农产品生产中心、定价中心、贸易中心，很大一部分原因是其完善的农产品期货制度。所以，借鉴美国的发展经验，要尽快建立农产品期货价格指数，努力探索与农业生产息息相关的天气指数，核算农业自然灾害成本；尽快推出农产品期权，有效规避期货风险。目前，我国规模比较大的农产品期货交易市场只有 3 家，所以，针对这一情况，我国还需积极发展农产品期货交易场所。对一些农业比较发达的地区也要设立一些专业正规的农产品交易场所，方便广大投资者参与进来。只有完善的农产品期货种类与多家农产品期货交易所的共同发展，才能满足我国这个农业大国的农产品期货发展的需求。

五 积极引导农民参与大宗农产品期货市场交易

大宗农产品期货的投资者是期货市场发展的主体，农产品龙头企业作为农产品期货参与的重要领头人，应该保证这些企业积极地参与到农产品期货市场交易中来，大的龙头企业有比较雄厚的财力和稳定的企业收入，吸收这些企业的资金用来增加投资主体与入市资金，能够很好地发展农产品期货市场。由于我国农业个体种植规模过小，要把农民合作经济组织以及一些行业协会的作用充分发挥出来，使这些组织成为农产品期货市场的中介；在金融体系的发展中，把期货管理政策也融入其中，发挥农业政策性金融机构对农产品企业的支持作用。提高注册资本的最低额度，使农产品期货市场的交易中介和交易主体结构更加合理化、多元化。农民是农业生产的最大参与者，必须引导农民参与到农产品期货市场交易中来，这就需要完善农产品期货信息传播渠道，增加农民对农产品期货市场的了解，发展农民合作组织，利用这些方式引导农民进入期货市场。培育农产品期货市场的主体，突破当前中小散户市场投资者所占比重过高的格局，发展机构投资者有利于提高农产品期货市场的流动性和稳定性。

通过国外农产品期货市场的发展表明，农产品期货市场的规模与作用的发挥需要合理的市场投资者结构作基础与保障。在当前我国农产品期货市场上，市场主体绝大多数为中小散户投资主体，结构很不合理。据统计，我国 80% 以上的农产品期货交易者为 100 万元以下的客户。由于中小散户所占比重过大，缺乏稳定市场。需要逐步带领农民走上新的联合形式，将分散的中小投资者组织起来，提高农业的组织化程度，引导和带领农民参与农产品期货交易。

六　有效开展投资者业务培训等教育活动

大宗农产品期货市场不同于农产品现货市场，期货市场存在着很大的风险性，很多投资者只是抱着投机的想法参与农产品期货交易，并没有很好地了解期货市场的运行与规律。这就需要对农产品期货的投资者进行有效的教育活动。国家和新闻媒体应该对期货知识和典型案例的大力宣传，对相关企业的培训要进行定期的正规培训。农产品期货交易所要主动发挥自己的功能，配合政府及相关部门对农产品企业进行关于农产品期货知识的培训，坚持服务于农村建设的方向，规范运作，诚信公正，为广大农产品期货投资者提供良好的套期保值业务的服务。由于我国大多数农民的文化水平相对不高，所以，更要加强农民对期货知识的了解。近年来，国家对于农民培训方面的工作越来越重视。但是，培训内容往往是农业种植方面的科技知识，如何运用市场知识来进行销售及如何规避市场风险方面的培训就比较少。在市场环境的大氛围下，如何正确运用市场知识对农民来说更加重要。推进农户和市场的有效对接，是增加农民可持续收入的关键。所以，农产品期货信息的及时准确传播及知识的普及，对于农民及时调整农业种植结构，准确把握售粮时机和价格都十分重要。

七　完善农产品期货市场法制

随着农产品期货市场的发展，我国的期货上市审批制度逐渐显示其不足，我国农产品期货上市品种的上市机制应该由审批制逐渐过渡到核准制，改变当前众多部门参与审核的品种上市审批制度。从美国期货新品种的审批制度看，审批权集中并且明确。负责审批新的上市品种的期货交易委员会如果没能够在上报的材料中找出与现行相关法律内容相违背的，就需要在45—90天之内批准新品种的申报。但是，我国目前期货新品种上市的审核制度，审核机制环节多、程序烦琐，导致新品种上市的时间周期过长，这些环节都可能使新产品失去最佳的上市时机。我国应该借鉴美国的经验，将上市农产品期货品种的机制逐步由审批制转变为核准制，从多个部门参与的品种上市审批制度的现状中摆脱出来。

需要由期货监管部门成立审批权限集中而明确、权威性强、专业化程度高的上市决策机构。对不同的农产品品种进行分类指导，对市场化程度高、不影响民生的小品种可以实行备案制，由期货监管部门备案并进行监控风险，然后靠市场来进行品种优胜劣汰。关乎民生的大品种实行核准制，还可对将要上市的农产品期货品种进行试运行，通过试运行来观察其是否适合上市，如果成功，再报期货主管部门批准转为正式上市。要充分发挥市场机制的选择作用，在产品拥有良好市场的情况下，就可以将该种农产品开发成新上市品种。如果上市试运行后发展前景不好，就立刻摘牌，建立完善及时的退市机制。靠市场来自由选择和淘汰交易品种，充分发挥市场的作用。

健全农产品期货交易的法律体系，保护投资者利益，使农产品期货交易行为有法可依，使农产品期货交易走上法制化的正规道路，为期货市场的健康发展营造良好的法制环境。认真规范期货交易组织者和参与者，从法律上明确规定农产品期货交易所的组织形式、经纪机构的业务范围、期货市场从业人员的资格审查、境外期货交易、监管机构的责任，对交易中出现的违法违规行为如何处置。并且，要明确证监会、农产品期货交易所和期货业协会等机构的职责分工，各个机构协同合作，在做好自己本职工作的同时，加强与其他组织机构之间的沟通与协调。建立一个完善的逐层监管的管理体系，更好地保护投资者利益和维护市场秩序。

八　鼓励金融部门支持农产品期货市场发展

由于我国大宗农产品企业大多数是中小企业，这些企业抗市场风险能力低，自己实力不够雄厚。这就需要外界的资金系统给予帮助。要逐步放开银行、保险机构、国有大企业、外资企业等资金在农产品期货投资中所占的比例，扩大期货市场的资金来源。银行方面来说，可以为农产品企业提供专门的信贷产品，针对农产品加工企业资金季节性的特点，在企业资金需求流通量比较大的季节，为企业提供贷款支持，在企业销售旺季收回贷款。做短期的资金投放，形成良好的借贷模式，不仅可以帮助农产品价格企业的资金问题，也可以提高银行的业务。针对个人和小企业，由于其对农产品期货市场运行的不了解，参与农产品期货交易就存在很大的风险，也就导致很多投资者不敢参与到农产品期货的交易中。

银行的理财产品是面向普通投资者开放的，银行是很有保障的金融机构，理财产品由银行发行，其产品的优越性就是风险可控性。由于我国的农产品还没有期权市场，所以，可以采取类似私募股权的基金的运行方式，开发适用于农产品期货的理财产品。在这方面，我国银行系统有很大的发展空间。不仅能够为农产品期货投资者提供专业有效的理财模式，还能够为银行带来更高的商业利益。建立动态的保证金系统，可以根据投资者持有程度的不同进行不同额度的保证金收取。对于不同投资者，由于他们购买产品的动机和面临的风险不同，所收取保证金和手续费就应该根据具体情况分成不同层次。对市场运行已经比较成熟的农产品交易品种进行动态涨跌幅的限制来增强市场的流动性。建立农产品期货交割仓库，加强对交割仓库的管理。将现金交割、期货转现货、无纸化仓单等多种多样的交割制度运用到期货交易中，降低因仓单生成的费用。

在保险业方面，可以开发针对农产品期货方面的产品。由于农产品期货交易风险较大，对于开发这方面的保险产品还是有很大难度的。但是，可以针对关于农产品期货交易中某一环节进行投保，例如天气的影响、自然灾害保险、仓库储存类的风险投保。还可以仿照证券投资基金模式，成立农产品期货方面的期货基金机构，设立专门的农产品期货投资基金，充分发挥专业期货投资机构的优势。

第二节 发展稳定大宗农产品价格的金融组织形式和流通体系

近年来，全球粮食危机加大，对此我国应提高警惕。在有效保证我国粮食安全这一问题上，除努力完善我国大宗农产品期货市场外，应将粮食安全与粮食金融上升为国家战略，建立有关的粮食金融政策，发展如农产品价格调节基金、粮食投资与储备银行等新形式的金融组织，推进粮食类大宗农产品的贸易融资，通过与国际粮食产业的协作，逐渐增强中国在国际粮食市场的地位，并不断完善大宗农产品流通体系，从而稳定大宗农产品价格。

一 建立大宗农产品价格调节基金

由于农产品生产周期较长，风险较大，而面对市场信息的不对称，农民和消费者往往是承受农产品风险的最终受害者，所以，国家设立价格调节基金是非常有必要的，它在应对农产品价格异常波动等突发事件时有效抑制价格暴涨或暴跌，从而稳定社会价格秩序。当农产品价格持续下跌时，国家规定农产品最低价格，然后用价格调节基金来弥补最低价与当时市场价的差额，从而保护农民生产者的利益。同理，当农产品价格不断飙升时，可以利用基金来弥补城市居民因价格过高带来的损失。价格调节基金当前已在很多副食品领域建立起来，并有良好的效果，所以，我们应把这种制度运用到大宗农产品领域，在维护生产者和消费者的合法利益的同时，稳定农产品市场价格，促进国民经济稳定发展。

二 成立粮食投资与储备银行

粮食储备制度是一种应对当今全球粮食危机比较有效的方法。目前，很多发达资本国家，如美国，虽然拥有全世界最成熟最完善的农产品期货市场，但是，其国内很多专家学者也建议启动粮食储备制度。与此相比，我国目前期货市场不成熟，更需要借助粮食储备等手段来保护粮食价格。具体的做法，可以建立由政府牵头的粮食投资与储备银行，或者以已有的国家政策性银行如中国农业发展银行充当角色，在市场价格较低时，该银行以合理价格大量购进并储存，以此抬高市场价格，避免粮食因卖不出去或价格极低而损害农民的利益；当市场价格较高时，又以合理的价格出售，防止价格偏高而损害消费者的利益。同时，为了能及时对市场情况作出反应，应在国家和地方都建立相应的储备制度，即在各地区建立储备分行及支行，这样，对调节市场需求，稳定市场起到非常关键的作用。

三　完善大宗农产品贸易流通体系

期货市场上投机者经常通过操作价格扭曲大宗农产品价格，从而传递到现货市场。要想根本解决这一问题，关键是采用一个现代化的农产品贸易流通方式，使市场交易规范透明，降低由于农产品投机炒作而导致的价格剧烈波动。

要使现代流通方式得以建立与发展，首先是完善法律法规。目前，我国整个农产品市场还没有完全成熟，市场失灵造成的低效在流通领域表现得尤为突出，而流通的顺利与否直接关系生产和消费的力度，因此，流通对国民经济的发展至关重要。近年来，我国农产品价格的剧烈波动也反映出我国流通体制的不健全，因此，政府必须根据实际情况不断调整流通领域的立法来完善流通体制。在这一点上，我们可以借鉴一些发达资本国家的做法，在流通领域设立统一规划的商业网点，根据实际情况调整网点布局、营业面积等方面的限制标准，使商业网点的作用发挥到最佳。例如，可以建设一些法律法规对期货交易进行合理合法化，对违法分子必须严惩不贷，增强期货市场的透明化管制，以便更好地发挥期货市场在农产品市场中的作用。另外，应尽量减少农产品市场中的流通环节，缩短农产品价格形成链，如可以通过中介组织，将农民与市场直接联系起来，跨过收购、经营、加工等中间环节，这样，不仅可以降低流通成本及提高农产品流通效率，而且在一定程度上可以降低农产品市场价格。

其次是由于目前我国的农资与农产品领域正在进行深入的市场化改革，这时必须时刻注意境外资本到国内来抢占市场，甚至全盘接受形成垄断。因此，中国应该加强对国际资本以及一些粮油跨国公司的实时监控，依据自身发展需要，制定有关中国粮油行业上市、投资、并购等法律法规，保障本国粮油的自主权，提高外国粮商进入我国农产品加工与流通领域的门槛，警惕国外粮商借壳成立公司来规避国内审查实现在华曲线扩张。

此外，随着我国大豆、玉米等大宗农产品进口规模的攀升，我国在国际市场的购买力得到体现。作为国际社会的一员，我国的大宗农产品价格稳定离不开国际市场的保障，既然我国的农产品市场与国际市场存在着现实的联系，那么只有构建一套服务于本国农产品价格调控的全球策略，才能更好地稳定大宗农产品价格。例如，主动利用国际市场调控国内大宗农产品的供求关系，并且利用自己的进口影响力改变全球农产品生产与贸易格局，大豆就是已经存在的典型例子。我国有强劲的大豆需求（主要用于加工成大豆油），因此使全球大豆的播种面积在十年间扩大近 40%，而增产的大豆有 70% 左右都是被我国进口的。未来可以考虑适当可控地、分阶段地按照国内需求增加玉米的进口，稳定我国大宗农产品的进口渠道。进口的玉米除用于饲料之外，可以用于制作燃料乙醇，或者直接进口燃料乙醇进而改变整个国际农产品供求关系的变化，从而防止国际市场价格过低影响国内价格政策的执行。

第三节　完善政府临时干预价格机制

一　完善大宗农产品价格监测预警机制

在对农产品的价格进行分析之前，必须对农产品价格的变动情况有所了解，所以，对农产品价格实行监测，及时发现价格运行中存在的潜在问题是非常关键的一步。通过价格监测可以及时提出有针对性的策略以稳定我国农产品价格的剧烈波动。我国目前虽然已建立农产品价格监测机制，但是效果并不理想，主要原因是没有对价格监测制度进行专门的详细规定。因此，首先，必须统一监督品种，选定专门网络，制定符合实际的监督报表。其次，完善信息公布制度，加强对大宗农产品价格的预警机制，客观分析大宗农产品市场价格情况，及时向公众公布价格变动趋势，明确农产品价格政策，防止盲目跟风现象。

总之，我国应将农产品价格监测机制纳入规章制度、法律法规中，使其有法可依，有章可循。在价格监测技术水平不断进步的同时，对提高应对价格变动的监测预警能力提供强有力的法律和制度保障，使大宗农产品价格监测及预警机制能够更加全面、及时、正确，防止生产经营者盲目跟风造成市场大乱或利益大损，同时也帮助相关部门及时提出应对价格变动的调控措施。

二　健全大宗农产品价格执法监督体系

构建一个集国家、社会、舆论及行政机关于一体的全方位、多层次的农产品价格监管体系，强化农产品价格监管的力量。以专门机构与社会组织相结合的形式进行监督检查，有利于发挥社会监督作用。实践证明，发达国家利用社会中介组织和民间力量协助专门机构进行监管，对规范农产品价格市场作用显著。例如，农业合作组织或农业协会的建立可以使农民在农产品市场上拥有更多的主动权和发言权，防止农产品价格为经营商、收购商所控制；农产品市场中介组织有利于紧密联系农民与农产品市场，大大增强了监管的力度；新闻媒体可以加大力度宣扬农产品价格监督管理办法，并将农产品价格违法行为及处罚办法曝光在农民的面前，让农民认识价格违法行为，并增加他们的维权意识，这样，可以大大加强舆论监督的力量。有如此成功的先例在，我国也应利用中介组织，发挥社会监督的作用。然而，目前我国缺乏具备这种性质的社会组织，政府应该鼓励人们创建相关的组织，使这些组织能与专门的农产品价格监督机关进行分工合作，协调配合，实现共同监管。

在建立这些民间组织的同时，可以开设农产品价格举报通道，任何单位和个人随时可以举报市场上充斥的不法价格行为，相关受理部门应积极组织调查，并给予举报者奖励并保证其安全。

此外，为方便市民举报，有关部门应该增设多渠道的举报途径，动员各个阶层都来参与，以便更好地打击违法犯罪行为。同时，有关部门应该及时公布审理过程及最终结果，让人民群众了解哪些行为属于违法犯罪，并对一些不法经营者起到震慑作用，有望杜绝这类事件的再次发生，维护农产品市场公平、透明、合法交易。

三 健全政府对农产品价格的临时干预及应急机制

对农产品价格临时干预是政府为抑制价格的不合理现象采取的一种行政手段，需要注意的是，在使用这种行政手段时，一定要做到依法、适时、有度，即只有当农产品市场出现价格异常时，才可以根据实际情况采取相应的干预措施，当农产品市场上的价格恢复到正常水平时，立即停止干预，不能影响农产品市场的正常秩序。政府干预价格的适度与否可以通过建立均衡价格模型来判断。均衡价格模型主要是以供求关系为基础的，模型也相对简单，即：$P_d + i + S = f + C_c + C_i + C_z + C + e$。等式左边为供给方，$P_d$ 代表国内产量，i 代表进口数量，S 代表库存；等式右边为需求方，f 为食用消费，C_c 为饲用消费，C_i 为工业消费，C_z 为种用消费，C 为损失浪费，e 为出口数量。

另外，对于在大宗农产品中的一些粮食作物，特别是稻谷、小麦，可以采取托市收购的粮食补贴形式，进行变相的价格干预。这种变相的价格干预比起直接的价格补贴目的性更强，与国家储备结合起来，可以起到较好的作用。

第十二章　增强我国大宗农产品国际定价权的对策

第一节　建立各主体广泛参与的农产品信息服务体系

如前所述，大豆市场和棉花市场的价格剧烈变动，凸显了我国在公共信息服务体系的不足。信息时代，信息作为稀缺性商品自然也要有其流通市场，然而，流通市场的建立是在具有较为完善的公共信息服务体系的基础上的，只有这样，信息作为商品，其生产、流通、消费才能真正循环起来，形成良性发展。在大宗农产品市场，我国要建立以政府主导、行业协会及企业为中间力量、农户为基础、各咨询机构为重要补充的公共信息收集、分析、发布体系，真正建立既能满足国内需求，又能对外发出“中国声音”，同时为大宗农产品对外贸易提供信息优势。

一　发挥政府的主体作用

传统经济学模型一般假定信息是充分的，即市场各主体均能较容易地接收完全信息，制定相应的不同策略。然而，在现实生活中，信息常常是不对称的，获取信息的难度和花费可能很大，甚至有些信息即使花费很大代价也不一定能得到。例如，我国棉花种植中，棉农往往根据以往的经验和一些农业新闻等决定来年的种植，而限于知识面、信息来源等难以对市场上棉花的情况作出灵敏反应。对于棉花收购来说，运输成本、棉厂开工情况、天气变化、病虫害、国外订单等各种因素都会影响棉花收购价格，而棉花经营企业基于同样的因素，在市场上难以获得各种信息数据，只能自己从事研究或购买一些所谓的“专业数据分析报告”，在市场交易时常常因信息缺乏而陷入被动。单个农民及企业限于其素质、信息分析能力和成本等因素制约，往往在市场上难以获得需要的信息，因而对于这些超出农民与加工、贸易企业范围的带有公共产品性质的信息收集、分析与发布则应是政府的责任。

政府要对农村农业部和国家统计局及下属单位进行有机整合，成立农产品信息调查、分析的专门部门，形成专人专责，避免以前由国家统计局调查、分析“一刀切”的局面；政府应加大资金及技术投入，加快覆盖农村的基础设施建设，明确工作分工，建立纵向上从中央、省、市、区县一直到具体农贸市场，横向连接大学、研究所、农贸企业和农民的信息网络覆盖，奠定公共信息服务的网络基础，完善农业公共服务体系；政府各部门应和各农产品协会一起，定期收集、分析国内外农产品交易市场信息，包括具体生产状况及预期、气象变化、病虫害预警等；在对收集到的信息定性与定量分析的基础上，得出相应的供求信息、贸易信息等，并对以后的供求状况作出相应预测报告，同时要注意数据的权威与准确；在加大调查力度时，还应加强农业信息知识产权的保护和农民信息意识的培训，避免农民利益受损；在信息发布上，做到及时、准确地将农业信息发布出去，采取电话、网站公布、邮件、报刊等多种办法方便农民、加工贸易企业获知。此外，政府还应做好相应的信息反馈和确保信息真实性的工作，避免信息调查沦为形式。总之，既要满足农户及各经营企业的需求，还要在国际贸易市场上发出中国数据，以应对美国农业部信息发布一家独大的情况。

二　强化我国粮食安全战略

研究表明，我国主要大宗农产品价格特别是大豆受美国芝加哥期货市场价格影响较大，说明我国在国际农产品价格波动中也不能独善其身，应该引起我们对粮食安全的高度重视。我国粮食波动来源于国际粮价的波动，同时粮食生产和消费具有明显的季节性。根据实证结论，我国大豆、玉米和小麦均受芝加哥期货市场市场的影响，而三个品种中大豆受芝加哥期货市场期货价格的影响最大。说明在中国农业仍处于传统农业向现代农业转型的过渡时期，必须制定和强化我国粮食安全战略。大豆不是我国主要的粮食口粮，主要用来加工压榨和做饲料，需要注意保护大豆企业的权益，注意阻击国际炒家利用定价权恶意炒作“中国因素”损害我国利益的行为。小麦是我国主要的粮食口粮，进口量逐年增加。应该加强小麦的战略储备，保持小麦的供求平衡。玉米虽然也是我国的粮食口粮，但基本上能保持自产自足，应注意保持农民的生产积极性，采取措施，保证玉米的生产能够满足消费需求。

三　发挥农产品行业协会在信息服务中的作用

行业协会是政府收集、分析农业信息的主力，政府许多农产品市场的信息来源于相应的行业协会。行业协会的会员企业多数是市场的主导企业，其对市场信息的把握可以说具有天然的敏锐，同时行业协会由于对本行业最为熟悉，那么就能有效地配合信息收集人员的相应调查工作，提高信息调查的效率。

为会员和行业提供多方面的服务是行业协会的基本职能。这些服务包括市场信息服务、产品宣传服务、培训咨询服务和跨行业交流服务等。而我国农产品行业协会在农产品的国际定价权博弈过程中却出现缺位现象。一是农产品行业协会缺乏对会员及行业的公共信息服务支持。例如，在两次大豆危机中，国内公共信息服务严重缺失，大豆进口企业只能完全依赖国外信息进行决策，导致了国内企业的全面溃败。二是缺乏内部协调。在行业协会没有对其会员协调的情况下，企业之间自然更多走向竞争而非合作，例如，在大豆及棉花产业存在的严重的产能过剩。三是缺乏行业代表作为。在国际贸易时，如果行业协会能够以行业代表身份更加积极协调，改变进出口企业各自为政的现象，就能够在价格谈判时形成合力，有效地提高国内企业的议价能力。

美国在行业协会方面做得很好。在对会员服务方面，美国农产品行业协会为会员提供各种服务，包括劳务、技术、行业标准培训和咨询，帮助会员开拓海外农产品市场及提供农产品市场信息等，使美国农产品企业能够准确地把握国际市场情况，从而有效地调节生产经营情况。例如，在我国许多涉农网站中，都可以看到有关“美国大豆协会周报”的标题，内容涉及全球大豆市场方方面面的信息。在协调方面，国内市场应协调产品价格及经济纠纷，避免出现恶性竞争，国外市场上保护本国合理价格，维护会员利益。在行业代表方面，积极向政府反映行业的利益诉求，影响立法及政策；国际贸易时，维护会员利益，解决贸易纠纷，开拓国际市场，例如，美国蜂蜜协会为维护会员企业的经济利益，多次对中国蜂蜜提起反倾销诉讼。

因此，我国应积极发挥行业协会在大宗农产品贸易中国际定价权博弈的战略作用。

一是厘清行业协会的各项职能，提升协会自主性。对现有协会进行整合，对不同的职能，进行专管专责，同时在发挥行业自律作用的同时，避免政府的过多干预，影响正常运转。

二是整合行业内部信息。包括国内市场和国外市场，及时收集、分析、发布行业信息，避免会员因为短期波动盲目经营，维护农产品合理价格，避免企业恶性竞争。

三是农产品行业协会应积极联合相关部门，建立重要农产品的数量和价格监测体系，健全农产品安全预警机制。

四是发挥行业代表作用。在国际贸易中，积极协调解决贸易纠纷，规制国际贸易的恶性竞争行为，积极开拓国际市场，提升会员议价能力。

行业协会应进行职能转变，改变以往强制入会、强制收费的模式，加大行业协会在信息提供、纠纷解决、行业整合、贸易谈判方面的努力，提高行业协会吸引力，使企业能主动入会，探索农民入会的条件，形成企业、农民的有机联合，降低交易成本，最终使行业协会成为信息调查和分析的重要力量；行业协会要力所能及，配合信息调查人员及时、准确提供本协会信息，并做好对协会会员的信息协查工作，同时也要定期以网站、邮件、期刊等多种形式发布农产品信息，包括价格风险、产量、需求量的变化及农业政策变动对本行业的影响等。

第二节　加快期货市场发展，逐步形成国际定价中心

一　发展期货农业，培育市场参与主体

期货农业是指将期货市场有效地融入农产品种植、加工、贸易等各个环节过程中的新型的农业生产经营模式。期货农业改变了农民以往先生产后找市场的做法，是以期货市场价格为导向，先确定市场，而后再进行生产，有效地规避了种植期间可能出现的价格风险，同时加工企业和外贸企业也能利用期货市场实现对农产品库存的套期保值，避免出现较大损失。期货农业因为其风险较小，收益高，作为一种新型农业生产经营体系受到了我国农民的欢迎，实际上，期货农业也作为国际上最流行的经营模式在西方国家运行了几十年。

要做大做强期货农业，首先，实现期货市场的价格发现功能。这就要让农户、加工商、贸易商等各环节市场主体广泛参与到期货市场来，让期货市场充分体现农产品市场的各方面供求信息、贸易信息等，实现期货对现货的价格发现功能，这是市场各主体参与期货市场的动力基础。其次，实现期货市场的套期保值功能。期货农业的核心就体现在套期保值的功能上，农业的生产经营体系中各个环节均有可能遇到价格风险，而利用期货市场的套期保值则有可能将风险化解，从而规避可能出现的损失，扩大收益。最后，期货市场的标准化合约制度，可以促进农产品经营企业实现标准化经营，扩大规模，提高质量，实现农业产业升级。

第一，加大对期货知识的普及，提高期货市场参与度。期货交易所、期货行业协会及期货公司应做好期货知识的普及工作。可以通过广播、电视、报纸、杂志及新媒体等多方面渠道，为市场各参与主体进行期货知识的讲解工作以及提供套期保值的案例启示；定期在各地组织期货知识交流会，针对农民及加工、外贸企业等进行培训，了解期货的套期保值功能，让当地政府及参与者了解到期货市场不仅是一

个投机场所，更应该是一个风险管理工具，从而获得当地政府的支持，提高期货市场的参与度。

第二，探索多种农业合作模式，发展期货农业。要根据各地农业、农村、农民的具体情况，因地制宜，采取多种有效的农业合作模式并同期货市场结合起来。例如，棉花加工企业湖北银丰公司建立的“农户＋合作社＋龙头企业＋期货市场”、河南延津县金粒公司的“公司＋专业协会＋农户”、安徽庆发集团的“土地流转＋规模经营＋期货市场”等。

二　规范完善我国农产品期货市场

期货市场价格是否能成为国际贸易的基准价格，主要看这个市场能否形成大宗商品基准价格的中心。实证表明，我国大宗商品定价权存在缺失，而缺失背后就是我国期货市场的不完善与不成熟。因此，我们要制定统一的交易规则，使期货市场交易行为得以规范，促进期货交易的正常、有序、高效运行，吸引更多真正有套期保值需求的农产品生产、贸易商参与到农产品期货交易中来。进一步规范与发展期货市场体系，真正实现期货市场价格发现和风险规避的功能。

三　创新期货交易品种

我国的农产品期货交易品种只有20种，同现货市场品种繁多、质量各异的农产品交易种类远不能比。我国农产品期货市场基本在棉、粮、油、糖四大类，而对于国际市场上流行的天然气、活畜、木材等期货合约还没有上市，同时，已经上市的农产品期货合约还没有形成完整的产品序列。有限的期货合约不能满足各市场主体的避险需求，因而我国应加快期货交易品种的创新。

首先，期货交易所应进行市场调研，对那些市场交易量较大，形成完整的生产、加工、流通产业链的交易品种，探索上市可能。

其次，做好产品上市的准备工作，包括国家相关政策的申请、期货合约标准的设定、交易地点的选定、期货公司的相关配合等。

再次，应完善期货品种的退出体系，对某些市场交易较少，不能适应农产品市场实际发展状况的期货品种及时清理推出。

最后，建立创新期货合约品种的长效机制，吸收国际期货品种创新经验，加快创新速度，促进农业产业链的形成和产业的转型升级。

四　加快我国期货市场国际化步伐

作为全球经济大国，国际市场上农产品价格的任何变动都有可能对我国经济产生重大影响。中国要获取农产品的国际定价权，就要扩大我国期货市场的影响，包括扩大市场范围、引进国外的投资者、鼓励更多的企业参与期货的全球化业务。只有这样，我国的期货市场才会成熟，投资者才会成熟。要实现我国期货市场的国际化，首先，必须进行人民币汇率改革，实现人民币的自由兑换，开放资本和金融账户。其次，根据国内期货市场的发展情况，在适当的时机，可以采取国内外交易所的合作或联营、经纪公司的相互渗透、行业协会的合作、监管机构的合作等多种措施，加强国内外期货市场的联系。只有这样，才能让我国农产品期货在国际市场上具备竞争影响力。

另外，要积极打造我国期货市场的航空母舰。近年来，期货交易所的合并重组在全球盛行。2006 年，芝加哥交易所集团成立，它是由芝加哥商业交易所和芝加哥期货交易所合并形成。2008 年 3 月，纽约商品交易所被该集团收购，统一美国期货市场。与美国相比，中国三大商品期货交易所的力量太弱了，尽管中国的大豆合约交易量在 2010 年略高于芝加哥期货交易所大豆期货合约交易量，但主要是国内期货交易，对国际没有较大的影响。因此，建议合并郑州商品交易所和大连商品交易所这两大农产品期货交易所，对我国农产品期货市场进行整合，打造我国农产品期货交易市场的航空母舰。

五　加快期货市场相关法律立法等制度创新

我国应根据期货市场发展的需要，修改现有的法律法规，研究制定新的交易制度，形成一整套完善的期货市场相关法律体系，促进我国期货市场的有序运行。在进行制度创新时，要依据国内外期货市场的发展实际，结合我国农产品贸易的现状，充分考虑市场各参与方的实际利益，避免日本在 21 世纪初出现的改革失误；建立完善的制度应涉及从期货开户、投资者资金安全管理、期货公司风险管理、保证金管理到实物交割等各个环节，建立期货市场安全运行监控系统，并探索在各个环节的制度创新，降低交易成本。除此之外，还应建立农产品期货期权等金融衍生品交易制度和吸引国外投资者参与的相关制度，为建立国际定价中心做好制度保障，促进市场规范化运行，促使期货市场健康发展，从而带动实体产业的发展。

此外，要允许更多的企业参与国外农产品期货交易。国际农产品市场上，中国是西方国家越来越重要的交易对手。为增加我国企业在国际期货市场的话语权，应该鼓励更多的企业和个人参与农产品期货市场的境外交易，或者允许实力雄厚的大型经纪商从事境外农产品期货代理交易。特别要鼓励国内企业、投资者积极参加芝加哥交易所期货市场交易，加大对外农产品的直接投资，参与国外农产品企业的直接收购，让中国投资者在国际期货市场发挥越来越大的定价影响力。

第三节　完善农业补贴体系

一　转变农业补贴理念

我国现有的农业补贴常常同农业政策相伴实施，当农业政策改变时，农业补贴政策也可能改变，从而不利于建立完善的农业补贴体系。因此，要转变农业补贴的理念。

首先，将农业补贴方向从流通环节向生产环节转变。传统农业补贴多是流通补贴，生产补贴较少，难以激发农业生产积极性，提升农民收入。尽管自 2004 年开始，我国开始加大对生产性农业补贴力度，然而仍旧不足以改变现有流通环节补贴为主的格局。

其次，将农业补贴方向从价格补贴向收入性补贴转变。现有补贴常常是基于对价格控制的补贴，而价格控制又发生在流通领域，使农业补贴倾向于流通环节补贴，因此，要将农业补贴方向转向针对农民收入提高的相关补贴。

二　加大农业补贴力度

目前我国农业补贴总值仅占农业投入的 10%，远低于西方发达国家 40% 的平均水平，更别说平均到每个农民头上补贴力度更小。因此，应该加大对农业的财政支持力度。

首先，应加大农业技术研发及推广的投入。我国农业科技研发投入较低，与我国的经济大国和农业大国地位极不相称，而且，农业科技推广不力，我国科技进步对农业发展的贡献度不到40%，远低于发达国家70%—80%的平均水平。因此，我国应加大农业科技投入，在全国农业科技站与研究所及科技企业对接，加大农业科技推广力度。

其次，加强补贴集中性与针对性。着力提高农民收入，增加事关国计民生的粮食、油、棉花等生产性投入，提高农民农业生产的积极性。

最后，探索农业补贴同银行信贷相结合的途径，进行多元化补贴。例如，即将实施的农业目标价格制差额补贴以及借贷差额补贴等。

三　发挥农业保险补贴的有益作用

农业保险相关的补贴基本上都是属于“绿箱”补贴，符合我国加入世界贸易组织以后做出的逐步减少“黄箱”补贴、扩大“绿箱”补贴范围的承诺。农业保险的实施有利于管控农业生产过程中出现的风险，促进农业稳定发展，维护生产者利益。2012年发布《农业保险条例》第二条规定：“本条例所称农业保险，是指保险公司根据农业保险合同，对被保险人在种植业、林业、畜牧业和渔业生产中因保险标的遭受约定的自然灾害、意外事故、疫病、疾病等事故所造成的财产损失，承担赔偿保险金责任的保险活动。”我国的农业保险大多是政策性农业保险，按照《财政部关于2008年度中央财政农业保险保费补贴工作有关事项的通知》，农业保险保费按中央、省级、市级、县级和农民各承担一部分保费。

然而，中国农业保险制度相当不完善，出现农业保险水平低和保险索赔难的恶性循环。因此，要建立农业产业发展基金，扩大保险品种及区域的覆盖范围，加大对西部落后地区农业保险补贴水平和实施力度；鼓励各地对特色农业、农房等保险进行保费补贴；发展农村小额保险、健全农业再保险体系、建立财政支持的巨灾风险分散机制；支持符合条件的涉农企业上市；承保公司要加强农业保险基层服务体系建设，不断健全农业保险服务网点，将农业保险服务机构延伸到乡镇和村，发挥网络、人才、管理、服务等方面优势，为广大农民提供方便快捷和优质高效的承保理赔服务。

参考文献

1. ［美］安德森·速水：《农业保护的政治经济学》（中文版），天津人民出版社 1996 年版。
2. 白菊红：《农村家庭户主人力资本存量与家庭收入关系实证分析》，《西北农林科技大学学报》（社会科学版）2004 年第 5 期。
3. 白桦：《基于“互联网 +”的农产品物流发展对策研究》，《中国农业资源与区划》2016 年第 3 期。
4. 蔡昉：《汇率变动对我国农业和农村经济影响的研究》，《中国农村经济》1994 年第 10 期。
5. 常昕、韩若冰、胡继连：《中国棉花进口现状及应对策略分析——以山东省为例》，《世界农业》2013 年第 9 期。
6. 陈博欧、杨正勇：《中国养殖大黄鱼国际竞争力分析》，《中国渔业经济》2017 年第 3 期。
7. 陈阜：《我国种植业结构调整面临的主要问题与挑战》，《民主与科学》2017 年第 1 期。
8. 程国强：《加入 WTO 对中国农产品比较优势的影响》，中国农业出版社 1997 年版。
9. 程国强：《中国农产品出口：增长、结构与贡献》，《管理世界》2004 年第 11 期。
10. 程国强：《中国农产品贸易格局与政策》，《管理世界》1999 年第 3 期。
11. 陈继勇、姚爱萍：《农产品国际竞争力研究文献综述》，《商业时代》2014 年第 2 期。
12. 陈卫平：《中国农业国际竞争力——理论、方法与实证研究》，中国人民大学出版社 2005 年版。
13. 陈武：《比较优势与中国农业经济国际化》，中国人民大学出版社 1997 年版。
14. 陈锡文：《论农业供给侧结构性改革》，《中国农业大学学报》（社会科学版）2017 年第 2 期。
15. 樊纲：《论竞争力》，《管理世界》1998 年第 3 期。
16. 付明辉、祁春节：《中国与“一带一路”国家和地区农产品贸易现状与比较优势分析》，《世界农业》2016 年第 8 期。
17. 葛秋颖、曹冲：《基于 CMS 模型下的中国棉花进口增长因素研究》，《沈阳大学学报》（社会科学版）2015 年第 1 期。
18. 国家统计局人口和就业统计司：《中国人口和就业统计年鉴》，中国统计年鉴出版社 2018 年版。
19. 郭社荣、吴绍礼、韩建安：《加快推进农业供给侧改革》，《人民日报》（海外版）2016 年 3 月 11 日第 12 版。
20. 郭天宝、李根、王云凤：《中国大豆主产区利益补偿机制研究》，《农业经济问题》2016 年第 1 期。
21. 韩长赋：《着力推进农业供给侧结构性改革》，《农民日报》2016 年 5 月 13 日第 1 版。
22. ［英］豪克：《农产品贸易政策原理》，马雨译，中国人民大学出版社 1991 年版。
23. 何秀荣：《中国农产品贸易：最近 20 年的变化》，《中国农村经济》2002 年第 6 期。
24. 黄季焜、马恒运：《中国主要农产品生产成本与主要国际竞争者的比较》，《中国农村经济》2000 年第 5 期。
25. 黄泰岩、王检贵：《新阶段农业基础地位的转变》，《中国社会科学》2001 年第 3 期。
26. 黄维梁：《论农产品差异化营销的意义及其策略讨论》，《中国农村经济》2000 年第 8 期。
27. 黄祖辉：《新型农业经营主体与政策研究》，浙江大学出版社 2010 年版。

28. 胡冰川：《世界农产品市场趋势》，中国社会科学院农村发展研究所，2016 年。

29. 胡求光、霍学喜：《中国水产品出口贸易影响因素与发展潜力——基于引力模型的分析》，《农业技术经济》2008 年第 3 期。

30. 贾伟、宫同瑶、秦富：《贸易成本对中国各地区农产品贸易增长的影响——基于可计算一般均衡模型的分析》，《中国农村经济》2017 年第 4 期。

31. 蒋和平：《高新技术改造传统农业的思路与实践》，中国农业出版社 2003 年版。

32. 蒋家东、李依锦、郑立伟：《基于国际贸易的中国产品质量溢价研究》，《国际贸易问题》2016 年第 8 期。

33. 金碚：《中国工业国际竞争力——理论、方法和实证研究》，经济管理出版社 1997 年版。

34. 金碚：《中国企业竞争力》，社会科学文献出版社 2003 年版。

35. 孔祥智、李圣军：《人民币升值对农产品进出口影响的实证分析》，《经济理论与经济管理》2008 年第 4 期。

36. 蓝昊、宣亚南：《世界大豆贸易格局的演变及对我国的启示》，《国际贸易问题》2008 年第 6 期。

37. 李海燕、吴杰：《我国蜂蜜贸易国际竞争力的比较分析》，《国际贸易问题》2009 年第 10 期。

38. 林大燕、朱晶、吴国松：《季节因素是否影响了我国大豆进口市场格局——基于拓展 H—O 模型的理论分析与实证检验》，《国际贸易问题》2014 年第 3 期。

39. 林万龙、张莉琴：《农业产业化龙头企业政府财税补贴政策效率：基于农业上市公司的案例研究》，《中国农村经济》2004 年第 10 期。

40. 林毅夫等：《比较优势与发展战略》，《中国社会科学》1999 年第 5 期。

41. 林毅夫、李永军：《比较优势、竞争优势与发展中国家的经济发展》，《管理世界》2003 年第 7 期。

42. 林毅夫：《制度、技术与中国农业发展》，格致出版社 2008 年版。
43. 李鹏敬：《“互联网 +”视野下发达国家农产品营销模式研究》，《世界农业》2016 年第 4 期。
44. 李勤昌、昌敏：《提升中国棉花产业国际竞争力的路径选择》，《国际贸易问题》2011 年第 10 期。
45. 刘春香、朱丽媛：《我国棉花进口贸易潜力分析》，《农业经济问题》2015 年第 5 期。
46. 刘春香：《扩展型贸易引力模型视角下中国水产品出口的影响因素与潜力测度》，《浙江万里学院学报》2012 年第 5 期。
47. 刘春香、宋玉华：《加大政府支农力度，提高我国农业国际竞争力》，《技术经济》2005 年第 2 期。
48. 刘春香、宋玉华：《农产品比较优势与竞争力研究》，《中国农业大学学报》2004 年第 4 期。
49. 刘丽辉、吴彩容：《农业结构调整成效及其影响因素的协整分析》，《经济问题》2014 年第 7 期。
50. 刘林青、周潞：《比较优势、FDI 与中国农产品产业国际竞争力——基于全球价值链背景下的思考》，《国际贸易问题》2011 年第 12 期。
51. 刘伟丽、刘正园：《国际贸易中收入分配与产品质量研究综述》，《国际贸易问题》2016 年第 5 期。
52. 刘志雄：《我国棉花国内支持政策对世界棉花市场影响研究》，《农业经济问题》2014 年第 8 期。
53. 刘中一、刘尧传：《中国农业结构研究》，山西人民出版社 1986 年版。
54. 李卫彬：《浅谈现代农业发展的思路与对策》，《农业经济》2014 年第 8 期。
55. 李想、张剑波：《我国玉米贸易格局变化与粮食安全的关系探讨》，《农业现代化研究》2012 年第 5 期。
56. 李杏、施国庆：《提升农产品出口竞争力的对策分析》，《山东社会科学》2004 年第 1 期。

57. 李选才等：《农产品竞争力评价指标体系的构建与方法》，《江西农业大学学报》2005 年第 1 期。
58. 卢锋：《比较优势与食物贸易结构——我国粮食贸易调整的第三种选择》，《经济研究》1997 年第 2 期。
59. 卢锋、梅孝峰：《我国“入世”农业影响的省区分布估测》，《经济研究》2001 年第 4 期。
60. 罗必良、何应龙、汪沙、尤娜丽：《土地承包经营权：农户退出意愿及其影响因素分析——基于广东省的农户问卷》，《中国农村经济》2012 年第 6 期。
61. 罗其友：《新一轮农业结构调整的探讨》，《中国农业信息》2015 年第 2 期。
62. 罗兴武、谭晶荣、杨兴武：《中国大宗农产品进口非关税措施的效应分析——以大豆、棉花、植物油、谷物、食糖为例》，《农业经济问题》2014 年第 3 期。
63. 卢秀茹、焦晓松、刘妍：《提升河北省棉花产业竞争力战略研究》，中国质检出版社 2013 年版。
64. 路子显：《论大豆进口与我国粮食质量安全》，《粮食问题研究》2017 年第 1 期。
65. ［美］迈克尔·波特：《国家竞争优势》，经济管理出版社 1997 年版。
66. ［美］迈克尔·波特：《竞争战略》，陈小悦译，华夏出版社 1997 年版。
67. 潘文卿：《面对 WTO 中国农产品外贸优势及战略选择》，《农业经济问题》2000 年第 10 期。
68. 裴长洪、王镭：《试论国际竞争力的理论概念与分析方法》，《中国工业经济》2002 年第 4 期。
69. 乔娟：《中国农产品国际竞争力研究》，中国人民大学出版社 2006 年版。
70. 任媛：《基于劳动力乡村—城市迁移的我国户籍制度改革研究》，中国财政经济出版社 2015 年版。
71. 邵凡宇、曾尚梅、黄荣荣、杨柳青、秦佳文：《基于供给侧的有机农产品的成本效益分析——以有机水稻为例》，《湖南农业科学》2018 年第 5 期。

72. 盛斌、廖明忠：《中国的贸易流量与出口潜力：引力模型的研究》，《世界经济》2004 年第 2 期。

73. 盛世豪：《产业竞争论》，杭州出版社 1999 年版。

74. 帅传敏、程国强、张金隆：《中国农产品国际竞争力的估计》，《管理世界》2003 年第 1 期。

75. 宋海英：《人民币汇率变动影响中国农产品出口贸易的实证研究》，《农业经济问题》2005 年第 3 期。

76. 宋玉华、刘春香：《我国农业产业内贸易的实证研究》，《中国农村经济》2004 年第 2 期。

77. 孙东升、周锦绣、杨秀平：《我国农产品出口日本遭遇技术性贸易壁垒的影响研究》，《农业技术经济》2005 年第 5 期。

78. 谭向勇、辛贤：《中国主要农产品市场分析》，中国农业出版社 2001 年版。

79. 田晖、蒋辰春：《国家文化距离对中国对外贸易的影响——基于 31 个国家和地区贸易数据的引力模型分析》，《国际贸易问题》2012 年第 3 期。

80. 王济民、刘春芳、申秋红、梁辛：《我国农业科技推广体系主要模式评价》，《农业经济问题》2009 年第 2 期。

81. 王娟、孔玉生、侯青：《中国对东盟投资与贸易的引力模型分析》，《经济问题》2013 年第 2 期。

82. 王丽娟、胡婧、赵蕾：《中国水产品国际竞争力分析》，《农业展望》2015 年第 7 期。

83. 王雪娇：《近年中国玉米进出口贸易格局转变及原因分析》，《农业经济与管理》2014 年第 3 期。

84. 王永德：《中国农产品国际竞争力研究——基于中美比较视角》，中国农业出版社 2009 年版。

85. 温铁军：《“三农”问题与制度变迁》，中国经济出版社 2009 年版。

86. 吴方卫：《中国农业的增长与效率》，上海财经大学出版社 2000

年版。
87. 吴宏、胡春叶：《中美农产品产业内贸易研究》，《宏观经济研究》2009 年第 6 期。
88. 谢合平：《湖北：宜昌蜜橘入选中国特色农产品优势区》，《中国果业信息》2019 年第 1 期。
89. 谢汶莉、李强：《中国与 TPP 核心国农产品国际竞争力的比较》，《国际贸易问题》2015 年第 7 期。
90. 辛贤、谭向勇：《农产品价格的放大效应分析》，《中国农村经济》2001 年第 1 期。
91. 辛毅、李宁：《农产品国际竞争力的“橄榄”模型分析——以中国渔业为例》，《农业经济问题》2007 年第 5 期。
92. 徐维、贾金荣：《农产品技术性贸易壁垒对中国出口的影响——基于自贸区视角的实证研究》，《经济经纬》2013 年第 1 期。
93. 许为、陆文聪：《中国农产品比较优势的动态变化：1995—2013 年》，《国际贸易问题》2016 年第 9 期。
94. 徐艳：《中国与“丝绸之路经济带”沿线国家农产品贸易格局、结构及比较优势演化研究》，《当代经济》2018 年第 15 期。
95. 闫国庆、陈丽静、刘春香：《我国农产品比较优势和竞争力的实证分析》，《国际贸易问题》2004 年第 4 期。
96. 杨雍哲：《论提高农产品国际竞争力》，中国农业出版社 2003 年版。
97. 袁祥州、程国强、朱满德：《中加农产品贸易：结构特征、竞争优势及其互补性》，《国际商务》（对外经济贸易大学学报）2015 年第 2 期。
98. 余国新、王凯：《我国水果产业及主要出口产品品目的国际竞争力分析》，《国际贸易问题》2008 年第 12 期。
99. 张聪颖、畅倩、霍学喜：《适度规模经营能够降低农产品生产成本吗——基于陕西 661 个苹果户的实证检验》，《农业技术经济》2018 年第 10 期。
100. 张东辉、张辉、史国敏：《大豆生产及贸易的生态分析》，《经济研究导刊》2017 年第 22 期。
101. 张金昌：《国际竞争力评价的理论和方法》，经济科学出版社 2002 年版。
102. 张小蒂、李晓钟：《论技术性贸易壁垒对我国农产品出口贸易的双重影响》，《管理世界》2004 年第 6 期。
103. 查霆、钟宣伯、周启政：《我国大豆产业发展现状及振兴策略》，《大豆科学》2018 年第 3 期。
104. 郑琰：《人民币汇率政策选择对我国农产品出口贸易的影响》，《国际贸易问题》2000 年第 4 期。
105. 周荣荣：《农产品的国际竞争力分析及对策研究》，中国矿业大学出版社 2005 年版。
106. 周星、范燕平：《我国食品出口竞争力的实证分析》，《国际贸易问题》2008 年第 3 期。
107. 庄丽娟：《比较优势、竞争优势与农业国际竞争力分析框架》，《农业经济问题》2004 年第 6 期。
108. 朱春玉、种胜兵：《我国农产品遭遇他国技术性贸易壁垒的实证分析》，《国际贸易问题》2007 年第 1 期。
109. 朱文博、韩昕儒、陈永福：《中国农产品贸易决定因素：基于贸易动因演变的综述分析》，《世界农业》2016 年第 1 期。
110. 朱希刚：《我国农业科技进步贡献率测算方法的意见》，《农业技术经济》1997 年第 1 期。
111. 朱希刚：《中国稻米生产发展和国际竞争力分析》，《农业经济问题》2003 年第 6 期。
112. 朱希刚、张社梅、赵芝俊：《我国棉花生产率变动分析》，《农业经济问题》2007 年第 4 期。
113. 朱泽：《中国粮食安全问题：实证研究与政策选择》，湖北科学技术出版社 1998 年版。
114. Anderson, K., "Lobbying Incentives and the Pattern of Protection in Rich and Poor Countries", *Economic Development and Cultural Change*, Vol. 43, No. 2, 1995.

115. Asche, F. , Bellemare, M. F. and R oheim, C. , "Fair Enough? Food Security and the International Trade of Seafood", *World Development*, Vol. 67, No. 2, 2015.

116. Balassa, B. , "Trade Liberalization and 'Revealed' Comparative Advantage", *The Manchester School of Economic and Social Studies*, Vol. 33, No. 3, 1965.

117. Barbarar, J. and Spencer, B. , "Export Subsidies and International Market Share Rivalry", *Journal of International Ecnomics*, Vol. 18, No. 5, 1985.

118. Bergstrand, J. H. , "The Gravity Equation in International Trade: Some Microeconomic Foundations and Empirical Evidence", *Review of Economics and Statistics*, Vol. 67, No. 8, 1985.

119. Bergstrand, J. , "The Generalized Gravity Equation, Monopolistic Competition and the Factor-Proportions Theory in International Trade", *Rview of Economics and Statistic*, Vol. 71, No. 2, 1989.

120. Bradshaw, A. D. and Chadwick, M. J. , *The Restoration of Land: The Ecology and Reclamation of Derelict and Degraded Land*, Oakland: University of California Press, 2004.

121. Bruckmeier, K. and Larsen, C. H. , "Swedish Coastal Fisheries—From Conflict Mitigation to Participatory Management", *Marine Policy*, Vol. 32, No. 2, 2008.

122. Carrère Céline, "Revisiting the Effect of Regional Trade Agreements on Trade Flows with Proper Specification of the Gravity Model", *European Economic Review*, Vol. 35, No. 5, 2006.

123. Chen, Y. , Wu, Z. and Okamoto, K. et al. , "The Impacts of Climate Change on Crops in China: A Ricardian Analysis", *Global and Planetary Change*, Vol. 104, No. 6, 2013.

124. Christy, F. T. , "Session Summary: Fisheries Goals and The Rights of Property", *Transactions of the American Fisheries Society*, Vol. 98, No. 2, 1969.

125. Colgan, C. S. and Adkins, J. , "Hurricane Damage to the Ocean Economy in the U. S. Gulf Region in 2005", *Monthly Labor Review*, Vol. 45, No. 8, 2006.

126. Crozet, M. , Head, K. and Mayer, T. , "Quality Sorting and Trade: Firmlevel Evidence for French Wine", *Review of Economic Studies*, Vol. 28, No. 2, 2012.

127. Dalum, B. , Laursen, K. and Villumsen, G. , "Structural Change in OECD Export Specialisation Patterns: Despecialisation and 'Stickiness'", *International Review of Applied Economics*, Vol. 12, No. 3, 1998.

128. Douvere, F. , Maes, F. , Vanhulle, A. and Schrijvers, J. , "The Role of Marine Spatial Planning in Sea Use Management: The Belgian Case", *Marine Policy*, Vol. 31, No. 2, 2007.

129. Dunning, J. H. , "Internationalizing Porter's Diamond", *Management International Review*, Vol. 33, No. 2, 1993.

130. Egger, P. , "Alternative Techniques for Estimation of Cross-Section Gravity Models", *Review of International Economics*, Vol. 13, No. 7, 2005.

131. Farrell, M. , "Regional Integration and Cohesion – lessons from Spaniard Ireland in the EU", *Journal of Asian Economics*, Vol. 14, No. 6, 2004.

132. Gamer, Gail L. , "The Art of Continuous Change: Linking Complexity Theory and Time – paced Evolution in Relentlessly Shifting Organizations", *Administrative Science Quarterly*, Vol. 42, No. 3, 1997.

133. Gary, W. and Robert, L. , "Thompson Brazilian Soybean Policy: The International Effects of Intervention", *American Journal of Agricultural Economics*, Vol. 66, No. 6, 1984.

134. Gervais, A. , "Product Quality and Firm Heterogeneity in International Trade", *Canadian Journal of Economics*, Vol. 27, No. 3, 2015.

135. Grubel, H. G. and Lloyd, P. J. , *Intra – industry Trade: The Theory*

and Measurement of International Trade in Differentiated Products, London: Macmillan, 1975.

136. Hack, M. D., Groot, N. S. P. and Kleijn EH M. de, "The Competitiveness Monitor Applied on the Cut Flower Industry", *Acta Horticulture*, Vol. 52, No. 4, 2000.

137. Hall, C. M., "Trends in Ocean and Coastal Tourism: The End of the Last Frontier", *Ocean & Coastal Management*, Vol. 44, No. 9 - 10, 2001.

138. Han, C. F., "Speeding up the Transformation of Agricultural Development Mode", *People's Daily*, 2015 - 11 - 25 (07).

139. Hawkins, D. E., "A Protected Areas Ecotourism Competitive Cluster Approach to Catalysis Biodiversity Conservation and Economic Growth in Bulgaria", *Journal of Sustainable Tourism*, Vol. 12, No. 3, 2004.

140. Helpman, E. and Krugman, P., *Market Structure and Foreign Trade*, Cambridge: The MIT Press, 1985.

141. Jin, Hyun J., Cho, Guedae and Koo, Won W., "Third Country Effects on U. S. Department of Agribusiness and Applied Economics", *North Dakota State University - FARGO*, Vol. 34, No. 12, 2003.

142. Jean Tirole, *The Theory of Industrial Organization*, Cambridge: The MTT Press, 1990.

143. Jin, D., Hoagland, P. and Dalton, T. M., "Linking Economics and Ecological Models for Marine Ecosystem", *Ecological Economics*, Vol. 46, No. 3, 2003.

144. Justin and Yifu Lin, "Rural Reform and Agricultural Growth in China", *The American Economic Review*, Vol. 82, No. 1, 1992.

145. Samuel Kortum and Jonathan Eaton, "Technology, Geography and Trade, Econometrica", Vol. 70, No. 5, 2002.

146. Krugman, P. and Obstfeld, M., *International Economics: Theory and Policy*, New York: Addison - Eesley Longman, 1997.

147. Krugman, P., *Rethinking International Trade*, Cambridge: The MIT

Press, 1990.

148. Kugler, M. and Verhoogen, E., "Prices, Plant Size and Product Quality", *Review of Economic Studies*, Vol. 65, No. 1, 2012.

149. Kumari, A. K., *An Introduction to Marine Pollution*, Bengaluru: GMR Infrastructure Ltd., EPC Division, 2007.

150. Kwak, S. J., Yoo, S. H. and Chang, J. I., "The Role of the Maritime Industry in the Korean National Economy: An Input – output Analysis", *Marine Policy*, Vol. 29, No. 4, 2005.

151. Lancaster, K. J., "A New Approach to Consumer Theory", *The Journal of Political Economy*, Vol. 74, No. 2, 1996.

152. Lindkvist, K. B., Trondsen, T. and Xie, J., "Restructuring the Chinese Seafood Industry, Global Challenges and Policy Implications", *Marine Policy*, Vol. 32, No. 3, 2008.

153. Maggi, G., "Strategic Trade Policies with Endogenous Model of Competition", *The American Economic Review*, Vol. 86, No. 1, 1996.

154. Maheswaran, D., "Country of Origin as a Stereotype: Effects of Consumer Expertise and Attribute Strength on Product Evaluations", *Journal of Consumer Research*, Vol. 21, No. 2, 1994.

155. Marianne Matthee, "Challenges for the Floriculture Industry in a Developing Country: A South African Perspective", *Development Southern Africa*, Vol. 7, No. 2, 2003.

156. Marvin Hayenga and Mary Jane Novena – Reese, *Global Competitiveness of the U. S. Pork Sector*, Department of Economics Lowe State University, No. 9, 1998.

157. Moghaddam, M. and Ratha, A., "Turkey's Trade Potential and the EU's Membership: Evidence from A Panel Estimation of the Gravity Model", *Journal of International Business & Economics*, No. 3, 2011.

158. Muller, D., Judd, C. M. and Yzerbyt, V. Y., "When Moderation is Mediated and Mediation is Moderated", *Journal of Personality and Social Psychology*, Vol. 89, No. 7, 2005.

159. Msangi, S., Kobayashi, M. and Batka, M., *Fish to 2030: Prospects for Fisheries and Aquaculture*, World Bank Report, 2013.

160. Nath, H. K., Liu, L. and Tochkov, K., "Comparative Advantages in U. S. Bilateral Services Trade with China and India", *Journal of Asian Economics*, Vol. 38, No. 3, 2015.

161. Nuroglu, E. and Dreca, N., "Analyzing Bilateral Trade Flows of Bosnia and Herzegovina under the Framework of Gravity Model", *Journal of Business & Economics*, Vol. 35, No. 1, 2011.

162. Ortega, D. L., Hong, S. J. and Wang, H. H., "Emerging Markets for Imported Beef in China: Results from a Consumer Choice Experiment in Beijing", *Meat Science*, Vol. 121, No. 3, 2016.

163. Paul Krugm, "A Model of Innovation, Technology Transfer, and the World Distribution of Income", *Journal of Political Economy*, Vol. 187, No. 2, 1979.

164. Pauly, D., Belhbib, D. and Blomeyer, R., "China's Distant – water Fisheries in the 21st Century", *Fish & Fisheries*, Vol. 15, No. 3, 2014.

165. *Perspective on the Outlook for Cotton*, USA Agricultural Outlook Forum, 2003.

166. Porter, Michael E., "Clusters and the New Economics of Competition", *Harvard Business Review*, No. 6, 1998.

167. Porter, Michael E., "Clusters and the New Economics of Competition", *Harvard Business Review*, No. 10, 1998.

168. Porter, Michael E., *The Competitive Advantage of Nations*, New York: The Free Press, 1990.

169. Porter, Michael E., *The Competitive Advantage of Nations*, New York: The Free Press, 1990.

170. Roberts Donna, Timothy E. Josling and David Orden, *A Framework for Analyzing Technical Trade Barriers in Agricultural*, *Market and Trade Division*, *Economic Research Service*, USDA, 1999.

171. Rugman, Alan M., Cruz, D. and Joseph, R., "The Double Diamond Model of International Competitiveness: The Canadian Experience", *Management International Review*, Vol. 33, No. 2, 1993.

172. Run Yu, Junning Cai, Matthew K. Loke and Ping Sun Leung, "Assessing the Comparative Advantage of Hawaii's Agricultural Exports to the US Mainland Market", *The Annals of Regional Science*, No. 2, 2010.

173. Run Yu, Junning Cai and Ping Sun Leung, "The Normalized Revealed Comparative Advantage Index", *The Annals of Regional Science*, Vol. 43, No. 1, 2009.

174. Smith, S. C., "The Competitive Advantage of Nations", *Journal of Development Economics*, Vol. 39, No. 2, 1993.

175. Stiglitz, "A New View of Technological Change", *Economic Journal*, Vol. 79, No. 8, 1969.

176. Terano, R., Mohamed, Z. and Rezai, G., "Preference for Locally Grown or Imported Fruit among the Millennial Generation in Johor, Malaysia", *Journal of Food Products Marketing*, Vol. 69, No. 5, 2016.

177. Umberger, W. J., "Will Consumers Pay a Premium for Country - of - origin Labeled Meat?", *Choices*, Vol. 97, No. 4, 2004.

178. Vollrath, T. L., "A Theoretical Evaluation of Alternative Trade Intensity Measures of Revealed Comparative Advantage", *Weltwirtschaftliches Archive*, Vol. 130, No. 3, 1991.

179. Westcott, P. C. and Price, J. M., *Analysis of the U. S. Commodity Loan Program with Marketing Loan Provisions*, D. C.: USDA, Economic Research Service, Agricultural Economic Report Number 801, 2001.

180. World Economic Forum (WEF), *The Global Competitiveness Report*, 1996 - 2018.

181. Yang, Y. and Zhou, Z., *Analysis and Forecast of World Corn Market Trade and Policy*, Proceedings of Selected Articles of 2013 World Agricultural Outlook Conference, 2014.